mémentos

APPRENDRE UTILE

2019/20

Droit pénal général

Patrick Kolb

est Maître de conférences de droit privé et sciences criminelles à la Faculté de droit et des sciences sociales de l'Université de Poitiers. Il est membre de l' ISC-EPRED (Équipe Poitevine de Recherche et d'Encadrement en Sciences criminelles - EA 1228).

Laurence Leturmy

est Professeur de droit privé et sciences criminelles à la Faculté de droit et des sciences sociales de l'Université de Poitiers. Elle est membre de l'ISC-EPRED (Équipe Poitevine de Recherche et d'Encadrement en Sciences criminelles - EA 1228).

Des mêmes auteurs, chez le même éditeur

Collection « Carrés Rouge »

- *L'essentiel du Droit pénal général*, 5e éd. 2019-2020.
- *L'essentiel des Grands arrêts de Droit pénal et de la Procédure pénale*, 2e éd. 2017-2018.

Collection « Amphi LMD »

- *Cours de Droit pénal général*, 5e éd. 2019-2020.

Collection « Petit Lexique »

- *Lexique de droit pénal*, 2017.

Suivez-nous sur www.gualino.fr

Contactez-nous gualino@lextenso.fr

70, rue du Gouverneur Général Éboué
92131 Issy-les-Moulineaux cedex
978-2-297-07427-8

mémentos

APPRENDRE UTILE

2019/20

Patrick Kolb • Laurence Leturmy

Droit pénal général

14e

Cours intégral et synthétique

Gualino
une marque de Lextenso

mémentos

APPRENDRE UTILE

- C'est un cours complet et synthétique avec des aides pédagogiques différenciées.
- Il correspond à un enseignement dispensé en Licence et Master.
- Il est entièrement rédigé de manière structurée, claire et accessible.
- Il est à jour de l'actualité la plus récente.

Présentation

Chacun définit le ***droit pénal*** comme « l'ensemble des règles qui organisent la réaction de l'État vis-à-vis des infractions et des délinquants », ou comme « le droit de l'infraction et de la réaction sociale qu'elle engendre ». Entendu plus strictement, le droit pénal est « ***l'ensemble des règles ayant pour objet de déterminer les actes antisociaux, de désigner les personnes pouvant être déclarées responsables et de fixer les peines qui leur sont applicables*** ». Si l'on ajoute que la matière est dominée par des grands principes, le plan de cet ouvrage est naturellement dicté :

– les grands principes (Partie 1) ;

– l'infraction (Partie 2) ;

– l'auteur (Partie 3) ;

– les peines (Partie 4).

Cette ***édition 2019-2020*** présente l'actualité législative et jurisprudentielle la plus récente et s'adresse prioritairement aux étudiants en licence et master Droit, aux candidats aux concours de la fonction publique et aux professionnels des milieux judiciaire et juridique.

Plan de cours

PLAN DE COURS

PARTIE 2
L'infraction

PLAN DE COURS

Liste des principales abréviations

AJ pénal	Actualité Juridique pénal
Al.	Alinéa
Art.	Article
Bull. civ.	Bulletin des arrêts de la Cour de cassation (l'année du Bulletin étant toujours celle de l'arrêt)
Cass. ass. plén.	Assemblée plénière de la Cour de cassation
Cass. crim.	Chambre criminelle de la Cour de cassation
CEDH	Cour européenne des droits de l'Homme
CESDH	Convention européenne de sauvegarde des droits de l'Homme
C. pén.	Code pénal
CPP	Code de procédure pénale
CSP	Code de la santé publique
Chron.	Chronique
Circ.	Circulaire
Comm.	Commentaire
Concl.	Conclusions
Cons. const.	Conseil constitutionnel
D.	Décret
D.	Recueil Dalloz
Déc.	Décision
Dr. pén.	Revue Droit pénal
Gaz. Pal.	Gazette du Palais
IR	Informations rapides (Recueil Dalloz)
JAP	Juge de l'application des peines
JCP	JurisClasseur périodique (Semaine juridique)
JO	Journal Officiel
JCl. Pénal Code	JurisClasseur de droit pénal
L.	Loi
Ord.	Ordonnance
RD pén. crim.	Revue de droit pénal et de criminologie
Rev. pénit.	Revue pénitentiaire et de droit pénal
RSC	Revue de science criminelle et de droit pénal comparé
RTDH	Revue trimestrielle des droits de l'Homme
S.	Recueil Sirey
Somm	Sommaires commentés (Recueil Dalloz)
TAP	Tribunal de l'application des peines
T. corr.	Tribunal correctionnel
T. enfants	Tribunal pour enfants
T. pol.	Tribunal de police
TIG	Travail d'intérêt général

Introduction

« On a pu dire avec raison, et il est permis d'affirmer qu'à l'époque actuelle le droit criminel est une des branches les plus importantes de la science des lois. »[1]

Sans doute l'historien dira que c'est là une histoire de séquences, de cycles, que tout est éternel recommencement. Mais il faut bien le constater, notre époque est à la peur À la peur comme à la sécurité, au crime comme à la justice, notait Jean-Michel Labadie en ouverture de son ouvrage sur la *Psychologie du criminel*.

De cette marée de criminalité que les médias n'ont de cesse de présenter comme montante se forge peu à peu une certaine culture. Il est bien délicat de prétendre y échapper tant notre quotidien est giflé de faits divers plus ou moins sordides. La presse locale ou nationale, la télévision ne manquent guère une occasion et rythment chaque jour leurs partitions de séquences liées à la délinquance. Comment pourrait-il en être autrement ? Les assassinats tragiques, en mars 2012, de Montauban et de Toulouse comme la mort, pendant l'assaut du Raid, de Mohamed Merah sont déjà recouverts du voile du passé. Les attentats perpétrés depuis 2015, la mort des deux fonctionnaires de police assassinés en juin 2016 à leur domicile, les policiers brûlés dans leur voiture à Viry-Châtillon ou encore le policier tué sur les Champs-Élysées, l'attentat perpétré à Nice au soir du 14 juillet ont marqué les consciences et soulevé bien des interrogations. Que dire de la mort du colonel Beltrame au Super U de Trèbes ou encore des heures de direct consacrées à l'avancée de l'enquête liée au décès la petite Maëlys et de ces joutes oratoires, par médias interposés, auxquelles se sont livrés les avocats confondant (de façon peu glorieuse) tribune médiatique et salle d'audience. Comment prétendre avoir échappé aux images passées en boucle et aux commentaires liés aux différents débordements et autres saccages perpétrés en marge des manifestations des « gilets jaunes » ?

Par dérision, comme pour fuir l'horreur et l'incompréhension, on pourra sourire devant les explications portées par les multiples commentateurs spécialisés ou autoproclamés criminologues.

1. Normand A., *Traité élémentaire de droit criminel*, 1896, A. Pédone, p. 1.

Comme si l'horreur du terrorisme ne suffisait pas à nous garder en éveil, la programmation télévisuelle ressert régulièrement les faits divers oubliés sortis de la mémoire. Qu'ils aient été condamnés, relaxés ou acquittés, Christian Ranucci, Simone Weber, Patrick Henry, Omar Raddad, Patrick Dils, Francis Heaulme, Marc Dutroux et bien d'autres continuent d'être régulièrement servis à l'appétit insatiable (si l'on en croit les indices d'écoute) des téléspectateurs. « Faites entrer l'accusé », « Crimes », tels sont les titres de ces émissions qui invitent, le plus souvent en seconde partie de soirée, le droit pénal au domicile de chacun d'entre nous.

L'empreinte est telle que l'étudiant entrant en première année de Licence réduit le plus souvent la matière juridique au seul droit pénal. La matière lui semble familière, le vocabulaire entendu, le cheminement des procédures plus ou moins connu. Évidemment, c'est là un faux-semblant. Une donnée qu'il faudra combattre. Les enseignants le savent, les approximations d'une matière sont souvent pires que l'ignorance totale car elles conduisent parfois à de singuliers contresens.

L'attention est d'autant plus requise que la matière pénale est souvent au centre des préoccupations politiques. Cent fois sur le métier, le législateur semble remettre son ouvrage. Il est peu de dire que l'alternance politique renforce ce sentiment. Un auteur a pu évoquer récemment le « détricotage » suivi du « retricotage » de la législation pénale. Reste alors à s'entendre sur les mots.

Ici comme ailleurs, le point de départ passe souvent par une définition. Trois expressions sont régulièrement, et indifféremment, utilisées pour désigner la matière étudiée : Droit répressif, Droit criminel, Droit pénal.

Le terme « Droit répressif », que l'on retrouve dans les expressions « justice répressive », « juridictions répressives », possède une signification très étroite. Il se réfère à l'une des fonctions les plus anciennes de la matière, celle de punition. Or, à l'évidence, le « droit pénal » n'a pas vocation à poursuivre un unique destin, celui de punir. Moult dispositions sont en effet favorables à la personne poursuivie. Tel est le cas notamment des mesures concernant la légitime défense, la minorité ou encore « la démence ». D'ailleurs, si la peine poursuit sans aucun doute une fonction de répression, elle assure également diverses fonctions de prévention, de dissuasion, d'amendement, de resocialisation, voire de médication comme en témoignent les textes visant à imposer une obligation de soin à certains condamnés.

Les dénominations « Droit criminel » et « Droit pénal » ne semblent guère plus pertinentes. Si l'expression « Droit pénal » est privilégiée par de nombreux auteurs (c'est l'intitulé retenu le plus souvent par les plaquettes des Facultés de droit), l'expression « Droit criminel » est préférée par d'autres qui la considèrent soit comme synonyme de « Droit pénal », soit comme ayant une portée plus large que celui-ci.

L'abondance de concepts cache en vérité la double dimension de cette branche spécifique du Droit. Dans sa dimension « normative » (la norme) ou « incriminatrice » (l'incrimination), elle apparaît comme un « Droit criminel » ou si l'on préfère un « Droit des crimes ». Dans sa fonction « sanctionnatrice », elle apparaît comme un « Droit des peines » ou si l'on préfère un « Droit pénal ». Il est alors tentant de retenir, à l'instar de certains auteurs étrangers, l'expression « Droit criminel et pénal ». En France, plus par commodité de langage que par véritable choix, chacun utilise l'une ou l'autre de ces notions.

Retenir l'expression « Droit pénal », c'est admettre que la dimension « sanctionnatrice » possède ici un relief qu'elle n'a dans aucune autre branche du droit. Comme pour jouer avec les mots, on gardera toutefois en mémoire, mais chacun le sait, qu'au sommet de la pyramide judiciaire siège « la Chambre criminelle de la Cour de cassation ».

De ce qui précède, il ressort clairement que le droit pénal s'articule aujourd'hui encore autour de deux notions clés : l'incrimination et la sanction.

Comme l'a écrit avec ironie un auteur célèbre, le droit pénal tourne en rond : « La peine est un mal, que le Pouvoir, au nom de l'intérêt public, inflige à la personne coupable d'une infraction. Mais qu'est-ce qu'une infraction ? Un comportement interdit par la loi, sous la menace... d'une peine ».

Chacun définit le droit pénal comme « l'ensemble des règles qui organisent la réaction de l'État vis-à-vis des infractions et des délinquants », ou comme « le droit de l'infraction et de la réaction sociale qu'elle engendre ». Entendu plus strictement, le droit pénal gouverne « l'ensemble des règles ayant pour objet de déterminer les actes antisociaux, de désigner les personnes pouvant être déclarées responsables et de fixer les peines qui leur sont applicables ». À la lecture d'une telle définition, il est tentant d'admettre le droit pénal dans la cohorte des matières formant le droit public. Personne ne le conteste, c'est bien à l'État, et seulement à celui-ci, que revient le droit de fixer la liste des interdits, d'organiser la poursuite et d'assurer la répression des comportements prohibés. Toutefois, pour révéler moult éléments de droit public, le droit pénal, par sa technique, présente les caractéristiques d'une branche appartenant sans conteste au droit privé. En vérité, comme on l'a fort bien noté, l'analyse ne permet pas de rattacher entièrement le droit pénal à l'une ou l'autre des deux grandes catégories du droit dans la mesure où il entretient des rapports étroits avec chacune d'entre elles et présente en réalité un caractère autonome.

Aussi, ne faut-il point s'étonner que de nombreux ouvrages ou manuels de droit pénal consacrent des développements, plus ou moins étoffés, à cette « fameuse » autonomie. Les auteurs s'efforcent de révéler qu'en certaines circonstances les mots, les concepts et autres notions n'ont pas le même sens, la même définition en droit pénal que dans les autres disciplines. Hier, on enseignait que le mari cohabitant avec son épouse – alors que celle-ci se livrait à l'exercice de la prostitution – devait être nécessairement considéré comme un proxénète sans référence aucune au Code civil qui « impose » la vie commune en matière de mariage. Aujourd'hui, et ce depuis l'entrée en vigueur du nouveau Code pénal, l'exemple a perdu quelque peu de sa force. Dans son immense générosité, le législateur pénal autorise, en effet, la cohabitation en pareille situation lorsque le conjoint peut justifier de revenus personnels en rapport avec le train de vie du couple.

Certains auteurs, évoquant les risques d'une « babelisation » du droit, n'hésitent pas à dénoncer cette autonomie. D'autres, mais ce sont parfois les mêmes, semblent la justifier au regard de soi-disant considérations de répression.

En vérité, l'autonomie, ou si l'on préfère la liberté prise par le juge pénal avec les concepts de droit, fonde parfois des solutions d'une indulgence « condamnable », en tout cas, fortement contestable. Plus généralement, c'est souvent le laxisme judiciaire qui est dénoncé. Pour autant, il suffit de porter un coup d'œil sur les données statistiques pour s'apercevoir que la « machine pénale » fonctionne et fonctionne plutôt bien. Le laxisme dénoncé s'efface alors devant le volume d'incarcération qui n'a jamais été aussi important. C'est dans ce schéma, avec toute l'ambiguïté du débat politique, que s'est mise en place la réforme dite « Taubira » qui entend lutter contre la récidive en reformulant la répression des délits et en supprimant les « peines plancher ». La nouvelle gouvernance affiche à son tour ses ambitions et son plan d'action. Au programme des « chantiers de la justice » dirigés par Madame la garde des Sceaux, Nicole Belloubet, la transformation numérique et l'efficacité des peines.

1. UN MOT D'HISTOIRE

Retracer, au travers de quelques dates clés, l'historique du droit pénal, c'est d'abord retenir l'année 1789 qui consacra un véritable tournant dans la philosophie même de la matière.

A - L'avant 1789

Deux périodes se succèdent, le droit pénal de l'Antiquité et le droit pénal de l'Ancien Régime.

1) Le droit pénal de l'Antiquité

Le droit pénal de l'Antiquité fut ponctué de trois étapes successives :

- ***le temps de la vengeance privée*** : les conflits se réglaient alors de famille à famille, de clan à clan, la famille de l'offensé recevant une compensation de la famille de l'offenseur ;
- ***le temps de la justice privée*** : la vengeance familiale s'exerce dorénavant sous le contrôle de l'État et la répression obéit alors à certaines règles de modération inspirées par l'exigence de proportionnalité entre le mal souffert et le mal causé (Loi du Talion) ;
- ***le temps de la justice publique*** : l'État prend le relais de la victime dans l'initiative et la conduite du processus pénal. C'est lui qui, au nom de l'intérêt de la société qu'il représente, poursuit, juge et punit.

2) Le droit pénal de l'Ancien Régime

Il se singularise par trois caractéristiques principales :

- une définition coutumière des infractions (on ne parle pas encore de loi) ;
- l'arbitraire des juges dans la détermination des peines ;
- la rigueur des sanctions appliquées (nombreux châtiments corporels), conçues dans les seuls buts de neutralisation et d'intimidation.

L'arbitraire et la cruauté du droit pénal de cette période suscitèrent, avant même la fin de l'Ancien Régime, des mouvements de réaction très critiques qui, réunissant philosophes et pénalistes, appelèrent à l'instauration d'un système qui repose sur l'égalité et la modération de la répression. Tandis que Montesquieu prônait le principe de la légalité des délits et des peines, Beccaria défendait l'idée de l'inéluctabilité de la peine, tous deux se rejoignant pour préconiser des peines avant tout utiles et humaines.

Ce sont ces vœux qu'allait consacrer la Révolution.

B - L'après 1789

La période post-révolutionnaire est marquée par deux étapes : le droit pénal classique et le droit pénal moderne, la date charnière étant l'année 1876, année de parution de l'ouvrage de Lombroso, *L'homme criminel*.

1) *Le droit pénal classique*

a) *La rupture*

Le premier mouvement débute avec la période révolutionnaire. Il voit naître le 1er Code pénal, le Code pénal révolutionnaire, issu de deux lois de l'Assemblée constituante de juillet et octobre 1791. Rompant totalement avec l'Ancien Régime, la Révolution consacre le principe de la légalité des incriminations et des peines. Elle substitue au droit pénal coutumier un droit pénal écrit, supprime les châtiments corporels, exception faite de la peine de mort et remplace l'arbitraire des sanctions par un système de peines fixes mieux à même de contribuer à un droit égalitaire et stable.

b) *Le compromis*

Rapidement succéda à la période révolutionnaire celle dite des codes napoléoniens, le Code d'instruction criminelle d'abord, en 1808, puis le Code pénal de 1810. Celui-ci, pour l'essentiel, est perçu comme une œuvre de transaction, de compromis : conservant le principe de la légalité du droit révolutionnaire, il renoue en revanche avec une plus grande sévérité des peines, rétablissant certaines peines corporelles et multipliant les cas d'application de la peine de mort ; il réinstaure le large pouvoir d'appréciation des juges en abandonnant le système des peines fixes.

c) *La contestation*

Suite à l'élaboration du Code pénal se développe un nouveau mouvement d'hostilité principalement exprimée à l'encontre de la trop grande sévérité qui le caractérisait. Les principaux acteurs de ce mouvement critique sont Guizot, Ortolan et Rossi. Ils représentent la doctrine de l'école néo-classique, muée par l'idée que la société ne peut punir ni plus qu'il n'est juste ni plus qu'il est utile. Ils proposent comme fondement du droit pénal son utilité (utilité des incriminations au regard de l'ordre social et de la sécurité publique) et se prononçaient en faveur de sanctions qui soient proportionnées et individualisées pour tenir compte, à l'heure du choix de la peine, du degré de libre arbitre de l'auteur de l'infraction au moment de sa commission.

Malheureusement, alors que cette doctrine connaît une influence non négligeable en droit positif (adoucissement des peines, accroissement du domaine des circonstances atténuantes...), l'expérience se révèle désastreuse : la criminalité connaît un bond en avant et le nombre des récidivistes ne fait que prospérer. La peine telle qu'ils l'ont pensée se révèle inefficace.

2) *Le droit pénal moderne*

Le droit pénal moderne fait son entrée, influencé par trois courants doctrinaux aux conceptions idéologiques diversifiées, parfois opposées.

Le positivisme	La défense sociale nouvelle	L'école néo-classique contemporaine
Lombroso, Ferri et Garofalo L'homme n'a pas de libre arbitre, aucune liberté puisqu'il obéit au contraire à un déterminisme dont les origines sont endogènes et/ou exogènes. L'infraction ne résultant pas de sa volonté consciente, le délinquant ne peut être tenu pénalement responsable. Il peut seulement faire l'objet de mesures de sûreté décidées en considération de son état dangereux.	Marc Ancel Il renie le déterminisme tout en proclamant avec les positivistes l'importance de la prévention. Le délinquant est présenté comme en danger bien avant d'être estimé dangereux. Cette idéologie vise à rechercher, pour préparer l'avenir, le traitement le plus efficace qui, assis sur un examen scientifique de la personnalité du délinquant, lui permettra de lui venir en aide afin qu'il puisse se reclasser.	Cette doctrine s'oppose à ce que soit substituée au jugement pénal classique une décision d'ordre thérapeutique. Elle vise à restaurer les notions de blâme et de responsabilité comme fondements de la répression en considération toutefois de l'individualisation des peines.

Le caractère antinomique des conceptions doctrinales, l'évolution du discours sur les fonctions de la peine, la nébulosité croissante de la législation principalement due à la multiplication de textes, les uns inspirés des idées de la défense sociale mais contrariés par d'autres plus axés sur une rigueur accrue de la réaction sociale, le vieillissement du Code pénal de 1810 inadapté aux nouvelles formes de la criminalité, l'avènement des droits de l'homme et l'influence grandissante des normes communautaires devaient finir par avoir raison du Code napoléonien.

La réforme se met en place, débutant en 1974, pour donner naissance au nouveau Code pénal, voté par 4 lois du 22 juillet 1992 (les quatre premiers livres) et une 5e le 16 décembre 1992, entré en vigueur le 1er mars 1994.

Plus moderne dans sa terminologie, plus lisible dans sa numérotation, le Code pénal nouveau est surtout plus expressif des valeurs et des priorités de la société actuelle non seulement au travers d'une modification, à la hausse ou à la baisse, des sanctions pour certaines incriminations déjà existantes, mais surtout :

– par la création de nouvelles infractions comme :
  • la mise en danger de la personne d'autrui,
  • les actes de tortures et actes de barbarie,
  • le terrorisme écologique,
  • le harcèlement sexuel,
  • les conditions de travail et d'hébergement contraires à la dignité humaine,
  • la provocation des mineurs à commettre des actes immoraux, dangereux ou illicites,
  • l'institution des actes de terrorisme en tant qu'infractions spécifiques,
  • les crimes contre l'humanité ;
– par la disparition d'infractions considérées par tous comme désuètes ou archaïques :
  • le vagabondage et la mendicité,
  • l'avortement de la femme sur elle-même,
  • les relations sexuelles librement consenties entre deux mineurs ;
– par l'instauration de la responsabilité pénale des personnes morales.

2. BREF REGARD SUR LA DÉLINQUANCE

Derrière cet intitulé, une interrogation : que sait-on de l'activité criminelle, de quelles informations dispose-t-on ?

A - Informations ?

User des statistiques pour tenter de quantifier la criminalité paraît être un exercice commode et naturel. Faut-il s'en étonner tant nos sociétés modernes usent et abusent des statistiques. Celles-ci ont envahi tant le secteur privé que le secteur public avec pour ce dernier des conséquences non négligeables sur l'action des administrations. On peut comprendre cet investissement et cet engouement pour la culture et l'assemblage de telles données. D'aucuns y trouvent de louables recherches de transparence, de précision et de clarté indispensables aux droits importants d'une démocratie. La référence aux statistiques sous-entend que nombre de règles élémentaires soient observées. Or, nombreux sont ceux qui dénoncent une dérive de la statistique en rappelant au passage trois règles d'or que chacun devrait avoir en mémoire en s'aventurant sur ces domaines de connaissances : « On ne peut rien dire d'un chiffre si l'on ignore comment il a été fabriqué ; un seul chiffre ne saurait permettre de décrire ni mesurer un phénomène social complexe ; les chiffres ne parlent pas d'eux-mêmes, c'est nous qui les faisons parler ».

En matière de délinquance, les données semblent parfois encore plus complexes qu'ailleurs et la commodité évoquée semble se transformer en tromperie. Encore faut-il le reconnaître, la tromperie n'est pas tout à fait naturelle tant elle répond à une partition largement orchestrée par les médias. Chaque année, à la veille de la publication par le gouvernement des chiffres de la délinquance de l'année écoulée, les différents quotidiens, hebdomadaires et autres mensuels rivalisent de titres chocs et de manchettes inquiétantes. Commentaires et analyses alarmistes se disputent ainsi des variations que les spécialistes de la statistique seraient bien en peine de calculer et d'expliciter. Il a été assez piquant d'observer les commentateurs de tous poils gloser sur des variations à deux décimales.

En vérité, le malaise est plus profond. Depuis sa mise en forme, l'exploitation de la statistique criminelle n'a cessé d'engendrer des contestations et de faire l'objet de débats récurrents. Aujourd'hui, comme chacun peut l'observer, toute publication de données statistiques relative à la criminalité déclenche un tir de barrage où les considérations sur la méthodologie employée l'emportent souvent sur la prise en compte des phénomènes que veulent – certes approximativement – approcher lesdites statistiques. De la prudence dans l'interprétation des nombres, on glisse vers une récusation de principe de leur utilité. Les données communiquées, alors que chacun s'accorde à reconnaître leur manque de pertinence et de fiabilité, sont pourtant soumises à des contorsions et autres extrapolations destinées à servir, voire asservir, le discours ou la cause du moment. Finalement, on peut avoir le sentiment que la relation est inversée entre la gravité et la fréquence des faits et leur médiatisation. Plus simplement, les faits les plus graves sont (et heureusement) les plus rares mais sont pourtant de loin les plus médiatisés (vols avec violences, violences sexuelles). À l'inverse, le quotidien, assurément moins spectaculaire et moins « médiatisable », qui impacte la vie des citoyens reste dans l'ombre. Par le passé, même le vocabulaire est entré au service de cette singulière logique. Ainsi, sans grand scrupule, nombreux sont ceux qui parlent d'incivilités en lieu et place d'infractions pénales.

Par un tel assujettissement, on en arrive souvent à confondre les données « officielles » et la réalité de la criminalité – voire à confondre « délinquance » et « sentiment d'insécurité ». Si l'on n'y prenait garde, on aurait trop vite fait d'attendre de ces statistiques des règles de conduite et de comportement. Se forge peu à peu une certaine culture avons-nous écrit en ouverture de cet ouvrage. La prudence est donc de mise. C'est un lieu commun, pour l'opinion publique, les statistiques « annoncent » que la criminalité augmente. Le nombre des vols est en pleine inflation et que dire de celui des agressions. Il n'est pas bon de sortir la nuit... ou alors à ses risques et périls. Le décor est posé, le sentiment d'insécurité est au rendez-vous.

Exemple

L'humoriste Pierre Desproges, sous sa plume acerbe, ne manque pas de relever cette situation : « Les rues de Paris ne sont plus sûres, les Arabes n'osent plus sortir tous seuls le soir. Tenez, mon nouvel épicier, M. Rachid Cherquaoui s'est fait agresser la nuit dernière dans le XVIIIe. » Provocation, caricature, le sketch qui poursuit sur le même thème fait sourire et semble refléter l'état des lieux. Pourtant, dans le même temps, le plus grand nombre d'entre nous observe qu'il ne se passe pas grand-chose d'extraordinairement nouveau.

À l'évidence, le « Politique » joue ici une partition bien délicate. À mettre en avant la délinquance pour faciliter telle ou telle mise en forme de texte ou telle ou telle pratique, le schéma finit nécessairement par se retourner. Il deviendra bien délicat, le temps passant, d'expliquer que malgré les efforts déployés le constat reste le même et que la délinquance est toujours au rendez-vous. La légitimité du pouvoir risquera alors d'être sérieusement contestée. Aussi, sans que l'on n'en soit véritablement surpris (même si la chose est des plus inquiétantes) on apprenait l'existence d'une note du Directeur général de la Gendarmerie nationale avisant les troupes des consignes du ministère de l'Intérieur pour produire à la fin de l'année, comme le note Laurent Mucchuelli, les « bons chiffres ». Tels étaient les principaux objectifs de la note en question : « Combattre la tendance haussière actuelle » et « viser un bilan favorable de l'évolution de la délinquance en 2011 ». Quelques mois après sa nomination, le ministre de l'intérieur, Manuel Valls, annonçait la fin de la politique du chiffre et la tentation d'arranger les statistiques » en promettant un nouveau « thermomètre de la délinquance ». La transparence souhaitée par Manuel Valls semblait, aux yeux du grand public, se retourner contre lui lorsque tombait au début de l'année le verdict des chiffres de la délinquance relayés par les médias. Ainsi, un article du *Figaro* de janvier 2016, reprenant les sources officielles, présente l'année 2015 comme particulièrement violente. Une violence qui progresse dans des domaines comme la fausse monnaie, les séquestrations de personnes, les homicides et les agressions contre les forces de l'ordre. Cette publication a conduit l'Observatoire national de la délinquance et des réponses pénales (ONDRP) à réagir comme il l'avait déjà fait par le passé en rappelant notamment que les chiffres sur la délinquance enregistrée par la police et la gendarmerie étaient entrés dans une phase de ruptures statistiques en 2012 qui se poursuivait en 2015. L'année 2019 poursuit ce schéma en livrant le bilan annuel « ***Interstats*** » de la délinquance en France pour l'année 2018 en le comparant avec celui de l'année précédente.

B - Complément d'informations

1) *Les instruments de mesure*

On distingue généralement deux instruments de mesure statistique :

- ***les statistiques policières***, qui rapportent chaque année les faits de criminalité portés à la connaissance des services de police et de gendarmerie ou constatés personnellement par ces mêmes services (opérations de police judiciaire, flagrants délits...). L'ensemble appelé « criminalité apparente » est présenté le plus souvent, dans le débat public, comme relevant « les chiffres de la délinquance » ;
- ***les statistiques judiciaires***, qui traduisent l'ensemble des condamnations prononcées par les différentes juridictions. Cette somme est appelée (singulièrement) « criminalité légale ».

La différence entre la criminalité apparente et la criminalité légale est nommée « ***chiffre gris*** ». À l'évidence, il manque une inconnue, la criminalité réelle, c'est-à-dire l'ensemble des infractions effectivement commises. Or, de cet ensemble on ne sait pas grand-chose et chacun pressent bien qu'il est sans commune mesure avec la criminalité connue. Cette zone d'ombre est appelée « ***chiffre noir*** » ou « chiffre obscur ». Il importe alors de bien mesurer tant le contenu de la criminalité apparente que celui de la criminalité légale.

2) *Le contenu de la criminalité apparente*

Aujourd'hui, contrairement à l'opinion la plus commune au XIXe siècle, chacun se prononce en faveur de la supériorité des statistiques policières sur celles de la Justice. Les statistiques de la criminalité apparente sont présentées comme celles se rapprochant le plus de la criminalité réelle. Mais chacun le sait, ***il n'existe pas de lien direct entre la commission d'une infraction et son enregistrement statistique***.

En guise d'explication, ***deux propositions essentielles sont formulées. La première, dite du « renvoi »***, a été importée des États-Unis. Le schéma est le suivant : pour qu'une infraction soit enregistrée par les services de police (ou de gendarmerie) elle doit répondre au moins à l'un des deux critères suivants :

- la visibilité est un caractère des plus variables. Plus l'infraction sera visible, plus elle aura de chance d'être constatée. Il va sans dire que la visibilité concerne tant le lieu de l'infraction et la nature de celle-ci que la position sociale de son auteur ;
- la reportabilité traduit la fréquence avec laquelle une infraction a vocation à être signalée aux services de police. Les variations portent alors sur celui qui dénonce (ou ne dénonce pas), sur le délinquant que l'on dénonce (ou que l'on ne dénonce pas) et sur l'objet de la dénonciation (certaines infractions sont souvent dénoncées, d'autres le sont beaucoup moins). Au-delà de ce schéma, il faut tenir compte également de l'activité des services concernés. Ainsi en l'absence de tout contrôle de vitesse et d'alcoolémie, on peut annoncer haut et fort (statistiques à l'appui) que les conducteurs roulent sobrement en respectant les limitations de vitesse. À l'inverse, il serait tout aussi singulier et déplacé de soutenir que les statistiques de police et de gendarmerie ne font que mesurer l'activité et traduire les priorités de ces services.

  Il reste que la présentation ordinaire de la criminalité apparente laisse entendre que les statistiques révèlent l'ensemble des crimes, des délits et des contraventions constaté par les services de police et de gendarmerie et enregistré et indexé dans « l'état 4001 » ou par « Interstats ». C'est, là encore, un faux-semblant. ***Seuls les faits ayant donné lieu à la rédaction d'un procès-verbal et transmis au Parquet sont comptabilisés***. En outre, l'ensemble des contraventions et les signalements recueillis en main courante, tout en étant portés à la connaissance des services, ne sont donc pas enregistrés dans l'outil statistique officiel et échappent ainsi à ce comptage. Échappent également à ce comptage les infractions en matière de circulation routière et des infractions relevant d'un système répressif spécifique. On mesure alors combien le système, même en voie de corrections, peut paraître contestable et difficile à cautionner.

La seconde proposition met donc l'accent sur le régime légal de la répression. Il faut alors distinguer les infractions relevant du droit pénal commun de celles qui sont soumises à un statut répressif spécifique. Seules les premières forment « le pain quotidien » des statistiques. Les autres, régulées au stade des administrations ou autorités concernées (comme l'inspection du travail, le Fisc, la douane, les marchés financiers), échappent le plus souvent aux statistiques de la criminalité apparente. En ce domaine, qualifié de droit pénal technique, la logique de régulation des infractions est d'ailleurs animée par des préoccupations assez éloignées de celles habituellement citées en droit pénal.

Pour aller plus loin

INTERSTATS

Créé en 2014, le service statistique ministériel de la sécurité intérieure (SSMSI) s'appuie sur « Interstats » pour présenter des données de référence, des analyses, des études et des séries de chiffres sur la délinquance. L'exploitation statistique de l'enregistrement des crimes et délits (non routiers) par la police et la gendarmerie, délaissant les 107 index de l'état 4001, s'appuie sur 9 catégories d'index retenues pour leur qualité et leur pertinence statistique.
Sous l'intitulé « Violences physiques contre les personnes », on compte les homicides et les coups et blessures volontaires sur personnes de plus de quinze ans.

Sous l'intitulé « Vols sans violence », on compte trois ensembles d'atteintes aux biens comme les cambriolages, les vols sans violence contre les personnes (par exemple les vols de type « pickpocket » dans les lieux publics), les vols liés aux véhicules (vols de véhicules motorisés, vols dans ou sur les véhicules comme les vols d'accessoires ou de carburant, et les vols de deux-roues motorisés).

Sous l'intitulé « Vols avec violence », on trouve les vols avec armes, les vols violents sans arme (essentiellement des vols à l'arraché de bijoux ou sacs).

Le tout premier bilan annuel « Interstats » de la délinquance en France pour l'année 2016 dresse un tableau préoccupant. Les experts soulignent que les violences physiques et sexuelles sont à un « niveau élevé ». En écartant les données liées aux attentats, les statisticiens soulignent que les homicides sont principalement commis dans le cadre de relations interpersonnelles et marginalement à l'occasion de règlements de compte ou de vols, un homicide sur cinq étant commis à l'intérieur de la cellule familiale. Le bilan pour l'année 2017 révèle que les morts violentes restent à un niveau relativement élevé après deux années affectées par des attentats terroristes : « En 2008, le nombre de victimes d'homicides s'élève à 845, après 825 en 2017 et 892 en 2016. Une hausse est enregistrée hors attentats terroristes, avec 835 victimes en 2018, 822 en 2017 et 802 en 2016 ». De même, le nombre de victimes de coups et blessures volontaires criminels ou correctionnels sur personne de quinze ans ou plus enregistré par les forces de sécurité a connu une cinquième année de hausse en 2018.

À l'évidence, des modifications législatives, des mouvements sociaux liés à des faits divers médiatisés peuvent impacter ces données et participer à la hausse sensible du nombre de violences sexuelles enregistrées par les services de police et de gendarmerie : « Celles-ci ont ainsi connu un bond de +19 % en 2018 par rapport à 2017, dans le contexte de l'affaire *Weinstein* qui s'est déroulée en octobre 2017. Des hausses sensibles avaient également été enregistrées les années précédentes (+11 % en 2017) ».

L'Observatoire national de la délinquance et des réponses pénales

Afin d'améliorer la mesure de la criminalité en France, un Observatoire national de la délinquance a été créé en 2003. L'Observatoire, qui est un département de l'Institut national des hautes études de la sécurité et de la Justice, a pour mission, après avoir dressé la liste des sources disponibles, de collecter les données statistiques et de procéder à leur analyse. Chacun le sait, en matière de délinquance, il n'y a pas une donnée unique mais plusieurs capables de rendre compte d'un même fait. Ainsi, à reprendre l'exemple des cambriolages, on constate qu'ils peuvent être comptabilisés à travers les enregistrements faits par la police et la gendarmerie, à travers les chiffres des assureurs ou encore dans le cadre des enquêtes de victimisation. Sur ce même phénomène, l'Observatoire dispose donc de trois données différentes. Si les trois fournissent des évolutions concordantes, il est alors possible de dire avec plus de certitude que le phénomène est en baisse ou en augmentation.

Dès 2003, l'Observatoire a demandé à l'Institut Nationale de la Statistique et des Études Économiques (INSEE) de lui proposer la mise en place d'un dispositif annuel d'enquêtes de victimisation susceptible de compléter les statistiques issues des sources administratives. Ainsi, depuis plusieurs années, le dispositif d'enquête nationale de victimisation « cadre de vie et sécurité » révèle régulièrement des données qui méritent une réelle attention (on peut aisément consulter ces données sur le site Internet de l'Institut National des Hautes Études de la Sécurité et de la Justice). Ces enquêtes permettent en effet de compléter les informations disponibles grâce à la révélation par des victimes de données inédites. Complétant les données disponibles, ces enquêtes révèlent également de précieux renseignements sur les caractéristiques des victimes comme le sexe, l'âge, la profession, les revenus, les lieux d'habitation ou encore le statut marital.

3) Le contenu de la criminalité légale

On peut poursuivre la formule précédente en déplaçant quelques données. Il n'y a pas de lien direct entre les infractions enregistrées par les services de police et celles qui font effectivement l'objet d'une condamnation. Entre les deux existe toute une série d'interactions internes au système judiciaire. Une fois alimenté, celui-ci produit en effet une sélection progressive des dossiers. De ce processus d'élaboration, appelé parfois « la reconstruction d'objet », résulte une perte considérable de « substance réprimable ». Le système judiciaire apparaît bel et bien en effet comme un processus comportant des étapes au cours desquelles est assurée une double fonction de sélection et de ventilation. Il est courant de lui donner l'image d'un entonnoir à filtres successifs. À chaque étape, des considérations objectives et subjectives vont « modeler » la substance réprimable jusqu'au produit fini : la criminalité effectivement condamnée. On peut utilement prendre la mesure de ces données en consultant « les chiffres clés de la Justice » disponibles sur le site Internet du ministère de la Justice. On y trouvera aussi des données sur l'Administration pénitentiaire (établissements, milieu ouvert, milieu fermé, population carcérale...).

PARTIE 1

Les grands principes du droit pénal

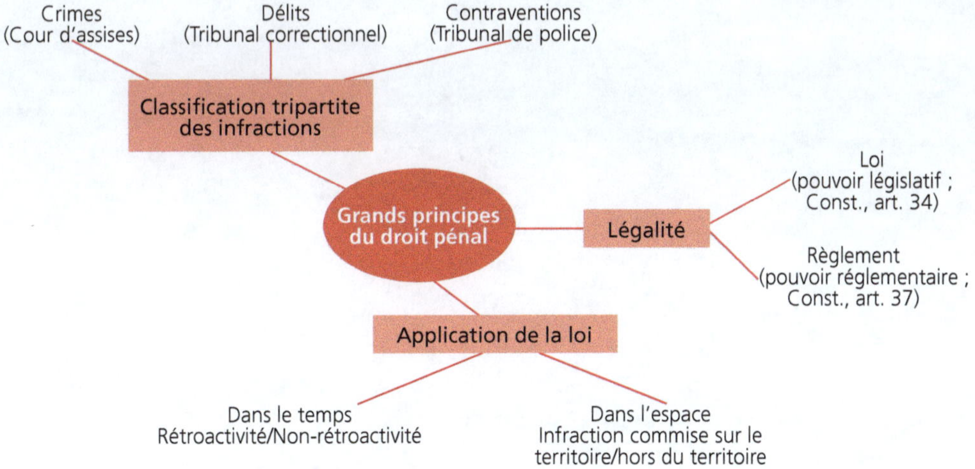

CHAPITRE 1

La classification tripartite des infractions

Ainsi s'ouvre le Code pénal : « Les infractions pénales sont classées, suivant leur gravité, en crimes, délits et contraventions. » À n'en pas douter, il s'agit là d'une classification fondamentale, non pas seulement en raison de son origine législative, mais davantage par la partition cardinale qu'elle expose et qui gouverne l'ensemble de notre droit pénal.

1 • LE PRINCIPE DE LA CLASSIFICATION TRIPARTITE

C'est le Code de 1791 qui, pour la première fois, formule, se fondant sur l'énoncé des peines, la célèbre classification. Le Code de 1810 reprend le principe en qualifiant, selon les cas, les infractions de crimes, délits ou contraventions. Son article 1er énonce : « L'infraction que les lois punissent de peines de police est une contravention. L'infraction que les lois punissent de peines correctionnelles est un délit. L'infraction que les lois punissent d'une peine afflictive ou infamante est un crime. »

On a souvent reproché à cette rédaction un certain illogisme. D'aucuns estimaient en effet peu conforme à l'orthodoxie du raisonnement de faire dépendre la gravité de l'infraction de la gravité de la peine. À dire vrai, c'était là un faux débat car à l'évidence le législateur prend d'abord la mesure de l'infraction avant de lui attribuer une peine. Plus justement, à notre sens, on a reproché à la classification son caractère artificiel. Il ressort de ces reproches que les crimes et les délits appartiennent naturellement à une même famille, celle des infractions les plus graves qui supposent chez leurs auteurs, contrairement aux contraventions, une intention délictueuse. Sous la plume du législateur, de nombreux délits se transforment en crimes en raison de circonstances aggravantes.

Exemple

Ainsi le vol devient un crime lorsqu'il est commis sous la menace d'une arme. Les deux domaines ne sont d'ailleurs pas imperméables puisqu'au fil des années, le législateur peut, par la voie de la correctionnalisation, transformer un crime en délit ou au contraire, par le jeu des peines encourues, renforcer singulièrement la répression d'un délit à tel point que sa répression s'apparente davantage à celle d'un crime.

Pour aller plus loin

Une classification bipartite

Le véritable critère aurait pu être celui-ci, le classique tripartisme s'effaçant au profit d'une classification bipartite opposant crimes et délits, sous-tendant une intention délictueuse, aux contraventions considérées comme de simples manquements aux règles de police. Poursuivant le raisonnement, certains ont même imaginé sortir du droit pénal le domaine des contraventions pour le confier à un autre juge – le juge administratif apparaissant alors comme le destinataire naturel de ce contentieux –. Il est curieux de constater que l'une des idées dominantes du discours est fondée sur l'engorgement ou le « désengorgement » des tribunaux répressifs. Curieux, en effet, de penser qu'alléger d'un côté pour surcharger de l'autre est une réponse satisfaisante aux problèmes d'encombrement de la justice. Il est vrai toutefois qu'il est assez paradoxal de voir un juge d'instruction, déjà débordé par ses propres dossiers, délaisser son cabinet pour présider une audience du tribunal de police.
Quoi qu'il en soit, la plupart des auteurs restent encore attachés à la classification tripartite des infractions. C'est donc sans véritable surprise que le nouveau Code a adopté, en la modifiant légèrement, la formule d'hier. Sans autre commentaire, on dira simplement que la classification ne repose plus sur la nature des peines encourues, mais sur la gravité de l'atteinte causée à la société. Comme on l'a noté en doctrine, personne n'en doutait ! La fidélité du législateur à l'égard du principe renforce les intérêts qui s'y attachent.

2• LES INTÉRÊTS DE LA CLASSIFICATION TRIPARTITE

A - À l'égard des règles de fond

Sur les incriminations :

– à propos de l'élément matériel, on retiendra tout d'abord que la tentative est toujours punissable pour les crimes, uniquement lorsqu'elle est prévue pour les délits et jamais pour les contraventions. La complicité est toujours punissable pour les crimes et les délits mais ne l'est qu'exceptionnellement en matière de contravention ;
– à propos de l'élément moral, on retiendra que les crimes sont nécessairement des infractions intentionnelles alors que les délits, sous la plume du législateur, peuvent prendre la forme d'infractions d'imprudence ou de négligence. De même, on retiendra qu'en matière criminelle et délictuelle l'accusation doit prouver la faute de la personne poursuivie alors que cette faute est présumée en matière contraventionnelle. Sans être renversé de façon irréfragable, le principe de la présomption d'innocence rencontre, en ce dernier domaine, de réelles limites.

Sur les peines :

– le principe du non-cumul des peines connaît une exception notable pour les amendes contraventionnelles. Celles-ci se cumulent, selon les termes de l'article 132-7 du Code pénal, non seulement entre elles mais aussi avec celles prononcées pour un crime ou un délit en concours ;
– la peine d'emprisonnement a disparu, depuis une loi de juillet 1993, en matière contraventionnelle. Pour les crimes et les délits, le législateur, autre nouveauté depuis l'entrée en vigueur du « nouveau » Code pénal se borne à fixer une durée de détention maximale ;

– la prescription de la peine varie en fonction de la nature de l'infraction. La durée est fixée à vingt ans pour les crimes, six ans pour les délits et trois ans pour les contraventions. Passés ces délais, le législateur estime qu'il n'est plus opportun pour la société de faire subir sa peine à une personne qui, ayant été condamnée, ne l'a pas encore exécutée.

	Crimes	Délits	Contraventions
Source	Relèvent du domaine de la loi (Const., art. 34)	Relèvent du domaine de la loi (Const., art. 34)	Relèvent du domaine du règlement (Const., art. 37)
Nature de la faute reprochée	Uniquement intentionnelle	Intentionnelle on non intentionnelle	Dite matérielle
Charge de la preuve	Pèse sur l'accusation	Pèse sur l'accusation	Faute présumée
Tentative	Toujours punissable	Punissable, seulement si elle est prévue par un texte	Non
Complicité punissable	Oui	Oui	Exceptionnellement punissable
Cumul des peines	Non-cumul	Non-cumul	Cumul
Emprisonnement	Oui, réclusion criminelle	Oui, emprisonnement	Non
Prescription de la peine	20 ans (imprescriptible pour les crimes contre l'humanité)	6 ans	3 ans

B - À l'égard des règles de forme

La ***compétence des juridictions*** : les contraventions relèvent de la compétence du tribunal de police, les délits du tribunal correctionnel, et les crimes de la cour d'assises ou de la cour criminelle. Selon l'expérimentation prévue par la loi du 23 mars 2019 et dans sept départements, la cour criminelle, composée uniquement de cinq magistrats, jugera les crimes (commis sans récidive) punis de quinze à vingt ans de réclusion.

La ***saisine d'un juge d'instruction*** : en matière de crime, la saisine d'un juge d'instruction est obligatoire. Jusqu'à la loi du 15 juin 2000, la procédure d'instruction répondait au principe du double degré de juridiction. Conduite en premier lieu par un juge d'instruction, elle était en effet poursuivie par une chambre d'accusation (aujourd'hui, chambre de l'instruction). L'appel ayant été introduit en matière criminelle, le double degré d'instruction a été supprimé. Facultative en matière de délit, la saisine d'un juge d'instruction est aujourd'hui devenue monnaie courante pour les infractions liées à la vie des affaires. En matière de contravention, la saisine du juge d'instruction, exceptionnelle en ce domaine, est laissée à la seule initiative du procureur de la République.

Les ***procédures dites accélérées*** : comme elles font l'économie de toute instruction, les procédures de comparution immédiate, de citation directe, voire de médiation, de composition pénale ou encore celle de comparution sur reconnaissance préalable de culpabilité, sont donc logiquement écartées en matière criminelle.

La ***prescription*** : la mise en mouvement de l'action publique est conditionnée par le temps qui passe. L'action publique est l'action exercée par les magistrats du parquet (comme le procureur de la République) au nom de la société aux fins de poursuivre une personne soupçonnée d'avoir commis une infraction pénale.

Sous peine de prescription, l'engagement des poursuites doit être intenté dans les vingt ans pour les crimes, six ans pour les délits et dans l'année pour les contraventions. Animé par un souci de répression, le législateur a repoussé ces délais à trente ans pour les crimes et à vingt ans pour les délits en matière de terrorisme et de trafic de stupéfiants.

En outre, le délai de prescription des crimes mentionnés à l'article 706-47 du Code de procédure pénale (allongé par la loi du 3 août 2018) et commis contre des mineurs est de trente ans (10 ans ou 20 ans pour les délits) et ne commence à courir qu'à partir de la majorité de ces derniers. En matière criminelle, la victime pourra ainsi agir jusqu'à 48 ans.

Précision importante, exceptées pour les infractions de nature sexuelle commises à l'encontre des mineurs, la prescription qui court en principe à compter du jour de la commission de l'infraction est, lorsque celle-ci est occulte ou dissimulée, reportée au jour où les faits ont pu être constatés dans les conditions permettant l'exercice de l'action publique. De même, l'interruption de la prescription intervenue dans la poursuite d'une infraction joue à l'égard de toutes les infractions connexes.

À contre-courant de ces extensions, la Chambre criminelle avait, le 16 octobre 2013, censuré un arrêt qui, pour reporter le point de départ de la prescription de l'action publique concernant des homicides volontaires commis sur des enfants nouveaux nés avait énoncé que le secret entourant les naissances et les décès concomitants s'était poursuivi jusqu'à la découverte des corps des victimes et constitué ainsi un obstacle insurmontable à l'exercice de l'action publique. L'Assemblée plénière, saisie à son tour, se fondant sur le terrain de la suspension du délai, a renversé la donne en acceptant que l'affaire soit jugée (*Cass. ass. plén., 7 nov. 2014, Lempereur*). La loi du 27 février 2017 a repris à son compte la particularité des infractions occultes ou dissimulées. Ainsi, « le délai de prescription de l'action publique de l'infraction occulte ou dissimulée court à compter du jour où l'infraction est apparue et a pu être constatée dans des conditions permettant la mise en mouvement ou l'exercice de l'action publique, sans toutefois que le délai de prescription puisse excéder douze années révolues pour les délits et trente années révolues pour les crimes à compter du jour où l'infraction a été commise. » La Chambre criminelle a toutefois eu l'occasion de préciser (*Cass. crim., 13 déc. 2017*) que « La seule dissimulation du corps ne caractérise pas un obstacle insurmontable à l'exercice des poursuites pouvant justifier la suspension de la prescription de l'action publique. »

Enfin, autre exception notable, les crimes contre l'humanité sont déclarés imprescriptibles par nature. L'imprescriptibilité vaut tant pour l'action publique que pour la peine prononcée. Imaginée au moment des débats, l'imprescriptibilité des crimes de guerre n'a pas été retenue par la loi du 27 février 2017.

	Crimes	Délits	Contraventions
Juridiction compétente	Cour d'assises (voire Cour criminelle)	Tribunal correctionnel	Tribunal de police
Instruction	Obligatoire	Facultative	Exceptionnelle
Comparution immédiate	Impossible	Possible	-
Prescription de l'action publique (principe)	20 ans (imprescriptible pour les crimes contre l'humanité)	6 ans	1 an
Prescription de l'action publique (terrorisme, trafic de stupéfiants)	30 ans	20 ans	-
Prescription de l'action publique (infractions relatives aux mineurs)	30 ans (à partir de la majorité)	10 ans ou 20 ans (à partir de la majorité)	-

BIBLIOGRAPHIE

BECHERAOUI (D.), « Le cumul illimité des amendes contraventionnelles », RPDP 2009, p. 551.

CHASSAING (J.-F.), « Les trois codes français et l'évolution des principes fondateurs du droit pénal contemporain », RSC 1993, p. 445.

MOULY (J.), « La classification tripartite des infractions dans la législation contemporaine », RSC 1982, p. 3.

PARIZOT (R.), « La prescription de l'action publique en éclats (sous Cass. ass. plén., 7 nov. 2014) », D. 2014, p. 2498.

ROBERT (J.-H.), « La classification tripartite des infractions selon le nouveau Code pénal », Dr. pén. 1995, chron. n° 1.

ROETS (D.), « Classification des infractions », JCl. Pénal Code, Art. 111-1, fasc. 20, 2010.

SAENKO (L.), « La prescription de l'action publique est-elle morte ? » (*Cass. ass. plén., 7 nov. 2014*), D. 2014, p. 2469.

SCHERER (Th.), « La réforme de la prescription en matière pénale sous l'angle du droit transitoire », AJ pénal 2018, p. 303

VERGES (E.), « La prescription de l'action publique rénovée », RSC 2017, p. 91.

CHAPITRE 2

Le principe de la légalité criminelle

Le principe de la légalité est présenté comme l'axe autour duquel évolue l'ensemble de notre droit pénal. Il est la règle cardinale, la clef de voûte du droit pénal. Son acception est des plus simples. Il signifie que le pouvoir d'édicter les règles du droit pénal incombe seulement à la loi : *Nullum crimen, nulla poena sine lege*. Chacun aura traduit « nul crime, nulle peine sans loi ».

On le devine aisément, un tel principe ne peut se développer que dans un État de droit qui connaît au surplus le principe de la séparation des pouvoirs. C'est pourquoi il est commode de fixer les origines du principe de la légalité à la fin du XVIIIe siècle, la Déclaration de 1789 apparaissant alors comme son acte de naissance officiel. Le raccourci est trop vite fait. À la vérité, si l'ancien droit ignorait le principe tel qu'on l'entend aujourd'hui, il est aisé de trouver dans l'histoire les signes d'un encadrement de la fonction répressive du juge pénal. Car, c'est bien de cela dont il s'agit, le principe de la légalité a pour vocation première de réagir contre l'arbitraire des juges. Encore faut-il savoir se débarrasser des apparences trompeuses.

Trop souvent l'étudiant donne au vocable arbitraire une connotation très négative. Il est erroné de penser que l'Ancien Régime a vécu sous « le bon plaisir des juges » : « L'arbitraire n'est pas la fantaisie, ni la voie ouverte à l'imagination plus ou moins morbide des juges ». Les historiens l'ont bien montré, l'action du juge était canalisée tant par quelques textes (tels des Édits et ordonnances) que par le respect de précédents judiciaires (on parlerait aujourd'hui de jurisprudence constante). En cas de silence sur la peine à appliquer, le recours à l'arbitraire s'imposait et le juge décidait de la sanction. L'adage affirmant que « les peines sont arbitraires en ce Royaume » prenait alors toute sa signification. Nullement à l'abri de dérapages ou d'abus, le système pénal essuya à la fin de l'Ancien Régime, sur ton de scandales judiciaires, les plus vives critiques :

Voltaire	Affaires Calas, Sirven ou du Chevalier de la Barre. Pamphlets et campagnes dénoncent l'excessive liberté des cours souveraines afin de ternir l'image des Parlements, atteindre leur prestige et lutter pour la reconnaissance des droits individuels et la tolérance religieuse.
Locke	Tout acte limitant la liberté personnelle devait être justifié par une loi.
Montesquieu	Les juges ne sont que la bouche qui prononce les paroles de la loi, des êtres inanimés qui n'en peuvent modérer ni la force ni la rigueur.
Beccaria	Les lois seules peuvent fixer les peines de chaque délit, et le droit de faire des lois pénales ne peut résider que dans la personne du législateur, qui représente toute la société unie par un contrat social. Or, le magistrat, qui fait lui-même partie de la société, ne peut avec justice infliger à un autre membre de cette société une peine

	qui ne soit pas statuée par la loi. Du moment où le juge est plus sévère que la loi, il est injuste qu'il ajoute un châtiment nouveau.
Servan (Avocat Général en 1766)	Les magistrats, instruits des vraies maximes de la justice criminelle, ne réclameront et ne regretteront jamais la triste et dangereuse liberté de choisir les supplices.

Déclaration des droits de l'homme et du citoyen

Art. 5 : « Tout ce qui n'est pas défendu par la loi ne peut être empêché et nul ne peut être contraint de faire ce qu'elle n'ordonne pas. »
Art. 7 : « Nul homme ne peut être arrêté ni détenu que dans les cas déterminés par la loi et dans les formes qu'elle a prescrites. »
Art. 8 : « La loi ne peut établir que des peines strictement et évidemment nécessaires et nul ne peut être puni qu'en vertu d'une loi établie et promulguée antérieurement au délit et légalement appliquée. »

Dans la foulée, le principe sera repris par les Constitutions de 1791, de 1793, de l'an III puis par l'article 4 du Code pénal de 1810. Le besoin de proclamation se fera à nouveau sentir à partir du milieu du xxe siècle. La Déclaration universelle des droits de l'homme de 1948, la Convention européenne de sauvegarde des droits de l'homme et des libertés fondamentales de 1950 ou encore le Pacte international relatif aux droits civils et politiques de 1966 expriment en des termes souvent similaires le principe étudié.

Le nouveau Code pénal n'a pas failli à la règle et poursuit la même philosophie. Par définition, le principe de la légalité sous-entend que seule la loi peut définir les incriminations et dicter les peines qui les accompagnent. Dans le combat pour la liberté individuelle juste rappelé, la loi ne pouvait être que la manifestation du pouvoir législatif. Œuvre du Parlement, représentant le peuple, seule la loi pouvait être considérée comme source du droit pénal. Sous couvert du principe de la séparation des pouvoirs, le pouvoir exécutif comme le pouvoir judiciaire ne pouvaient empiéter sur la sphère de compétence législative. Aujourd'hui, les choses ont bien changé. Plus de deux siècles se sont écoulés depuis la première affirmation du principe de la légalité. Si l'intitulé « De la loi pénale » du titre I du nouveau code fait encore illusion, son contenu révèle clairement le double sens qu'il convient de donner au vocable loi.

Le principe de la légalité ne sort indemne de cette évolution que si l'on accepte d'en élargir le sens et d'y englober, outre la loi, les textes de nature réglementaire. Alors, si la loi et le règlement apparaissent bien comme les sources, sinon exclusives, du moins incontestées du droit pénal, il est de bon usage de porter le regard sur d'autres sources qui n'en paraissent pas moins discutées.

1 • LE PRINCIPE DE LA LÉGALITÉ CRIMINELLE, FONDEMENT DES SOURCES DU DROIT PÉNAL

Droit régalien par excellence, le droit de punir reste aujourd'hui encore l'un des attributs essentiels de la souveraineté. À l'heure où bien des esprits et bien des regards restent tournés vers la Constitution européenne, il faut bien en prendre la juste mesure, le droit pénal puise ses sources exclusivement en droit interne. Encore faut-il s'entendre sur les mots. L'exclusivité ne peut être comprise que si l'on se réfère à des sources « parfaites », en d'autres termes, des sources capables d'organiser et de définir le comportement interdit (on parle alors de l'incrimination) et de prévoir la sanction qui s'attache au non-respect dudit comportement (on parle alors de sanctions, voire de peines). À l'inverse, l'exclusivité peut être singulièrement mise en question si le raisonnement est élargi aux influences que subit le droit pénal. On ne peut ignorer que les normes pénales s'internationalisent et l'on peut voir « le droit pénal comme éthique de la mondialisation ». Mais alors, la donne a été changée. Et c'est là, un autre sujet. Puisqu'il ne saurait y avoir d'infraction sans qu'existe un texte ayant prévu une sanction pénale, il semble légitime d'étudier la question des sources du droit sous couvert du principe de la légalité.

A - La loi et le règlement, sources indiscutées du droit pénal

1) *Le partage de compétences entre la loi et le règlement*

Deux textes guident l'analyse, les articles 111-2 et 111-3 du Code pénal. Le premier porte haut et fort et de façon positive le principe étudié. Les incriminations et les peines ne peuvent être prévues que par un texte : une loi pour les crimes et les délits, un règlement pour les contraventions. Telle est l'exacte formulation de celui-ci : « la loi détermine les crimes et les délits et fixe les peines applicables à leurs auteurs. Le règlement détermine les contraventions et fixe, dans les limites et selon les distinctions établies par la loi, les peines applicables aux contrevenants ».

Le second, par une formule plus négative, énonce : « Nul ne peut être puni pour un crime ou pour un délit dont les éléments ne sont pas définis par la loi, ou pour une contravention dont les éléments ne sont pas définis par le règlement. » Et l'alinéa second poursuit : « Nul ne peut être puni d'une peine qui n'est pas prévue par la loi, si l'infraction est un crime ou un délit, ou par le règlement, si l'infraction est une contravention. »

Comme chacun pourra le constater, des deux articles, le second paraît le plus important. L'article 111-2 apparaîtrait en effet comme une sorte de doublon et fait, quelque peu, figure de redondance. Le constat est certain si les deux articles sont isolés du reste du code. À l'inverse, l'importance des deux textes s'inverse si l'on intègre au débat l'article 112-1 qui porte la règle de la non-rétroactivité de la loi pénale. Comme on l'a dit, l'utilité respective des deux textes est alors renversée, l'article 111-3 devenant alors le doublon des deux articles 111-2 et 112-1.

Somme toute, c'est là un débat théorique et critique bien modeste tant il est vrai qu'en ce domaine important, la répétition vaut mieux que l'absence. Il est à l'évidence plus important de prendre la juste mesure de la règle annoncée. Il relève de la compétence du pouvoir législatif de déterminer les incriminations les plus graves (les crimes et les délits) et au pouvoir réglementaire de déterminer les incriminations plus modestes, estimées moins graves (les contraventions). Nul n'en sera véritablement surpris, l'article 111-2 se contente de rappeler une donnée et un principe entendus depuis la Constitution de 1958. Selon les termes de l'article 34, la détermination des crimes et délits, les peines qui leur sont applicables et la procédure sont, en matière pénale, du domaine de la loi. L'article 37 complète cet énoncé : « les matières autres que celles qui sont du domaine de la loi ont un caractère réglementaire ». Si quelques auteurs ont vu dans l'expression « crimes et délits » de l'article 34 une référence à l'ensemble des infractions englobant les contraventions, le plus grand nombre affirmait au contraire que les contraventions, pour échapper au pouvoir législatif, relevaient pleinement de la compétence du pouvoir réglementaire. Rapidement le Conseil d'État (*CE, 12 févr. 1960, Société EKY*) puis le Conseil constitutionnel confirmèrent cette dernière analyse. Le nouveau code n'a donc fait qu'enregistrer, à son tour, cette répartition, au demeurant inégale, des compétences.

Si la notion de loi évoquée par l'article 111-2 doit être entendue largement, celle du règlement doit, à l'inverse, recevoir une acception plus étroite.

a) La notion de loi

Comme chacun le sait, en un sens juridique usuel, le terme loi désigne le texte voté par le Parlement. Cette définition recouvre la majeure partie des dispositions pénales relevant du domaine législatif. L'exemple le plus significatif est à l'évidence le Code pénal. Encore faut-il le limiter ici à sa seule partie législative dont on a rappelé qu'elle était issue des quatre lois du 22 juillet 1992 et de la loi du 16 décembre de la même année. La notion de loi visée par l'article 111-2 englobe également des textes qui, bien que produits par le pouvoir exécutif, s'inscrivent parfaitement dans le domaine législatif soit en application des règles constitutionnelles soit en raison de circonstances particulières. On peut distinguer ici, sans prétendre aucunement à l'exhaustivité, plusieurs sortes de textes. Certains ont été adoptés avant la Constitution de 1958, d'autres y sont postérieurs.

Pour aller plus loin

Les textes adoptés avant la Constitution de 1958

Les décrets-lois, pris sous la IIIe République : la pratique des décrets-lois puise sa source dans une loi du 3 août 1926 visant notamment à contrecarrer les lenteurs de la procédure parlementaire de l'époque. C'est à partir de 1935 que la matière pénale est concernée par cette pratique. S'inscrivent ici, les décrets-lois du 30 octobre 1935 en matière de chèques, du 18 avril 1939 qui fixe le régime des armes et des munitions ou encore du 29 juillet 1939 sur l'avortement et l'outrage aux bonnes mœurs. Nombre d'entre eux, remaniés depuis, sont encore aujourd'hui en vigueur. C'est le cas notamment de celui concernant le régime des armes et des munitions.

Les « lois » promulguées par le gouvernement de Vichy en 1940 et 1944.

Les ordonnances de février 1945 prises par le gouvernement provisoire comme celle relative à l'enfance délinquante. Aujourd'hui encore, l'ordonnance (retouchée à maintes reprises) fixe encore les règles en cette matière. D'ailleurs l'article 122-8 du Code pénal, réécrit en 2002, renvoie de la responsabilité pénale des mineurs à cette « loi particulière ».

Les textes adoptés sous la Constitution de 1958

Les ordonnances : selon les dispositions de l'article 38 de la Constitution « le gouvernement peut, pour l'exécution de son programme, demander au Parlement l'autorisation de prendre par ordonnance, pendant un délai limité, des mesures qui sont normalement du domaine de la loi ». Techniquement, l'assimilation de ce type d'ordonnances aux lois ne sera parfaite qu'une fois le texte ratifié par le Parlement. Jusqu'à la ratification, la validité de telles ordonnances peut en effet être contestée tant devant le Conseil d'État que devant les juridictions répressives. Par une loi du 16 décembre 1999, le gouvernement a été habilité à « rerédiger » par voie d'ordonnance et à droit constant la partie législative de plusieurs « petits codes ». La demande émanait de la Commission supérieure chargée de procéder à la codification ou la recodification « à droit constant » de l'ensemble de notre droit positif qui était lassée de voir les projets de codes qu'elle avait élaborés bloqués au parlement.

b) La notion de règlement

On l'a signalé plus haut, autant la notion de loi évoquée par l'article 111-2 mérite une acception élargie, autant celle de règlement doit être entendue de manière restrictive. L'article évoqué ne désigne pas en effet, à l'inverse de sa définition ordinaire, l'ensemble des actes administratifs de portée générale et impersonnelle tels que les décrets, arrêtés ministériels, préfectoraux ou municipaux. Ici, le sens constitutionnel du terme prime. La notion de règlement vise donc exclusivement les décrets pris par le Premier ministre ou par le président de la République dans les limites de l'exercice du pouvoir réglementaire qui leur est attribué par la Constitution.

L'article R. 610-1 du Code pénal enregistre une donnée supplémentaire : « Les contraventions, ainsi que les classes dont elles relèvent, sont déterminées par décrets en Conseil d'État. » La formule reprend celle de l'article R. 25, un décret simple ne peut donc pas édicter une contravention. À l'inverse de ce dernier texte, l'article R. 610-1 ne fait plus aucune référence aux peines applicables mais vise directement les classes dont relèvent les contraventions. En vérité, il n'y a là aucune conséquence juridique puisqu'un décret du 29 décembre 1989 avait déjà prévu que les peines d'amende encourues en matière contraventionnelle étaient définies par référence à la classe à laquelle la contravention appartient.

2) Un partage déséquilibré, la subordination du règlement à la loi

À l'énoncé de l'intitulé, le doute n'est pas permis. Dans la répartition des compétences entre la loi et le règlement, l'équilibre n'est pas assuré. Dans cette partition des rôles, la loi joue le rôle principal et le règlement les rôles secondaires. Il est important de souligner que dans les limites imposées par la Constitution, la compétence de la loi a été étendue. Comme on l'a si bien dit « dépourvu de toute indépendance, le règlement n'est que l'humble serviteur de la loi, à l'ombre de qui il vit ». Pour se convaincre de la force de cette belle formule, il suffit de retenir que la loi délimite et concurrence la compétence réglementaire.

a) La loi délimite la compétence réglementaire

L'article 111-2 dicte le raisonnement. Selon les dispositions de l'alinéa second « Le règlement détermine les contraventions et fixe, dans les limites et selon les distinctions établies par la loi, les peines applicables aux contrevenants. » La compétence réglementaire ne peut s'exercer que dans les limites fixées par le législateur. Il appartient donc au seul législateur de définir, et ce de façon générale, les contraventions et de fixer les peines qui leur sont applicables. ***Il revient désormais au législateur la charge de fixer la limite maximum des peines contraventionnelles***. Ainsi, la division des contraventions en cinq classes est réalisée, depuis le nouveau code, par la loi et non plus par le règlement. Cette division avait été, il est vrai, déjà consacrée par la loi du 10 juillet 1989 qui fixait le taux des cinq classes de contraventions. Le nouveau Code pénal n'a fait qu'entériner ce transfert de compétences.

De même, il revient au législateur le pouvoir de déterminer les règles spécifiques du régime des contraventions. Il en va ainsi, par exemple, des règles relatives à la tentative, à la complicité ou encore au cumul des infractions.

b) La loi concurrence la compétence réglementaire

Même dans son champ de compétence limité, le pouvoir réglementaire n'est pas à l'abri des incursions législatives. Il n'est pas rare que des dispositions législatives édictent des peines contraventionnelles. Interrogé sur la régularité de tels empiétements des compétences, le Conseil constitutionnel s'est bien gardé de les annuler. En théorie, seul l'article 37 alinéa 2 de la Constitution permet au gouvernement de modifier des dispositions de nature législative entrant dans son champ de compétences. Encore faut-il que le gouvernement fasse constater préalablement par le gardien de la Constitution que les dispositions visées relèvent bien du pouvoir réglementaire. En pratique, il n'en est rien puisque le gouvernement ne fait pas usage de cette procédure.

Exemple

En 1973, le Conseil constitutionnel a eu l'opportunité de dire combien la peine d'emprisonnement ne faisait pas bon ménage avec les peines contraventionnelles. Il aura fallu pourtant attendre une vingtaine d'années entre la solution dégagée par le Conseil et l'intégration dans le nouveau Code pénal du principe qui veut que seules les peines criminelles et délictuelles puissent être assorties de peines privatives de liberté. En vérité, prise soudain par l'urgence, une loi du 19 juillet 1993 anticipa l'entrée en vigueur du principe en faisant gagner, comme on l'a dit, « quelques mois à une réforme... en retard de vingt ans ».

B - De l'existence discutée d'autres sources en droit pénal

Guidé par une démarche bien connue dans les amphithéâtres, on peut tenter de porter le regard tant sur les textes supra-législatifs que sur des « sources » infra-législatives. Deux points méritent une particulière attention, les traités internationaux et la coutume.

1) Des traités internationaux

Chacun connaît, en substance au moins, les dispositions de l'article 55 de la Constitution de 1958 : « les traités ou accords régulièrement ratifiés ou approuvés ont, dès leur publication, une autorité supérieure à celle des lois... ». La formule laisserait à penser que cette suprématie du texte international sur la loi interne concerne tous les domaines du droit. En vérité, il n'en est rien et l'emploi du conditionnel n'est pas fortuit. En droit pénal, il faut en effet prendre la juste mesure de la règle énoncée.

Si de nombreux auteurs citent les textes internationaux au titre des sources du droit, c'est assurément par commodité pédagogique et art de la nuance. Car en vérité, il n'en est rien. Il semble évident que les textes internationaux ne peuvent être considérés comme de véritables sources du droit pénal. Comme le souligne, à notre sens avec grande justesse, Michèle-Laure Rassat qui insiste sur le fait « ***qu'il n'y a pas de disposition pénale émanant d'une convention internationale, quelle qu'elle soit, qui puisse s'appliquer directement en France*** ». L'auteur ajoute d'ailleurs, si besoin était, que le constat est le même pour les plus accomplies des conventions internationales que sont les traités européens. Ils ne peuvent « quoi qu'on en dise parfois, ni incriminer ni sanctionner ».

La solution s'appuie alors sur le bon sens et la distinction entre les notions d'injonction, d'incrimination et de sanction. En somme, le texte international formule des injonctions, sortes de buts communs que chaque État s'engage à atteindre, mais le texte ne possède pas de moyens propres pour parvenir à ces buts. En définitive, face aux buts poursuivis par le texte international, plusieurs possibilités sont envisageables. Comme on l'a dit, la première est de ne rien faire. La prévalence du texte international est alors entendue quant à ses prescriptions, mais celles-ci ne peuvent être pénalement sanctionnées. La seconde est d'intégrer ces prescriptions par une loi pénale interne. La question ne se pose plus, la loi interne est alors seule source du droit pénal. La troisième possibilité est de fixer en interne les sanctions applicables aux comportements définis par le texte international. En somme, un texte national doit nécessairement prendre le relais du texte international pour l'assortir d'une sanction effective. C'est ce qu'on désigne communément sous la formule d'intégration par référence.

D'aucuns n'hésitent pas à proposer un système plus direct visant à donner une effectivité maximale à la norme internationale. La règle communautaire est évidemment le domaine privilégié de cette nouvelle pensée. Il y a plus de dix ans, certains évoquaient déjà l'idée d'un Parlement européen pleinement compétent pour délimiter seul le champ des incriminations et apprécier seul les limites des sanctions encourues.

Encore faut-il compter avec la jurisprudence de la Cour de justice de l'Union européenne. Par une décision en date du 13 septembre 2005, la Cour de justice a ouvert, de manière assez singulière, une brèche dans la souveraineté des États en matière pénale en reconnaissant, sous couvert de protection de l'environnement, à l'Union européenne le droit de proposer des sanctions pénales afin de faire respecter sa réglementation.

Pour l'heure, le droit pénal reste si intimement attaché à la notion de souveraineté que l'efficacité et l'effectivité du texte international restent soumises à l'action répressive de chacun des États signataires seuls compétents pour prendre les mesures répressives. Si une telle présentation se défend sur le plan de l'effectivité directe de la règle internationale, elle est loin de fournir une représentation adéquate du réel pouvoir de celle-ci. Tout d'abord, il est aisé de le comprendre, la norme internationale va inévitablement inciter le législateur à prendre, au plan national, les dispositions visant à respecter les règles dégagées au plan international. Ensuite, il ne faut pas le perdre de vue, le texte international, selon les termes et les conditions posés par l'article 55 de la Constitution de 1958, occupe, dans la hiérarchie des normes, une place importante. La suprématie du texte international sur une loi interne doit être, si les mots ont un sens, assurée en tout état de cause. Le texte international apparaît alors comme un moyen de contrôle de la loi interne. Faute de pouvoir lui être substitué, il peut très bien en suspendre l'application. Le texte donne alors à la partie poursuivie un artifice et un moyen de défense. Il appartient alors à la juridiction saisie d'apprécier la conformité du texte national au texte international et éventuellement de repousser la poursuite fondée sur le texte national. Mais, là encore, comme on l'a dit, le texte international ne devient pas autant source du droit pénal car s'il empêche de faire (ici, condamner), il ne peut pas faire (ici, servir la condamnation).

2) *De la coutume et de l'usage entendus comme sources du droit pénal*

Chacun le signale, la coutume joue, en ce domaine, quelques rôles. Ces rôles, bien que nécessairement modestes, s'inscrivent tantôt comme base de la répression, tantôt comme entrave à celle-ci.

a) La coutume et l'usage au service de la répression

À dire vrai, il est excessif de lire dans la coutume une source possible d'incrimination. Chacun l'a compris, c'est ici une affaire de présentation. Qu'elle soit nationale ou internationale, la coutume ne peut remplacer un texte incriminateur. En revanche, de manière beaucoup plus implicite, la coutume est parfois retenue par le juge pénal pour mettre en lumière telle ou telle notion entrant dans la liste des éléments caractéristiques de l'incrimination.

Rarement le procédé est utilisé pour servir la poursuite. Il convient de préciser que lorsqu'il en va ainsi, c'est plutôt un usage, voire un usage professionnel, qui est activé au service de la répression.

> **Exemple**
>
> Les magistrats de la Chambre criminelle ont pu, ainsi, juger qu'à l'occasion d'une poursuite pour fraudes, les juges du fond, à défaut de réglementation sur la composition du produit, devaient se référer aux usages loyaux et constants du commerce pour savoir si le produit mis en vente par la personne poursuivie méritait la qualification retenue.

b) La coutume et l'usage, obstacles à la répression

On a pu écrire que l'étude du rôle de la coutume en droit pénal se confondait largement avec celle des causes d'irresponsabilité pénale. La chose est entendue et se vérifie d'ailleurs assez aisément. En revanche, on peut s'interroger sur le bien-fondé de certains propos accompagnateurs. Lorsque la coutume est invoquée comme cause d'irresponsabilité, certains auteurs admettent que le principe de légalité ne s'oppose pas alors catégoriquement à ce qu'elle soit prise en considération. Si, à l'égard de la personne poursuivie, le propos est bien *in favorem*, on ne peut s'empêcher de penser que ce genre d'atteintes (bien que modestes) au principe de la légalité conduit inévitablement bien plus à multiplier les difficultés qu'à les résoudre. Il est en effet assez délicat de reconnaître un rôle justificatif à la coutume en dehors de toute disposition législative.

Pour aller plus loin

La coutume (ou l'usage) relayée par la loi

Ainsi en est-il de l'organisation des courses de taureaux ou de combats de coqs. On sait en effet que ***l'incrimination de sévices graves ou actes de cruauté envers les animaux est écartée en ces deux domaines lorsque peut être invoquée une tradition locale ininterrompue***. Telle est alors le sens de la justification apportée par l'article 521-1 du Code pénal. Mais, chacun en a pris la juste mesure, c'est bien davantage le Code pénal qui dicte les règles que l'usage local. À l'inverse, c'est bien « une coutume ancestrale » qui repousse la poursuite pour sévices graves et d'actes de cruauté à l'égard d'un individu qui noyait des chiens pour les manger. Ailleurs, la répression est de nouveau au rendez-vous. Tradition ou pas, usage ou non, la vente du muguet sur la voie publique à l'occasion du 1er mai ne saurait échapper, en vertu d'une tolérance générale, à l'application des articles réprimant les vendeurs à la sauvette.

De même, dans le silence du Code civil et des dispositions liées à l'autorité parentale, il paraît bien imprudent aujourd'hui de rechercher, dans un quelconque droit parental de correction « ancré dans les mœurs depuis un temps immémorial » la justification de certains faits de violence commis par des parents sur leur enfant.

2. LA SIGNIFICATION DU PRINCIPE DE LA LÉGALITÉ À L'ÉGARD DU LÉGISLATEUR

Le principe de la légalité n'aurait guère de sens si le législateur pouvait agir selon « son bon plaisir ». Afin de répondre aux exigences du principe, la loi pénale (loi ou règlement) doit nécessairement revêtir plusieurs qualités. S'il n'en a pas toujours été ainsi, ces qualités font aujourd'hui l'objet d'un véritable contrôle.

A - Les qualités exigées de tout texte pénal

L'exigence n'est pas nouvelle. Beccaria l'avait déjà parfaitement mise en évidence. Le principe de la légalité ne peut se contenter d'une seule référence au texte. Ce texte doit présenter certaines qualités. Clarté et précision doivent guider la plume du législateur. Au-delà, la peine édictée doit posséder les vertus de la mesure.

1) *La nécessaire précision de la règle pénale*

Le principe de la légalité impose la rédaction de textes clairs et précis. Les exigences de clarté et de précision valent bien entendu tant pour les incriminations et les sanctions que pour les règles de procédure. En somme, le principe de la légalité commande que chacun puisse faire le partage entre le permis et l'interdit, connaître les sanctions de la transgression et les conditions dans lesquelles il peut être poursuivi et jugé.

Servan Avocat général, 1766	« Les détails superflus dans les autres lois sont indispensables dans les lois criminelles. »
Portalis Discours préliminaire du Code civil, 1804	« En matière criminelle, il faut des lois précises et point de jurisprudence. »

Il ne faut pourtant pas s'y tromper. Le principe de la légalité n'exige pas l'utilisation de termes définis avec la plus extrême rigueur. On pourrait éventuellement le souhaiter, mais il semble sage de ne pas être plus légaliste que la loi. À l'impossible nul n'est tenu, et le législateur verrait son action paralysée s'il devait contenir de façon très rigoureuse chacun des termes qu'il utilise.

Exemple

Pour l'article 311-1 du Code pénal : « Le vol est la soustraction frauduleuse de la chose d'autrui. » La référence à la chose peut faire sourire celui qui étudie l'exigence de précision imposée par le principe de la légalité. Quoi de plus vague qu'une chose ? Dans le langage populaire, la chose sert le plus souvent à qualifier et remplacer un vocable que l'on n'a pas su définir et nommer autrement. Le dictionnaire confirme l'embarras et définit la chose « par tout ce qui est ».

On peut alors éprouver quelques doutes sur l'effectivité du principe. Pourtant, la majeure partie de la doctrine accepte et tient pour conforme au principe étudié des expressions souvent utilisées pour « définir » les moyens de l'infraction, comme celles « par tous moyens » ou « de quelque manière que ce soit ». Il est vrai que raisonner autrement, en dénonçant systématiquement ces notions « ouvertes », impose comme seul remède une multiplication des textes. Ce qui, à l'évidence, n'est pas un projet enthousiasmant.

2) La nécessaire proportionnalité de la peine édictée

Chacun l'a compris, l'article 111-3 al. 2 le rappelle avec force, nul ne peut être puni d'une peine qui n'est pas prévue par la loi (pour les crimes et les délits) ou le règlement (pour les contraventions). Cette règle fondamentale a pour complément celle de la proportionnalité des sanctions. On entend par là que la peine édictée ne doit pas être d'une sévérité excessive au regard de la gravité du comportement interdit. La formule peut faire sourire. Elle n'en demeure pas moins d'une importance considérable. Là encore, l'idée n'est pas nouvelle. Beccaria recommandait déjà de rechercher un équilibre entre l'infraction reprochée et la peine encourue. En écho, la Déclaration des droits de l'homme de 1789 énonçait de façon dynamique, tout en limitant les pouvoirs du législateur « la loi ne peut édicter que les peines strictement et évidemment nécessaires ».

Ce dynamisme fut repris et relayé par les différents courants doctrinaux qui se sont succédé depuis lors. Mais force est de le reconnaître, si le législateur a souvent pris la mesure du principe de la proportionnalité, les manquements à la règle restaient le plus souvent, faute de sanction, sans aucun effet.

Aujourd'hui et depuis quelque temps déjà, il n'en va plus tout à fait ainsi. À l'instar du principe de précision et de clarté de la règle pénale, le principe de proportionnalité fait l'objet d'un véritable contrôle.

B - Le contrôle des qualités exigées

À la suite d'une longue évolution, deux contrôles de nature fort différente peuvent être aujourd'hui exercés sur la loi pénale. Chacun d'entre eux peut conduire, le cas échéant, à sanctionner l'inobservation des qualités exigées. En somme, c'est de la notion d'État de droit qu'il s'agit ici. Sans nul doute, l'État de droit appelle l'existence d'un contrôle juridictionnel tendant à faire respecter la hiérarchie des normes. Il doit donc exister un juge compétent pour mesurer et contrôler l'activité du pouvoir législatif. C'est la mission confiée au Conseil constitutionnel. Par ailleurs, les magistrats, chargés d'appliquer la loi (ici, la loi pénale), ne sauraient suivre aveuglément les dispositions d'un législateur qui aurait perdu quelque peu la mesure de ses obligations.

1) Le contrôle de la qualité de la loi pénale par le Conseil constitutionnel

Il paraît utile de rappeler le principe même de ce contrôle avant d'en mesurer la véritable portée.

a) Le principe du contrôle

Fort de l'idée de souveraineté parlementaire, il n'y a jamais eu avant la Ve République d'organe juridictionnel chargé de contrôler, au regard de la Constitution, la conformité des lois votées par le Parlement. Rompant avec cette tradition, le Conseil constitutionnel détient aujourd'hui ce pouvoir.

Or, on le sait, le principe de la légalité a une valeur constitutionnelle. Si besoin était, cette valeur est doublement affirmée tant par la Constitution elle-même (art. 34) que par la Déclaration des droits de l'homme de 1789 qui, en bloc, fait corps avec le texte constitutionnel. Aussi, lorsqu'il est saisi, encore faut-il qu'il le soit, le Conseil constitutionnel, sous couvert de l'article 8 de la Déclaration des droits de l'homme et du citoyen de 1789, veille rigoureusement au respect des exigences de clarté et de précision. La double exigence a pu être rappelée en 1981 à propos de l'analyse de la célèbre loi « Sécurité et liberté » alors même que la censure constitutionnelle ne la visait pas directement. Depuis, le Conseil a eu l'occasion de censurer des dispositions qui ne désignaient pas clairement les personnes susceptibles de se voir imputer une infraction ou encore des dispositions qui (en matière de faillite) contenaient, sans le définir précisément, le délit « de malversation ».

Exemple

En 1998, le Conseil considéra comme contraire au principe de la légalité, donc à la Constitution, une disposition législative renvoyant à un arrêté du ministre de l'intérieur le soin de fixer la liste des associations à vocation humanitaire exemptées de certains pans de la responsabilité pénale des personnes morales. Pour le Conseil, l'appréciation de la « vocation humanitaire » des associations, dans le silence du législateur, ne pouvait être laissée à l'initiative du pouvoir réglementaire. Moralité, le champ d'application de la loi ne saurait dépendre d'une quelconque décision administrative.

b) La portée du contrôle

Malgré son côté rassurant, il ne faut pas se méprendre sur la portée exacte du contrôle opéré. Si les mauvais points distribués par le Conseil sont réels et efficaces, ils sont liés évidemment à la saisine de ce dernier. Or, le Conseil n'est pas saisi en toutes circonstances. On l'a dit, il ne l'a pas été, excusez du peu, pour le nouveau Code pénal. Dans un tel schéma, il n'est guère surprenant que fleurissent régulièrement en doctrine des propos visant à dénoncer, ici et là, une certaine démission du législateur au regard du principe de la légalité. Tantôt, c'est l'obscurité, sinon l'obscurantisme, du texte qui est visé. Il en va ainsi notamment lorsque la loi, en bout de course, se contente d'annoncer que « toute infraction aux dispositions du présent chapitre (ou de la présente loi) est punie de... ». Il est vrai qu'il est parfois malaisé de distinguer les agissements qui sont alors sanctionnés de ceux qui ne le sont pas. Tantôt encore, c'est la largesse, voire la générosité, des termes utilisés qui appellent des réserves. On a dit plus haut, comment ces réserves, sans être éconduites, pouvaient être tempérées.

Pour aller plus loin

La technique du renvoi

Parfois, la critique devient beaucoup plus acerbe. Alors que toute incrimination devrait être rigoureusement déterminée, la loi se borne à renvoyer à un autre texte la définition du comportement qu'elle entend sanctionner. Par la force des choses, les conséquences de cette technique, dite du renvoi, varient en fonction du texte qui sert alors de support. Si celui-ci est d'origine législative, le procédé du renvoi manque d'élégance mais ne trahit en rien le principe de la légalité. À admettre en revanche que le support soit de nature infra-législative, comme un décret d'application, le procédé soulève alors de vives inquiétudes. D'aucuns dénoncent sévèrement cette « délégation de compétences » du législateur au profit du pouvoir réglementaire. Les expressions « loi pénale en blanc », « chèque en blanc », témoignent de ces agissements législatifs quelque peu hétérodoxes. À l'opposé, certains auteurs, et non des moindres, admettent le procédé comme « un mal nécessaire ». À n'en pas douter, devant l'évolution et la technicité des matières à administrer, le législateur ne peut sérieusement envisager de porter lui-même toutes les définitions requises. Refuser ce schéma, conduirait inévitablement à multiplier les interventions législatives. De toute évidence, ces préoccupations ont partiellement guidé le Conseil constitutionnel : « Aucun principe ou règle de valeur constitutionnelle n'interdit au législateur d'ériger en infraction le manquement à des obligations qui ne résultent pas de la loi. »

En ce qui concerne l'exigence de proportionnalité, le Conseil a su, là encore en s'appuyant sur la Déclaration de 1789, rappeler au législateur que « la loi ne peut édicter que les peines strictement et évidemment nécessaires ». Affirmé pour la première fois en 1982 à propos des amendes fiscales, le principe de la nécessité des peines a été doublé, pour la même matière, en 1987 par celui de la proportionnalité. La disposition censurée en 1987 punissait la divulgation des revenus d'une personne d'une amende dont le montant était égal à celui des revenus divulgués en méconnaissance de la loi.

Depuis, le Conseil a élargi le périmètre de son contrôle en indiquant que le principe au-delà des peines pouvant être prononcées par des juridictions pénales concernait aussi toutes celles qui peuvent l'être par une autorité de nature non judiciaire. C'est le cas notamment de l'Autorité de la concurrence et de l'Autorité des marchés financiers qui disposent du pouvoir d'infliger des sanctions pécuniaires. Cette extension, au demeurant naturelle, n'est pas sans évoquer la notion de « matière pénale » telle qu'elle a été dégagée par la Cour européenne des droits de l'homme.

Si en définitive les exigences du principe de la légalité sont peu ou prou respectées, le contrôle du Conseil porte sur un domaine beaucoup plus étendu. Tant il est vrai que le droit pénal est par nature « un droit à haut risque pour les libertés », le Conseil a eu l'occasion de rappeler, ces dernières décennies, bon nombre de principes fondamentaux.

Pour aller plus loin

Principes fondamentaux et droit pénal

Ces principes qualifiés par la doctrine de « généraux » ou encore de « directeurs » concernent, outre la légalité, l'égalité devant la loi, le respect des droits de la défense, la non-rétroactivité de la loi pénale. À l'évidence, l'intégration dans le bloc de constitutionnalité des textes visés par le préambule de la Constitution de 1958 a fortement contribué à transformer ces principes en principes constitutionnels. C'est le cas de tous ceux qui viennent d'être visés.

Aujourd'hui, le Conseil constitutionnel semble pourtant marquer le pas. Dépassé par les principes directeurs du droit pénal, le Conseil serait, aux dires d'un auteur, transcendé tant par l'internationalisation que par la judiciarisation de ces mêmes principes.
On ne peut qu'approuver ces propos. Il faut bien le constater, le bloc de constitutionnalité est fortement concurrencé par des textes internationaux. Ces textes, à l'image de la Déclaration de 1789, véhiculent moult garanties pour les libertés. Le plus souvent d'ailleurs, les garanties de 1789 ont été simplement répétées et reproduites si bien que chacun a pu relever l'existence de « doublons » ou de droits « jumeaux ». Pendant longtemps, cette concurrence est restée lettre morte si bien qu'elle n'a en rien contrarié l'activité du Conseil. Les raisons sont des plus connues. Faute d'organiser un véritable contrôle et une sanction à l'égard des États contrevenants, certains textes ont en définitive (mais ce n'est pas rien) une portée bien plus morale et philosophique que strictement juridique. C'est le cas, sans nul doute de la Déclaration universelle de 1958. Pour d'autres, comme la Convention européenne, la ratification s'est longuement fait attendre. Signée en 1950, la Convention n'a été ratifiée par la France qu'en 1974. À partir de là, « le processus de dépassement du Conseil fut engagé ». Chargée de contrôler le respect des dispositions de la Convention, la Cour européenne compte parmi ses missions, celle de préciser les principes directeurs du droit pénal. La concurrence avec le Conseil constitutionnel devenant encore plus forte à partir de 1981, date à laquelle furent autorisés les recours individuels. Mais si le Conseil est aujourd'hui « transcendé » par l'internationalisation des principes étudiés, c'est aussi parce qu'il s'est refusé à tout contrôle de la « conventionalité » des lois internes. On peut sans doute contester cette prise de position. Toujours est-il, qu'en refusant un tel contrôle, le Conseil « s'est privé d'une fonction de régulation et d'harmonisation qui aurait sans doute été appréciable et qui aurait peut-être évité également qu'il soit débordé par la judiciarisation du contrôle de conformité aux principes directeurs ». Car aujourd'hui, le contrôle de la « conventionnalité » des lois internes, et donc des principes directeurs du droit pénal incorporés dans la Convention, est laissé à l'appréciation des juridictions du fond sous couvert de la Chambre criminelle. Tant et si bien que les « doublons » évoqués plus haut ont pu engendrer une véritable dualité de sources du droit pénal. C'est dire l'importance qu'il convient d'attribuer au contrôle opéré par le juge pénal.

c) *Le contrôle de constitutionnalité* a posteriori

C'est dans ce schéma qu'est entrée en vigueur, le 1er mars 2010, la QPC. Traduction oblige, il faut lire, la ***Question Prioritaire de Constitutionnalité***. En d'autres termes, la possibilité pour le Conseil constitutionnel d'opérer un contrôle de constitutionnalité *a posteriori*. Seize années, jour pour jour, après l'entrée en vigueur du nouveau Code pénal, la question prioritaire de constitutionnalité jette un voile réservé sur une sorte d'incongruité de notre ordonnancement juridique. On l'a juste rappelé, le contrôle du Conseil constitutionnel était dépendant de sa saisine. À défaut de celle-ci, le texte entrait en vigueur en étant, circonstance aggravante, présumé conforme à la Constitution. Il était singulier, et peut-être de manière plus singulière encore en droit pénal, d'enseigner que le texte devait s'appliquer et éventuellement servir de support à une condamnation alors que ses dispositions pouvaient paraître constitutionnellement contestables. Le contrôle *a priori* de constitutionnalité, c'est-à-dire avant la promulgation de la loi, devait se doubler d'un contrôle *a posteriori*, tel était le vœu déclaré d'un grand nombre d'auteurs. La question prioritaire de constitutionnalité s'inscrit dans cette perspective. Suivant les recommandations du « Comité de réflexion et de proposition sur la modernisation et le rééquilibrage des institutions de la Ve République », la loi constitutionnelle du 23 juillet 2008 a complété notre Constitution d'un nouvel article 61-1 : « Lorsque, à l'occasion d'une instance en cours devant une juridiction, il est soutenu qu'une disposition législative porte atteinte aux droits et libertés que la Constitution garantit, le Conseil constitutionnel peut être saisi de cette question sur renvoi du Conseil d'État ou de la Cour de cassation qui se prononce dans un délai déterminé. »

La réforme ne permet donc pas au justiciable de saisir directement le Conseil constitutionnel. Mais, il faut en prendre la juste mesure, c'est bien le Conseil qui a reçu seul la compétence pour effectuer le contrôle et non les juridictions judiciaires ou administratives. Celles-ci vont donc jouer le rôle de filtre afin que le Conseil ne soit pas inutilement encombré. Il a été invoqué que le non-renvoi par la Cour de cassation d'une QPC au Conseil constitutionnel portait atteinte au droit à un procès équitable et à un recours effectif garantis par l'article 6§ 1 de la Convention européenne des droits de l'Homme. L'analyse de l'arrêt rendu par la Cour strasbourgeoise souligne que la décision motivée de la Cour de cassation ou du Conseil d'État refusant de renvoyer une QPC au Conseil constitutionnel n'est pas contraire à la Convention européenne (*CEDH, 17 sept. 2015, Renard et a. c/ France*).

Pour aller plus loin

La question prioritaire de constitutionnalité, le justiciable la juridiction et le Conseil constitutionnel

À propos des justiciables, comme on l'avait pressenti, la question prioritaire de constitutionnalité a été posée par leurs défenseurs. En droit pénal, de nouveaux champs d'action vont ainsi surgir. Si la procédure pénale semble un terrain privilégié des manœuvres annoncées, nul doute que le droit pénal ne sera pas laissé pour compte. Après avoir observé le développement des questions de conventionnalité, il va falloir être attentif aux questions de constitutionnalité, même si pour l'heure certains s'interrogent sur l'intérêt et l'opportunité de soulever cette question de constitutionnalité par rapport à la question de conventionnalité et ce d'autant que la Cour européenne des droits de l'homme a déjà, en condamnant la France, pu préciser qu'une décision de constitutionnalité n'établissait pas pour autant, automatiquement, la conformité d'une disposition législative avec la Convention européenne (*CEDH, 28 oct. 1999, Zielinski, Pradal et Gonzales c/ France*).

À propos des juridictions, il serait naïf de les cantonner à un simple rôle de filtre. La remarque est générale, mais elle vaut ici principalement pour la Chambre criminelle. Celle-ci, pas davantage qu'hier ne peut se prononcer sur l'inconstitutionnalité d'une disposition législative. Toutefois, il n'en reste pas moins qu'elle va devoir porter une appréciation sur la disposition contestée par le justiciable. Est-ce à dire qu'en renvoyant la contestation devant le Conseil constitutionnel, la Chambre criminelle estime bien fondée la requête du justiciable ? Il serait bien entendu excessif de l'affirmer. Mais en renversant la donne, les choses se brouillent un peu. À admettre que la Chambre criminelle refuse de saisir le gardien de la Constitution, peut-on alors considérer que la Chambre criminelle estime que la disposition contestée n'est pas contraire aux « droits et libertés garantis par la Constitution » telle qu'ils ressortent immédiatement du « bloc de constitutionnalité » et de la jurisprudence du Conseil constitutionnel ? Les décisions rendues par l'Assemblée plénière le 20 mai 2011 à propos de la question de la prescription de l'abus de bien social révèlent toutes les incertitudes liées à cette nouvelle procédure.

À propos du Conseil constitutionnel, la réforme est porteuse de modifications intéressantes. Comme on l'a fort bien écrit, le point de départ de la saisine du Conseil ne sera plus uniquement un texte en préparation mais une loi déjà en vigueur. La prise en charge du contrôle devrait s'en trouver modifiée : « la saisine ne sera plus seulement politique puisque la question sera soulevée par un plaideur ou le juge lui-même ». À l'évidence des considérations de faits vont accompagner les saisines. On plaide déjà pour que la réforme amène le Conseil à s'inspirer davantage des positions des juges judiciaires selon la doctrine du « droit vivant » afin de livrer une motivation plus circonstanciée. En somme, la « juridictionnalisation » du Conseil constitutionnel est annoncée et attendue et, ce, malgré le refus des réformateurs de 2008 de rebaptiser le Conseil en « Cour constitutionnelle ». Les avis seront-ils alors partagés devant la décision du Conseil constitutionnel, statuant en QPC, le 3 décembre 2010 et décidant qu'une disposition législative pouvait écarter l'application immédiate aux affaires en cours d'une incrimination plus douce sans entrer en contradiction avec des principes jusque-là qualifiés de constitutionnels.

2) Le contrôle de la qualité de la loi et du règlement par le juge pénal

a) Le contrôle du règlement par le juge pénal

À l'évidence, le principe de la séparation des pouvoirs interdit toute incursion du juge judiciaire dans le domaine réservé de l'Exécutif. La règle est certaine pour le juge civil. Confronté à une exception d'illégalité fondée sur un acte réglementaire, le juge civil doit impérativement surseoir à statuer. Concrètement, cela signifie qu'il se dessaisit de la question en invitant le plaideur à se tourner vers la juridiction administrative, seule compétente – séparation des pouvoirs oblige – pour apprécier la légalité du règlement contesté. Il en va différemment pour le juge pénal. De longue date, les juridictions répressives se sont octroyé le pouvoir d'apprécier la légalité des règlements émanant de l'Exécutif lorsque l'exception d'illégalité est soulevée devant elles à l'occasion de poursuites pénales. Cette incursion sur les terres du pouvoir exécutif fut d'autant plus remarquable qu'elle s'est faite en dehors de tout texte exprès. À la vérité, si le principe même du pouvoir octroyé a été assez bien accepté, les conditions de sa mise en œuvre ont engendré de multiples divergences d'appréciation entre le Tribunal des conflits et la Chambre criminelle de la Cour de cassation.

Rappel historique de la compétence du juge pénal pour contrôler la légalité des règlements

	Acte administratif réglementaire	Acte administratif individuel
Pour la Chambre criminelle	Compétence	Compétence
Pour le Tribunal des conflits – Avranches et Desmarets 5 juillet 1951	Compétence La déclaration d'illégalité prononcée par le juge pénal a pour seul effet d'écarter l'acte contesté des débats.	Incompétence La déclaration d'illégalité revient à priver définitivement l'acte de toute efficacité conséquence incompatible avec le principe de la séparation des autorités administratives et judiciaires.
Pour la Chambre criminelle	Compétence Pour les seuls actes « assortis d'une sanction pénale ».	Compétence Pour les seuls actes « assortis d'une sanction pénale » + contrôle limité aux actes clairs dont l'interprétation n'était pas nécessaire.
Article 111-5 du Code pénal (1994)	Compétence Lorsque, de cet examen, dépend la solution du procès pénal qui leur est soumis.	Compétence Lorsque, de cet examen, dépend la solution du procès pénal qui leur est soumis.

Chacun l'a noté, l'article 111-5, par ses termes généraux, associe les aspects les plus libéraux dégagés tant par la jurisprudence du Tribunal des conflits que par celle de la Chambre criminelle. Les actes réglementaires comme les actes individuels sont concernés. Pour ces derniers, contrairement aux vœux de la Chambre, nul besoin qu'ils soient clairs, le juge pénal dispose du pouvoir de les interpréter. Enfin, que l'acte fonde la poursuite ou qu'il soit invoqué comme moyen de défense ne change rien aux pouvoirs du juge. Il suffit que de l'appréciation portée par le juge pénal dépende la solution du procès. La véritable limite du texte est là. Le contrôle de la légalité devient impossible lorsqu'il n'y a pas d'incidence à en attendre sur la solution du procès pénal. De même, le pouvoir du juge s'arrête si les incidences ne concernent qu'un aspect non pénal du procès.

Pour aller plus loin

Permis de conduire, perte de points et contrôle du juge pénal

La Cour de cassation a rejeté à plusieurs reprises, avant comme depuis le nouveau code, les exceptions d'illégalité dirigées contre le décret d'application du 25 juin 1992 de la loi du 10 juillet 1989 instituant le permis à points. La nature administrative de la perte des points du permis de conduire empêche les tribunaux répressifs d'apprécier la légalité du décret de juin 1992. À l'identique, la formule interdit au juge pénal de rechercher la compatibilité de la loi de 1989 avec l'article 6 de la Convention européenne de sauvegarde des droits de l'homme. Depuis, la Cour européenne a eu l'occasion de rappeler (affaire *Malige*), en retenant l'applicabilité de l'article 6 de la Convention (contrairement à la jurisprudence de la Cour souveraine et du Conseil d'État), que le dispositif des lois de 1989 et 1992 était compatible avec les exigences européennes.
Toutefois, si les poursuites sont fondées, non sur l'une des infractions pouvant entraîner la perte de points, mais sur le refus de restituer le permis invalidé suite à la perte totale des points, le juge pénal retrouve son pouvoir d'appréciation sur la légalité puisque de celle-ci dépend la solution du procès pénal. Comme chacun le souligne, il y a peu de chance que l'exception d'illégalité aboutisse. En vertu de la théorie dite de la « loi-écran », le juge se bornera dans une telle situation à constater que le décret n'a fait qu'appliquer une loi dont la constitutionnalité échappe à son appréciation. Mais c'est déjà là aborder la question du contrôle de la qualité de la loi.

b) Le contrôle de la loi par le juge pénal

On a dit comment le Conseil constitutionnel veillait au respect par le Parlement des qualités essentielles exigées de toute loi pénale. Mais on le sait, le contrôle exercé par celui-ci n'est pas systématique et dépend de sa saisine. Il en ressort qu'une loi nouvelle peu fort bien entrer en vigueur et donc être applicable alors même qu'elle contient en son sein des dispositions manifestement inconstitutionnelles. À l'évidence, le juge pénal ne saurait être autorisé à se faire juge de la constitutionnalité de cette loi nouvelle. La solution est dictée tant par le principe de la séparation des pouvoirs que par les dispositions de la Constitution elle-même. Et la Cour de cassation rappelle cette solution : « ***les textes ayant valeur législative s'imposent aux juridictions de l'ordre judiciaire qui ne sont pas juges de leur constitutionnalité*** ». Il s'ensuit que le juge pénal ne peut arguer de la violation du principe constitutionnel de la légalité des délits et des peines pour refuser d'appliquer un texte législatif. Mais on le sait, inscrit dans plusieurs conventions internationales, dont la Convention européenne, le principe de la légalité possède dans notre ordre juridique une force obligatoire comme règle de droit interne mais aussi comme règle de droit international. Or, chacun le sait aussi, l'article 55 de la Constitution donne aux conventions régulièrement ratifiées une autorité supérieure à celle des lois internes. Cette valeur supra-législative du principe de la légalité, qui sous-entend clarté de la règle d'incrimination et proportionnalité de la sanction édictée, autorise donc le juge pénal, sous contrôle de la Chambre criminelle, à écarter toute loi interne qui ne respecterait pas l'une de ces exigences. Au regard de l'ordonnancement des sources du droit, il n'est pas douteux qu'il s'agisse plus d'une obligation que d'une simple faculté. Pourtant à l'analyse, la jurisprudence de la Chambre criminelle laisse l'observateur quelque peu perplexe. Force est de le constater, les arrêts de la Cour souveraine éprouvent les plus grandes difficultés à faire prévaloir la norme supra-nationale sur la norme interne. Il est évident que la Chambre criminelle est réticente à s'engager dans une voie qui permet aux juges répressifs de contrôler la qualité de l'activité législative des parlementaires.

Si d'aventure la Chambre criminelle faisait preuve de prudence, il ne faudrait pas tomber dans l'excès inverse et prétendre qu'elle couvre de son autorité, ou de sa passivité, les manquements des lois internes au regard du droit supra-national.

Exemple

Bénéficiant du statut de réfugié politique, faute d'avoir été reconduit à la frontière à l'issue de l'exécution de la peine privative de liberté en mars 2004, un individu fut soumis à une assignation à résidence. Neuf années s'étant écoulées, il forma une requête en relèvement de la peine d'interdiction du territoire en faisant état de l'ancienneté des faits, qu'il travaillait et habitait avec sa femme et ses quatre enfants, tous de nationalité française. La cour d'appel de Lyon rejeta la requête, considérant que la présence du demandeur sur le territoire français constituait une menace grave pour l'ordre public en raison de la gravité des infractions à l'origine de sa condamnation, et que l'assignation à résidence, renouvelée semestriellement, ne portait pas une atteinte disproportionnée à son droit à la vie privée et familiale. La Chambre criminelle censure ce raisonnement en reprochant aux juges du fond de s'être déterminés notamment « méconnaissance du principe de proportionnalité » (*Cass. crim., 3 juin 2015*).

Comme chacun le souligne, globalement, notre législation répond aux exigences supra-législatives. Les condamnations de la France, donc de la législation française, prononcées par la Cour de Strasbourg sont assez rares. Notre système procédural est d'ailleurs plus souvent sur la sellette que notre droit de fond. D'ailleurs, on le constate à l'analyse, ce sont le plus souvent des dérapages de fonctionnement qui sont à l'origine de la condamnation. Évidemment il s'agit là d'une remarque de portée générale qui laisse place à quelques notes discordantes.

Exemple

Contrôlé par les douanes, un ressortissant néerlandais avait été reconnu coupable de s'être abstenu de déclarer les sommes qu'il transportait. L'individu fut condamné à la confiscation de l'intégralité de la somme transportée et à une amende égale à la moitié de cette somme, soit un total avoisinant les 350 000 euros. S'appuyant exclusivement sur le délit d'importation de capitaux sans déclaration, la sanction paraissait pour le moins excessive et assez disproportionnée. Rejetant le pourvoi formé par le ressortissant néerlandais, la Chambre criminelle estima que « les sanctions prévues à l'article 465 du Code des douanes, qui ont été instituées notamment en vue de la lutte contre le blanchiment de capitaux, laquelle figure parmi les objectifs de la Communauté européenne, sont conformes au principe communautaire de proportionnalité et non contraires aux dispositions conventionnelles invoquées » et donc que la juridiction du second degré avait parfaitement justifié sa décision. Sous couvert du non-respect du principe de proportionnalité des sanctions douanières, la France est condamnée par les juges strasbourgeois (*CEDH, 26 févr. 2009, Grifhorst c/ France*).

3. LA SIGNIFICATION DU PRINCIPE DE LA LÉGALITÉ À L'ÉGARD DU JUGE PÉNAL

À mot couvert, on aborde ici la question bien débattue dans les salles de travaux dirigés : la jurisprudence, source du droit. Chacun en connaît les tenants et les aboutissants. À la vérité, peu importe le final. Que l'on considère la jurisprudence comme une authentique source du droit, ou comme une simple autorité fournissant « des éléments d'appréciation pour interpréter les règles de droit, ou pour construire, dans le silence ou l'insuffisance de ces règles, la solution d'une difficulté », ne change pas grand-chose au débat. Dans un cas comme dans l'autre, la constante, l'article 4 du Code civil en fait figure de proue, transmet au juge un réel pouvoir d'appréciation sinon de création de la règle de droit.

À l'évidence, si les mots ont un sens, le principe de la légalité repousse tout raisonnement similaire en droit pénal. Pour se garder de l'arbitraire du juge, on l'a dit, le législateur se doit d'édicter des textes clairs et précis. Corollaire indispensable, l'appréciation du magistrat doit être gouvernée par le principe de l'interprétation stricte de la loi pénale.

A - La prohibition de tout pouvoir créateur du juge

La prohibition concerne les incriminations comme les sanctions.

À propos des incriminations, il va sans dire que le juge ne peut poursuivre un comportement qui n'est pas interdit par la loi. Que ce comportement ait été proscrit par le passé ou qu'il le devienne dans un avenir proche ne modifie en rien la formule. À l'inverse, le principe de la légalité n'impose nullement au juge de poursuivre tous les forfaits accomplis et révélés. Envisagé un temps à l'époque révolutionnaire, le caractère automatique des poursuites a très vite été abandonné au profit du principe, oh combien important en pratique, de l'opportunité des poursuites. En outre, lorsqu'elle est engagée, la poursuite peut très bien s'articuler sur une qualification moins grave que celle initialement prévue par le législateur. Comme chacun le souligne en doctrine, pour porter atteinte aux règles de compétences juridictionnelles, la correctionnalisation judiciaire – qui tend à retenir une qualification correctionnelle au lieu et place d'une qualification criminelle – ne trouble pas le principe de la légalité. Si un tel écart, au demeurant assez singulier, est admis par tous, sous prétexte d'interprétation *in favorem*, le raisonnement inverse ne tient plus et le passage judiciaire du délit au crime trahit avec force le principe de la légalité.

À propos des sanctions, les exigences du principe sont les mêmes. ***Le juge ne saurait avoir la possibilité de prononcer une peine autre que celle prévue par la loi***. Pas davantage, le juge ne saurait être autorisé à aggraver les peines prévues par la loi. En revanche, le principe de la légalité n'interdit nullement au magistrat, sous couvert d'individualisation de la sanction, de montrer, dans les limites de la loi, quelque élan de générosité à l'égard de la personne poursuivie. L'attribution du sursis, l'énoncé de cause légale de diminution de peine, la dispense de peine, la considération « officieuse » de circonstances atténuantes témoignent, parmi d'autres, des moyens laissés à la disposition des magistrats. Mais liberté de moyens ne rime pas avec liberté d'initiatives. Et, le cas échéant, la Cour de cassation rappelle aux juridictions du fond les limites de leur pouvoir. Le plus souvent, la censure porte sur le prononcé, en marge de toute indication législative, de peines complémentaires. Il va de soi que dans le silence du texte, le juge ne peut assortir la peine principale d'une peine complémentaire. Que celle-ci soit prévue pour une autre infraction ne change évidemment rien à la règle. L'égarement des juges du fond est encore plus inquiétant quand la peine illégalement prononcée, à titre principal, est une amende ou une peine d'emprisonnement.

B - L'obligation d'interpréter strictement la loi

En son temps et à sa façon, Beccaria l'avait noté : « Les juges des crimes ne peuvent avoir le droit d'interpréter largement la loi pénale, par la seule raison qu'ils ne sont pas législateurs. » Sûrs de leur fait, peut-être aussi de l'excellence de leur texte, les rédacteurs du Code de 1810 n'ont pas cru bon d'inscrire le principe. Des textes précis et point de jurisprudence, avait annoncé Portalis. Le nouveau Code pénal est plus explicite. L'article 111-4, de façon laconique néanmoins énergique, énonce : « La loi pénale est d'interprétation stricte. » À la vérité, la formule législative n'innove pas.

Exemple

Ainsi, est logiquement censuré l'arrêt retenant, pour écarter des poursuites de harcèlement moral, la qualité de subordonné du harceleur. En agissant ainsi, les juges du fond ont ajouté une condition au texte législatif (C. pén., art. 222-33-2). Pour la Chambre criminelle (6 décembre 2011), le fait que la personne poursuivie soit le subordonné de la victime est indifférent à la caractérisation de l'infraction.

La doctrine rivalise d'intérêt pour faire le partage entre ce qui est permis au juge et ce qui lui est interdit. Les auteurs passent alors en revue les différentes formes d'interprétation de la loi pénale.

Les principales formes d'interprétation de la loi pénale

L'interprétation littérale	Elle privilégie un strict attachement à la lettre de la loi.
L'interprétation analogique	Elle invite par une extension – une analogie – à remédier aux lacunes voire aux oublis du législateur.
L'interprétation téléologique	Elle invite le juge à chercher la véritable volonté du législateur.

Certes, si la loi est claire, il faut la suivre, mais, comme on le dit ailleurs en droit privé, lorsqu'elle est ambiguë, il faut en pénétrer l'esprit. L'interprète trouve alors dans les travaux préparatoires de la loi, dans les considérations sociales et économiques de l'époque, autant de guides. Mais les frontières de l'interprétation téléologique vont plus loin. L'interprète peut être affranchi de la barrière formelle du texte. On conduit alors le juge à imaginer quelle serait la pensée probable du législateur s'il était confronté aux éléments nouveaux qui posent difficultés. L'avantage est indéniable. La formule permet la survie, la quasi-immortalité, du texte. Non seulement celui-ci va vivre, mais sera, au surplus, constamment aménagé aux réalités de son époque. C'est peut-être une belle définition du droit que celle lui permettant d'être constamment adapté aux comportements du temps présent. Mais on ne saurait oublier le principe qui nous guide, celui de la légalité. Comme un auteur l'a justement noté, de serviteur du texte, le juge se transforme ici en coauteur ou corédacteur. S'il est un peu vrai que toute la question est de savoir s'arrêter à temps, on peut être surpris des bonnes grâces que la doctrine manifeste à l'égard du principe de l'interprétation téléologique.

Si la plupart des auteurs refusent toute concession à l'égard des interprétations littérale et analogique, ils reconnaissent volontiers, références judiciaires à l'appui, les bienfaits d'une interprétation téléologique. Face aux commentaires proposés, il n'est pas toujours facile de faire le partage entre l'analogie refusée et la téléologie acceptée. À l'analyse, les décisions citées reflètent le plus souvent des raisonnements par analogie que la Chambre criminelle censure ou au contraire couvre de son autorité. Le contraste est alors saisissant, si bien qu'en définitive la méthode qualifiée de téléologique apparaît comme un voile jeté sur les cas où la Cour de cassation n'a pas voulu faire respecter la règle, que par ailleurs elle défend, depuis le début du XIXe siècle comme une conséquence inéluctable du principe de légalité.

Exemple

Dans un arrêt en date du 30 septembre 2009, la Chambre criminelle « valide » une poursuite fondée sur l'incrimination d'appels téléphoniques malveillants au motif que « la réception d'un SMS se manifeste par l'émission d'un signal sonore par le téléphone portable de son destinataire ». En statuant ainsi, elle s'engage à mi-chemin entre le raisonnement téléologique et le raisonnement par analogie. Repoussant les arguments du pourvoi fondés sur le principe de l'interprétation stricte, les magistrats ont en effet estimé que la qualification pénale était parfaitement adaptée à ce mode de communication qu'est le SMS.

BIBLIOGRAPHIE

Capello (A.), « L'impact de la QPC sur le droit pénal substantiel », AJ pénal 2018, p. 388.

Claverie-Rousset (C.), « La légalité criminelle », Dr. pén. 2011, Études n° 16.

Collectif, « Faut-il repenser le principe de la légalité ? », Rev. pénit. 2001, p. 247.

Danti-Juan (M.), « Les principes directeurs du droit pénal et le Conseil constitutionnel », in *Droit constitutionnel et droit pénal*, à paraître dans les Travaux de l'Institut de sciences criminelles de Poitiers, T. 21, Cujas, 2000.

De Lamy (B.), « Les incidences possibles et souhaitables, de l'avènement de la question préjudicielle de constitutionnalité », RSC 2009, p. 154.

Delmas-Marty (M.), « Légalité pénale et prééminence du droit selon la Convention européenne des droits de l'homme », in *Mélanges A. Vitu*, 1989, Cujas, p. 151.

Delmas-Marty (M.), « Union européenne et droit pénal », Cahier de droit européen 1997, n° 5-6, p. 607.

Giudicelli (A.), « Le principe de la légalité en droit pénal français : aspects légistiques et jurisprudentiels », RSC 2007, p. 509.

Jeandidier (W.), « Principe de légalité criminelle », JCl. Pénal Code, Art. 111-2 à 111-5, fasc. 10, 2011 et fasc.20, 2012.

Lazerges (Ch.), « De la fonction déclarative de la loi pénale », RSC 2004, p. 194.

Lhuillier (G.) et Plouvier (E.), « Le droit pénal et la Constitution », D. 2011, p. 1091.

Malabat (V.), Compte rendu du XIVe Congrès de l'Association Française de Droit Pénal : « Faut-il repenser le principe de la légalité ? », RSC 1999, p. 921.

Massé (M.), « La coutume internationale dans la jurisprudence de la Chambre criminelle », RSC 2003, p. 894.

Mbongo (P.), « Droit du juge et prééminence du droit : Bréviaire processualiste de l'exception d'inconstitutionnalité », D. 2008, p. 2089.

Perrier (J. B.) (dir.) « La question prioritaire de constitutionnalité », 2011, PUAM.

Roujou de Boubée (G.), « Les deux sources du droit pénal d'après la Constitution du 4 octobre 1958 », JCP 1961, I 1638.

[illegible] ouvrage, [illegible] constitution [illegible], 2011, p. 1051 [illegible]

[illegible] de Droit [illegible]

[illegible]

[illegible] du droit [illegible] de la [illegible]

[illegible] constitutionnelle [illegible]

[illegible] Constitution [illegible] 1958 [illegible]

CHAPITRE 3

Le champ d'application de la loi pénale

La loi pénale peut seulement, chacun en mesurera le bien-fondé, régir le futur. Deux grands principes gouvernent l'application de la loi dans le temps : celui de la non-rétroactivité de la loi nouvelle plus sévère et celui de la rétroactivité de la loi pénale plus douce. En vérité, la solution ne se pose pas toujours en termes aussi simples. En outre, si, par nature, la loi pénale française a vocation à s'appliquer aux infractions commises sur le territoire français, de nombreuses situations révèlent combien il est tout aussi naturel que notre législation puisse s'appliquer à des faits infractionnels commis, ou partiellement commis, en dehors du territoire national.

1 • L'APPLICATION DE LA LOI PÉNALE DANS LE TEMPS

Pour simplifier le débat, on peut reprendre ici une distinction bien connue et souvent utilisée qui sépare les lois pénales de fond des lois pénales de forme.

A - Les lois pénales de fond

Portée par l'article 112-1 du code, la matière est gouvernée par deux principes d'égale valeur : celui de la non-rétroactivité de la loi pénale (al. 1 et 2) et celui de la rétroactivité de la loi pénale (al. 3). À l'évidence, ces deux principes, d'apparence contradictoire, commandent des situations différentes. Chacun d'entre eux supporte au demeurant de sérieux tempéraments.

1) Le principe de la non-rétroactivité de la loi pénale

Corollaire indispensable du principe de la légalité, le principe de la non-rétroactivité est une mesure de justice sociale, une garantie pour la liberté des individus. Depuis deux siècles, la formule ne cesse d'être affirmée :

Déclaration des droits de l'Homme, 1789	Article 8 : « La loi ne peut établir que des peines strictement et évidemment nécessaires et nul ne peut être puni qu'en vertu d'une loi établie et promulguée antérieurement au délit et légalement appliquée. »

Code pénal, 1810	Article 4 : « Nulle contravention, nul délit, nul crime, ne peuvent être punis de peines qui n'étaient pas prononcées par la loi avant qu'ils fussent commis. »
Déclaration universelle des droits de l'Homme, 1948	Article 11 : « Nul ne sera condamné pour des actions ou omissions qui, au moment où elles ont été commises, ne constituaient pas un acte délictueux d'après le droit national ou international. De même, il ne sera infligé aucune peine plus forte que celle qui était applicable au moment où l'acte délictueux a été commis. »
Convention européenne de sauvegarde des droits de l'Homme et des libertés fondamentales, 1950	Article 7 : « Nul ne peut être condamné pour une action ou une omission qui, au moment où elle a été commise, ne constituait pas une infraction d'après le droit national ou international. De même il n'est infligé aucune peine plus forte que celle qui était applicable au moment où l'infraction a été commise. »
Pacte international relatif aux droits civils et politiques, 1966	Article 15 : « Nul ne sera condamné pour des actions ou omissions qui ne constituaient pas un acte délictueux d'après le droit national ou international au moment où elles ont été commises. De même, il ne sera infligé aucune peine plus forte que celle qui était applicable au moment où l'infraction a été commise. Si, postérieurement à cette infraction, la loi prévoit l'application d'une peine plus légère, le délinquant doit en bénéficier. »
Code pénal, 1992	Article 112-1 : « Sont seuls punissables les faits constitutifs d'une infraction à la date à laquelle ils ont été commis. Peuvent seules être prononcées les peines légalement applicables à la même date. »

Le Code pénal n'a fait que parachever en droit interne cette « tradition séculaire ». Il ne pouvait d'ailleurs pas en être autrement puisque le principe de la non-rétroactivité a une valeur constitutionnelle tant par référence au préambule de 1958 que par son appartenance au principe de la légalité. L'article 112-1 interdit la rétroactivité de toute incrimination nouvelle et interdit aux juridictions du fond de prononcer une peine non prévue au moment de la commission de l'infraction. Selon cette règle, la loi nouvelle doit se contenter de saisir les faits commis après son entrée en vigueur. Pour les faits commis au préalable, il y a donc survie de la loi ancienne. Le fondement est des plus simples à cerner.

Il est donc toujours aussi surprenant, voire inquiétant, de relever les décisions de censure de la Cour de cassation.

Exemple

La Chambre criminelle, par un arrêt du 4 février 2004, censure un arrêt d'appel qui avait condamné un individu à quinze années d'emprisonnement pour recours à la prostitution des mineurs, alors que la loi du 4 mars 2002, en vigueur au jour de l'arrêt d'appel, prévoyait un maximum de sept années d'emprisonnement et était donc, à l'évidence, une loi plus douce d'application immédiate.

2) Le principe de la rétroactivité de la loi pénale plus douce

Puisant sa source dans un modeste décret d'application du Code de 1810, le principe de la rétroactivité de la loi plus douce, dit « rétroactivité *in mitius* », a toujours été considéré par les juridictions comme de valeur permanente. Selon ce principe, la loi nouvelle, plus douce, va saisir non seulement les faits qui lui sont antérieurs mais encore toutes les situations qui sont pendantes devant les juridictions. La règle vaut en première et en seconde instance comme pour les affaires portées devant la Cour de cassation. Bien que cette dernière ne puisse être considérée comme un troisième degré de juridiction, la règle se justifie tant bien que mal par l'effet suspensif du pourvoi.

Plus importante sur le plan des idées est la valeur que l'on entend donner à ce principe. On en conviendra, même si des voix contraires se font entendre, l'application immédiate d'une loi pénale plus douce semble une donnée qui peut emporter l'adhésion du plus grand nombre. Puisque la société revoit à la baisse la sévérité des règles qui nous gouvernent, il paraît assez juste que l'indulgence profite aussi à ceux qui ont commis leur acte sous l'empire de la loi ancienne. La loi ne doit-elle pas établir que des peines strictement et évidemment nécessaires ? C'est l'exacte formulation de l'article 8 de la Déclaration des droits de l'homme et du citoyen. Et c'est justement sous couvert de cette référence que le Conseil constitutionnel a hissé le principe de la rétroactivité de la loi pénale plus douce au rang constitutionnel.

Conseil constitutionnel, 20 janvier 1981 – Décision n° 80-127 DC
Loi renforçant la sécurité et protégeant la liberté des personnes

« Considérant que ces dispositions tendent à limiter les effets de la règle selon laquelle la loi pénale nouvelle doit, lorsqu'elle prononce des peines moins sévères que la loi ancienne, s'appliquer aux infractions commises avant son entrée en vigueur et n'ayant pas donné lieu à des condamnations passées en force de chose jugée ; que, dès lors, elles doivent être regardées comme contraires au principe formulé par l'article 8 de la Déclaration des droits de l'homme et du citoyen de 1789 selon lequel : la loi ne doit établir que des peines strictement et évidemment nécessaires ; qu'en effet, le fait de ne pas appliquer aux infractions commises sous l'empire de la loi ancienne la loi pénale nouvelle, plus douce, revient à permettre au juge de prononcer les peines prévues par la loi ancienne et qui, selon l'appréciation même du législateur, ne sont plus nécessaires ; que, dès lors, le deuxième alinéa de l'article 100 de la loi soumise à l'examen du Conseil constitutionnel est contraire à la Constitution. »

D'aucuns ne manquent pas de critiquer ce raisonnement en affirmant, à juste titre, que la survie de la loi ancienne puisse être tout aussi nécessaire pour « des raisons d'efficacité répressive ». En écho, certaines décisions de la Chambre criminelle conditionnent, non sans ambiguïté, la rétroactivité *in mitius* à « l'absence de dispositions contraires expresses ». Autrement dit, en présence de telles dispositions législatives, la survie de la loi ancienne, plus sévère, s'impose. Dans l'impossibilité de contrôler la constitutionnalité de la loi, le juge judiciaire se trouve contraint d'appliquer les dispositions législatives contraires au principe de la rétroactivité *in mitius*.

En somme, comme on l'a rappelé récemment, il est toujours loisible au législateur d'écarter la rétroactivité *in mitius* d'une loi nouvelle plus douce qu'il promulgue s'il estime que la loi ancienne a été, de son temps, un texte évidemment et strictement nécessaire. C'est sur ce fondement que la Chambre criminelle a dernièrement repoussé un pourvoi qui soutenait le contraire. Pourtant, comme l'avait souligné un auteur, avant même l'entrée en vigueur du nouveau Code pénal, les juges du fond et derrière eux, la Cour de cassation, méconnaissent lorsqu'ils agissent ainsi, ouvertement le droit international puisque la rétroactivité *in mitius* est hautement affirmée par le Pacte international relatif aux droits civils et politiques. De son côté, la Cour européenne a eu l'occasion de consacrer la valeur conventionnelle du principe de la rétroactivité « *in mitius* ». Si le principe n'est pas inscrit dans la Convention européenne, la Cour de Strasbourg a pu juger que l'application rétroactive d'une loi plus douce ne portait pas atteinte à l'exigence de non-rétroactivité des peines (CESDH, art. 7 § 1). C'est donc de manière indirecte que la Cour reconnaît (en ne l'interdisant pas) l'existence du principe de la rétroactivité *in mitius*.

Pour autant, le Conseil constitutionnel, statuant en QPC, a, le 3 décembre 2010, troublé singulièrement cette belle présentation. Il a décidé qu'une disposition législative pouvait écarter l'application immédiate aux affaires en cours d'une incrimination plus douce sans entrer en contradiction avec nos principes constitutionnels. Et les premiers commentateurs de noter que le principe connaît dorénavant une exception lorsque « la poursuite de la répression était inséparable du régime instauré antérieurement ».

Pour aller plus loin

La détermination du caractère plus doux des mesures nouvelles

Il n'est pas toujours très simple de déterminer avec exactitude le caractère plus doux des mesures nouvelles prises par le législateur. La division tripartite des infractions est à l'évidence un premier critère. Les crimes doivent être regardés comme plus graves que les délits et ces derniers plus graves, donc plus sévères, que les contraventions. Sous l'empire du Code de 1810, il fut toutefois jugé qu'une peine d'emprisonnement de police était plus sévère qu'une amende correctionnelle. Dans le prolongement de ce qui a pu déjà être noté, on peut dire combien il est artificiel de considérer plus doux un texte qui correctionnalise un crime pour offrir le contentieux à la compétence du tribunal correctionnel. Les lois de dépénalisation ou d'abrogation sont à l'évidence plus douces et on a vu comment la rétroactivité pouvait même paralyser l'exécution d'une sanction déjà prononcée. Mais le plus souvent, la même loi cumule sans retenue des dispositions plus douces et plus sévères. Toute la difficulté est alors de savoir si les dispositions peuvent être divisées. Dans l'affirmative, seules celles jugées plus douces pourront avoir un effet rétroactif. Dans le cas contraire, dans l'impossibilité de toute division, le juge doit rechercher la disposition principale. Et la solution se renouvelle. Jugée plus douce, la disposition principale entraîne avec elle la rétroactivité de la loi nouvelle. Jugée plus sévère, elle autorise l'application de la loi entière aux seuls forfaits commis après son entrée en vigueur. Ce n'est rien de le dire, le raisonnement n'est pas simple et ouvre la porte à de nombreuses interprétations. Comme on a souvent reproché à la Cour de cassation de se livrer à « un charcutage », il n'est pas surprenant de constater que le juge se laisse parfois séduire par une appréciation globale de la loi nouvelle.

B - Les lois pénales de forme

Comme pour le droit pénal de fond, trois principes peuvent être appelés pour régler les questions de conflit dans le temps des lois pénales de forme : le principe de la rétroactivité de la loi nouvelle, celui de la survie de la loi ancienne, enfin celui de l'effet immédiat de la loi nouvelle :

Principes envisageables	Portée	Appréciation
Rétroactivité de la loi nouvelle	La loi nouvelle abolit les effets procéduraux déjà produits par la loi ancienne. Seules les procédures définitivement closes échappent à son autorité. Les autres, en suspens, sont aussitôt envahies par la loi nouvelle.	La conséquence est redoutable. Il faut recommencer la procédure. Un tel schéma est à l'évidence d'une piètre efficacité et ne peut manifestement être acceptable et accepté.
Survie de la loi ancienne	Permet à la loi ancienne de poursuivre sereinement ce qu'elle a commencé à	Le principe de la légalité, qui a force tout autant en procédure

	réglementer et ce jusqu'à la clôture définitive de la procédure.	qu'en droit pénal de fond, est alors pleinement respecté.
Effet immédiat de la loi nouvelle	Les deux lois en conflit vont chacune avoir une période respective d'application. La plus ancienne va conduire la procédure jusqu'à l'entrée en vigueur de la nouvelle qui s'appliquera aussitôt sans remettre en cause les actes déjà accomplis.	

Forte du silence du Code de 1810, la jurisprudence avait retenu la formule « l'effet immédiat de la loi nouvelle ». À son tour, le nouveau code consacre le principe de l'application immédiate. Si la consécration est réelle, des concessions sont faites en faveur de la survie de la loi ancienne lorsque la loi nouvelle apparaît chargée de plus de sévérité. À la vérité, pour bien mesurer les variations réalisées aujourd'hui par le code, il faut distinguer les différentes sortes de lois qui gouvernent la procédure pénale.

Les principes applicables selon le type de lois et de forme

	Principe applicable	Appréciations
Les lois de compétence et d'organisation	Application immédiate (art. 112-2-2°)	Voile le principe de la légalité
Les lois de procédure *stricto sensu*	Application immédiate	Exception pour les lois relatives aux voies de recours, sauf celles relatives à la forme du recours qui sont d'application immédiate (art. 112-3)
Les lois relatives à l'exécution des peines	L'article 112-2-3° interdit l'application immédiate des dispositions plus sévères tant pour les lois relatives au régime de l'application que pour celles relatives au régime de l'exécution des peines	Respect du principe de la légalité
Les lois relatives à la prescription de l'action publique ou de la peine (art. 112-2)	Application immédiate sous réserve que la prescription ne soit pas acquise	Tant que le dernier jour n'est pas atteint, le délinquant n'a aucun droit acquis à l'impunité : il n'est pas à l'abri d'une poursuite puisque des actes interruptifs peuvent intervenir

2. L'APPLICATION DE LA LOI PÉNALE DANS L'ESPACE

À l'énoncé d'un tel intitulé plusieurs interrogations se font jour. La loi pénale française a-t-elle vocation à s'appliquer à toutes les infractions réalisées sur le territoire national, ces faits fussent-ils commis par des étrangers ? Il est commode à chacun de formuler une réponse affirmative. Mais à poursuivre le questionnement, le doute très vite s'installe et les réponses deviennent moins certaines. Il en va ainsi lorsque l'on s'interroge sur les pouvoirs de notre loi à l'égard d'infractions commises, par un français ou un étranger, hors de nos frontières. Même incertitude, si l'on s'interroge sur les effets à l'étranger d'une décision rendue en France ou au contraire sur les effets en France d'une décision émanant d'une juridiction étrangère.

A - Les principes envisageables

Trois principes dominent les débats. Le premier est présenté comme le principe général, les deux autres s'efforcent d'en limiter les imperfections.

Le principe de territorialité de la loi pénale	La loi pénale s'applique à tous les délinquants, quelle que soit leur nationalité ou celle de leur victime, qui ont commis une infraction sur le territoire.
Le principe de la personnalité de la loi pénale	La loi pénale ne s'applique qu'à l'égard de ses nationaux qu'ils soient auteurs d'une infraction (on parle alors de personnalité active) ou qu'ils en soient les victimes (on parle alors de personnalité passive).
Le principe de la compétence universelle de la loi pénale	L'universalité du droit de punir prime sur tout débat. La justice du lieu d'arrestation est compétente pour juger le délinquant, quelle que soit sa nationalité ou celle des victimes, quel que soit le lieu de l'infraction.

B - Les principes applicables

À l'image du Code pénal, il est utile de distinguer les infractions commises sur le territoire de la République de celles commises hors de ce territoire.

1) *Les infractions commises en France : l'application du principe de la territorialité*

Article 113-2 du Code pénal

« La loi pénale française est applicable aux infractions commises sur le territoire de la République.
L'infraction est réputée commise sur le territoire de la République dès lors qu'un de ses faits constitutifs a eu lieu sur ce territoire. »

a) Les infractions commises sur le territoire

La formule retenue par l'article 113-2 alinéa 1 est des plus explicites. Encore faut-il savoir ce qu'il convient d'entendre sous couvert de cette notion de territoire de la République. Depuis la loi constitutionnelle du 28 mars 2003, on distingue au sein du territoire de la République :

- la métropole ;
- les départements et régions d'outre-mer (Martinique, Guadeloupe, Guyane, Réunion, Mayotte) ;

- les collectivités d'outre-mer (Polynésie française, îles Wallis-et-Futuna, Saint-Pierre et Miquelon, Saint-Barthélemy et Saint-Martin) ;
- une collectivité aux statuts particuliers (la Nouvelle-Calédonie).

L'article 113-1 du Code pénal prend grand soin de souligner que « le territoire de la République inclut les espaces maritimes et aériens qui lui sont liés » :

- la mer, moyen de communication entre les États, n'est pas susceptible d'appropriation. Toutefois, les conventions internationales, par exception à ce principe, admettent qu'une bande côtière d'une largeur de 12 milles marins, appelée « mer territoriale » échappe au régime juridique de la haute mer pour être rattachée à celui de l'État côtier ;
- l'espace aérien situé au-dessus de la mer territoriale est considéré comme un espace du territoire national.

b) Les infractions réputées commises sur le territoire

Il arrive que l'infraction soit « éclatée » dans l'espace. Il est aisé d'imaginer qu'une partie de l'infraction ait été commise en France et une autre à l'étranger. Face à cette situation, dans un mouvement légitime teinté d'impérialisme, le législateur étend le principe de territorialité. Parfois, les choses ont l'air un peu plus délicates. Ainsi, la compétence de la loi française à l'égard d'un complice opérant à l'étranger n'entraîne pas de difficulté si l'acte reproché à ce complice tombe sous le coup de la loi étrangère. Or, travaillant dans le silence du Code pénal, la Chambre criminelle s'est débarrassée de l'exigence de réciprocité en acceptant la poursuite pour complicité d'importation non déclarée contre un commerçant espagnol qui avait vendu du tabac dans son pays en toute légalité au regard de la loi espagnole (*Cass. crim., 30 oct. 2013*).

Article du Code pénal	Portée	Conditions
Article 113-2	L'infraction est réputée commise sur le territoire dès lors qu'un de ses faits constitutifs a eu lieu sur ce territoire.	
Article 113-2-1	Le crime ou le délit commis au moyen d'un réseau de communication électronique est réputé commis sur le territoire lorsqu'il est tenté ou commis contre une personne, physique ou morale, résidant ou située sur le territoire.	
Articles 113-3 et 113-4	La loi pénale française est applicable aux infractions commises à bord des navires battant un pavillon français, ou à l'encontre de tels navires ou des personnes se trouvant à bord (à l'identique pour les aéronefs).	En quelque lieu que se soit trouvé le navire ou l'aéronef au moment de l'infraction.
Article 113-5	Compétence et application de la loi pénale française pour le complice resté en France d'un crime ou d'un délit commis à l'étranger.	Le crime ou le délit doit être puni tant par la loi française que par la loi étrangère (condition de réciprocité). Le crime ou le délit doit avoir été préalablement constaté par une décision définitive de la juridiction étrangère.

2) Les infractions commises hors du territoire de la République

Des articles 113-6 et suivants résultent trois séries d'hypothèses pour lesquelles notre droit pénal trouve vocation à s'appliquer :

Cas	Compétence	Conditions de la compétence française
L'infraction a été commise par un français	Compétence personnelle active	Ne peut exister qu'en l'absence de répression à l'étranger
L'infraction a été commise à l'encontre d'un français	Compétence personnelle passive	Ne peut exister qu'en l'absence de répression à l'étranger
L'infraction porte atteinte à des intérêts supérieurs français	Compétence réelle	Compétence ouverte assez largement
L'infraction porte atteinte à la communauté internationale	Compétence universelle	Largement soumise aux dispositions des conventions internationales

a) L'infraction commise par un français

À l'exception des contraventions qui ne sont pas expressément visées, tous les crimes et délits sont ici concernés. Pour les délits, l'article 113-6 alinéa 2 impose toutefois (excepté lorsque la victime est française) que les faits reprochés soient également répréhensibles par la législation du pays dans lequel ils ont été commis.

Aujourd'hui, cette exigence de réciprocité d'incrimination est parfois abandonnée par le législateur. L'acte commis devient alors punissable en France (à condition de pouvoir être qualifié de crime ou de délit) alors même qu'il échapperait à toute répression dans le pays. Telle est la solution consacrée par les lois du 1er février 1994 et du 17 juin 1998 et plus récemment modifiée par la loi du 4 mars 2002. La loi nouvelle a inséré dans le code un article 225-12-3 dont il résulte qu'en cas de recours à la prostitution d'un mineur, commis à l'étranger par un français ou une personne ayant sa résidence habituelle en France, la loi pénale française est applicable par dérogation aux dispositions du second alinéa de l'article 113-6.

Depuis le schéma a été reproduit par le législateur. La condition de réciprocité d'incrimination est écartée, lorsque les faits reprochés sont constitutifs du délit de participation à une activité mercenaire ou encore lorsque le délit reproché vise le clonage humain. Telles sont en effet respectivement les dispositions des articles 436-3 et 511-1-1 du Code pénal issues des lois du 14 avril 2003 et du 6 août 2004.

L'article 113-8 ajoute que la poursuite des délits ne peut être exercée qu'à la requête du Ministère public et qu'elle doit être précédée d'une plainte de la victime ou d'une dénonciation officielle par l'autorité du pays où le fait a été commis. Là encore, la loi du 4 mars 2002 fait œuvre de spécificité, en cas de recours à la prostitution d'un mineur, commis à l'étranger par un français ou une personne ayant sa résidence habituelle en France, en écartant tant l'exigence de la plainte préalable de la victime que celle de la dénonciation officielle du pays concerné.

En outre, l'article 113-9 énonce qu'aucune poursuite ne peut être exercée à l'encontre d'une personne justifiant qu'elle a été jugée définitivement à l'étranger pour les mêmes faits et, en cas de condamnation, que la peine a été subie ou prescrite.

Exemple

Un Français condamné pour un viol aux États-Unis peut être jugé en France dès lors que la peine prononcée contre lui à l'étranger n'était pas prescrite au moment de la dénonciation des faits aux autorités françaises. Tel est le message d'un arrêt en date du 16 octobre 2001 de Chambre criminelle qui reproche aux juridictions d'instruction d'avoir confondu prescription de l'action publique et prescription de la peine.

Dépassant le cadre de l'infraction commise par un français, le nouvel article 113-13 du Code pénal, issu d'une loi du 21 décembre 2012, étend la compétence de la loi pénale française pour la poursuite de certains faits commis à l'étranger susceptibles d'être qualifiés de terroristes. L'origine du texte comme sa finalité ne font aucun doute. La curieuse logique, un fait divers, une loi est ici parfaitement illustrée. La loi du 21 décembre puise sa raison d'être dans la triste affaire *Merah*. L'article 113-13 a été introduit afin de pouvoir incriminer et poursuivre des personnes ayant, à l'étranger, participé à des camps d'entraînement qualifiés de « terroristes ». On pouvait penser l'arsenal de notre positif déjà suffisamment opérationnel pour lutter contre de telles pratiques. Mais, en vérité, le nouveau texte vient doter notre législation d'arguments supplémentaires. Deux arguments principaux peuvent être retenus ici. Le premier permet de souligner que l'article 113-6 déjà existant permet seulement la répression de français alors que l'article 133-13 étend la compétence aux personnes résidant habituellement sur le territoire français. Le second révèle comment la spécificité de l'incrimination nouvelle permet de dépasser les conditions exigées par l'article 113-8 juste évoqué. Ainsi, comme on a pu le noter, ces conditions ne sont pas, en pratique, toujours réunies empêchant ainsi toute poursuite. Il est d'ailleurs peu probable que les États qui acceptent, sur leur sol, de tels camps d'entraînement exercent les fameuses dénonciations officielles imposées par notre législation pour le déclenchement des poursuites.

b) L'infraction commise à l'encontre d'un français

Chacun le reconnaît volontiers, l'État français ne peut se désintéresser totalement du sort de ses nationaux. On comprendrait difficilement que notre législation s'efforce de protéger la santé, la sécurité et la moralité de jeunes asiatiques ou roumains victimes dans leur pays de la prostitution et dénie de se préoccuper avec insistance du sort de nationaux victimes d'infractions. Aussi n'est-il pas si paradoxal que le nouveau Code pénal ait élargi le domaine de la compétence personnelle passive, non seulement aux crimes mais à tous les délits punis d'emprisonnement (presque tous le sont en pratique). Encore faut-il s'entendre sur les mots. Le principe de la compétence personnelle passive doit être entendu au sens strict. Pour les magistrats de la Chambre criminelle, seule la qualité de français de la victime directe de l'infraction commise à l'étranger attribue compétence aux lois et juridictions françaises sur le fondement des articles 113-7 du Code pénal et 689 du Code de procédure pénale. Il en résulte que le préjudice de la veuve, de nationalité française, ne fait pas de celle-ci une victime directe de l'infraction (*Cass. crim., 31 janv. 2001 – Cass. crim., 21 janv. 2009*), de même pour l'épouse française dont le mari étranger a été torturé à l'étranger (*Cass. crim., 8 nov. 2016*).

Exemple

Cass. crim., 12 juin 2018 : décision repoussant une QPC : « le principe selon lequel l'État français est tenu d'assurer la protection de ses ressortissants et n'impose pas que cette protection soit étendue aux victimes par ricochet, de sorte qu'il n'est pas porté atteinte aux principes constitutionnels invoqués... ».

En présence d'une victime française, la condition de réciprocité d'incrimination n'est pas exigée. En revanche, la poursuite des délits ne peut être exercée qu'à la requête du Ministère public et lorsqu'elle aura été précédée d'une plainte de la victime ou d'une dénonciation officielle par l'autorité du pays où le fait a été commis (art. 113-8). Là encore, aucune poursuite ne pourra être exercée à l'encontre d'une personne justifiant qu'elle a déjà été jugée pour les mêmes faits ou en cas de condamnation que la peine a été subie ou prescrite. En transposant ces conditions, l'article 113-9 s'appuie sur les exigences du principe *non bis in idem*. Contrairement au droit antérieur, le code n'évoque plus la grâce et reste à son tour silencieux sur la question de l'amnistie. Le cas échéant, aucune de ces deux mesures ne saurait constituer un obstacle aux poursuites engagées en France pour une infraction commise à l'étranger. Tel est le cas également d'une décision de classement sans suite. Pour la Chambre criminelle, arrêt du 6 décembre 2005, une telle décision n'a pas la valeur d'un jugement définitif et ne peut donc faire obstacle à des poursuites exercées en France. Reprenant cette analyse, la Chambre criminelle poursuit en précisant qu'une décision de classement sans suite (prise en Allemagne) n'est pas une procédure alternative au sens de la jurisprudence de la CJUE, c'est-à-dire une décision entraînant l'extinction de l'action publique (*Cass. crim., 12 mai 2009*).

Exemple

La décision, à la suite d'une longue enquête sur la mort d'une française, du procureur général d'Irlande de ne pas poursuivre, faute de charges suffisantes, un individu soupçonné de ce meurtre, est considérée par la juridiction française comme une décision ne mettant pas fin aux poursuites pénales laissant ainsi la possibilité d'une poursuite en France (*Cass. crim., 2 mai 2018*).

c) L'infraction commise par un étranger

Pour mesurer, à leur juste valeur, les propos qui suivent, il est nécessaire d'avoir en mémoire que le Code de procédure pénale réglemente les conditions de l'extradition. L'article 696-4 de ce code égrène plusieurs situations dans lesquelles la France ne répondra pas aux demandes d'extradition d'un État requérant. Dans un souci d'entraide internationale et pour combler les lacunes découlant d'une telle prise de position, la loi du 9 mars 2004 a inséré dans le Code pénal un article 113-8-1. Cet article reprend en partie les situations de l'article 696-4 juste évoqué.

Ainsi, « Sans préjudice de l'application des articles 113-6 à 113-8, la loi pénale française est également applicable à tout crime ou à tout délit puni d'au moins cinq ans d'emprisonnement commis hors du territoire de la République par un étranger dont l'extradition ou la remise a été refusée à l'État requérant par les autorités françaises aux motifs, soit que le fait à raison duquel l'extradition avait été demandée est puni d'une peine ou d'une mesure de sûreté contraire à l'ordre public français, soit que la personne réclamée aurait été jugée dans ledit État par un tribunal n'assurant pas les garanties fondamentales de procédure et de protection des droits de la défense, soit que le fait considéré revêt le caractère d'infraction politique, soit que l'extradition ou la remise serait susceptible d'avoir, pour la personne réclamée, des conséquences d'une gravité exceptionnelle en raison, notamment, de son âge ou de son état de santé. » (C. pén., art. 113-8-1) Le texte de 2004 subordonnait la poursuite des infractions à la requête du Ministère public et à une dénonciation officielle, transmise par le ministre de la Justice, de l'autorité du pays où le fait a été commis et qui avait requis l'extradition. Cette seconde condition a été supprimée par la loi de 2013. À l'évidence, cette suppression devrait permettre de rendre plus effectives les poursuites fondées sur l'article 113-8-1 du Code pénal. En somme, l'article, qui reprend à son compte le vieil adage latin « *aut dedere, aut punire* » signifiant littéralement « livrer ou punir », livre de toutes pièces un nouveau schéma de compétence pour les infractions commises à l'étranger.

d) L'infraction portant atteinte à des intérêts supérieurs français

Pour le législateur, les données sont simples : la loi pénale s'applique aux crimes et délits qualifiés d'atteintes aux intérêts fondamentaux de la Nation, à la falsification et à la contrefaçon du sceau de l'État, de pièces de monnaie, de billets de banque ou d'effets publics et à tout crime ou délit contre les agents ou les locaux diplomatiques ou consulaires français commis hors du territoire de la République.

En ces domaines, intérêts supérieurs obligent, aucune des conditions jusque-là rencontrées (compétence personnelle active ou passive) n'est exigée pour entraîner la compétence de notre droit pénal. On comprend aisément le message législatif. Puisqu'elles troublent l'ordre public français à l'étranger, ces infractions particulières méritent un traitement particulier. On l'a noté, le procédé vise à opérer en pratique une territorialité fictive, ce qui revient à traiter l'infraction comme celle commise sur le territoire de la République.

e) L'infraction portant atteinte aux intérêts supérieurs de la communauté internationale

En présence d'infractions ou de menaces d'une particulière gravité « lésant la communauté internationale », le caractère universel des intérêts à protéger légitime le principe de l'universalité du droit de punir. Par ce principe, les juridictions de l'État sur le territoire duquel se trouve (même de façon passagère) le délinquant sont compétentes pour juger l'infraction sans considération du lieu de commission de l'infraction, de la nationalité des auteurs ou des victimes. Ici, la compétence n'est ni personnelle (active ou passive) ni réelle, elle est universelle.

La compétence universelle est présentée comme « un principe procédural ayant essentiellement pour objet de fixer la compétence des juridictions françaises et non une règle de fond tendant à attribuer compétence à la loi française ». Pour cette raison les règles animant les mécanismes de cette compétence n'ont pas été intégrées dans le Code pénal et sont restées dans le Code de procédure (art. 689 et s.). C'est ainsi que la compétence de nos juridictions est subordonnée à la présence en France de l'individu que l'on veut poursuivre et au fait que celui-ci n'ait pas déjà été jugé à l'étranger pour les mêmes infractions. Sans revenir ici sur le débat lié au principe de la solidarité des compétences législative et juridictionnelle (la juridiction française appliquant toujours la loi française) on prendra note en revanche que la compétence vaut seulement par une convention internationale et pour les infractions désignées par celle-ci.

Exemple

Il n'est pas nécessaire que la poursuite s'ouvre à l'encontre d'une personne expressément nommée. C'est en tout cas l'interprétation (assez large, mais qui s'en plaindra ?) retenue par la Chambre criminelle, dans un arrêt du 10 janvier 2007, à l'encontre d'une poursuite dirigée contre un officier mauritanien poursuivi pour acte de torture et actes de barbarie. Pas davantage, il n'est nécessaire que les auteurs soient identifiés pour que puissent être mis en œuvre à l'encontre des complices les principes de la compétence universelle. Il n'en reste pas moins que l'appréciation des éléments indiquant la présence en France des auteurs (ou complices) présumés est considérée comme relevant de l'appréciation souveraine des juges du fond et échappe par conséquent au contrôle de la Chambre criminelle (*Cass. crim., 21 janv. 2009*).

Article 689-1

« En application des conventions internationales visées aux articles suivants, peut être poursuivie et jugée par les juridictions françaises, si elle se trouve en France, toute personne qui s'est rendue coupable hors du territoire de la République de l'une des infractions énumérées par ces articles. Les dispositions du présent article sont applicables à la tentative de ces infractions, chaque fois que celle-ci est punissable. »

Sont ainsi successivement visés aux articles 689-2 à 689-11 du Code de procédure pénale :

– les actes de torture : Convention de New York du 10 décembre 1984 ;
– les actes de terrorisme : Convention européenne de Strasbourg du 27 janvier 1977 et Conventions de New York des 12 janvier 1998 et 10 janvier 2000 ;
– les actes contre les installations nucléaires ou à l'aide de matières nucléaires : Convention de Vienne et de New York du 3 mars 1980 ;
– les actes portant atteinte à la sécurité de la navigation maritime : Convention de Rome du 10 mars 1988 ;
– les actes dirigés contre la sécurité de l'aviation civile et la capture illicite d'aéronefs : Convention de Montréal du 23 septembre 1971 et Convention de La Haye du 16 décembre 1970 ;
– les actes illicites de violence dans les aéroports : Protocole fait à Montréal le 24 février 1988 ;
– les actes dirigés contre les intérêts financiers des Communautés européennes : Protocole à la Convention de Dublin, 27 septembre 1996 ;
– les actes relevant de la compétence de la cour pénale internationale : Convention de Rome du 18 juillet 1998 (modifiée par la loi du 23 mars 2019, le texte révèle toujours une forme assez restrictive de compétence universelle) ;
– les infractions liées à des disparitions forcées : Convention de New York du 20 décembre 2006 (L. 5 août 2013 ; CPP, art. 689-13).

Pour l'application des normes communautaires relatives à l'harmonisation de certaines dispositions de la législation sociale dans le domaine des transports par route, une loi du 8 décembre 2009 a ajouté à cette liste un article 689-12 énonçant que « peut être poursuivie et jugée dans les conditions prévues à l'article 689-1 toute personne coupable d'infractions à la réglementation du temps de conduite et de repos au sens du chapitre II du même règlement commises dans un État de l'Union européenne ».

BIBLIOGRAPHIE

Sur l'application de la loi dans le temps et dans l'espace

Brach-Thiel (D.), « Le nouvel article 113-13 du Code pénal : contexte et analyse », AJ pénal 2013, p. 90.

Brach-Thiel (D.), « Et toujours pas de vraie compétence universelle en matière de crimes contre l'humanité ! À propos de l'article 689-11 du code de procédure pénale », AJ pénal 2019, p. 195.

Cafritz (E.) et Tene (O.), « Plaidoyer en faveur d'une restriction de la compétence personnelle passive en droit français », RSC 2003, p. 733.

Chilstein (D.), « De la retenue en matière de compétence universelle », in *La réforme du Code pénal et du Code de procédure pénale, opinio doctorum*, 2009, Dalloz, p. 25.

Dekeuwer (A.), « La rétroactivité *in mitius* en droit pénal. Un principe encore et toujours contesté », JCP 1997, I, 4065.

Desessard (L.), « Application de la loi dans l'espace », Infractions commises ou réputées commises sur le territoire de la République », JCl. Pénal Code, Art. 113-1 à 113-12, fasc. 10, 2011.

Jeandidier (W.), « Application de la loi dans le temps », JCl. Pénal Code, Art. 112-1 à 112-4, fasc. 20, 2013.

Jeangene (J.-B.), « La compétence universelle à l'épreuve des crises diplomatiques », RSC 2016, p. 701.

Massé (M.), « La compétence pénale française dans l'espace depuis le nouveau Code pénal », RSC 1995, p. 856.

Mathieu (G.), « L'application de la loi dans le temps – dans la perspective du nouveau Code pénal », RSC 1995, p. 257.

Mayaud (Y.), « Quelle compétence française pour les tortures commises à l'étranger ? », RSC 2009, p. 829.

Mayer (D.), « Leçons à tirer de quelques rares expériences de fonctionnement des tribunaux internationaux pénaux », D. 1998, p. 215.

Moreau (J.), « De la compétence des juridictions pénales pour apprécier la légalité des actes administratifs : Bilan de dix années de jurisprudence de la chambre criminelle de la Cour de cassation », Procédures 2005, étude 7.

Parizot (R.), « Loi du 3 juin 2016 : aspects obscurs de droit pénal général Loi renforçant la lutte contre le crime organisé, le terrorisme et leur financement et améliorant l'efficacité et les garanties de la procédure pénale », RSC 2016, p. 376.

Roets (D.), « L'application de la loi pénale dans le temps et la Convention européenne des droits de l'homme », D. 2004, p. 1991.

ROETS (D.), « De la prétendue impossibilité d'extrader vers le Rwanda les rwandais suspectés d'avoir participé au génocide de 1994 » (sous Cass. crim., 26 févr. 2014), D. 2014, p. 702.

SERVIDIO-DELABRE (E.), « Application de la loi dans l'espace », JCl. Pénal Code, Art. 113-1 à 113-12, fasc. 20, 2000.

VERNY (E.), « Le principe de territorialité de l'ordre répressif français : Quand tu seras à Rome, conduis-toi en romain », in *Mélanges Decocq*, 2004, Litec, p. 593.

PARTIE 2

L'infraction

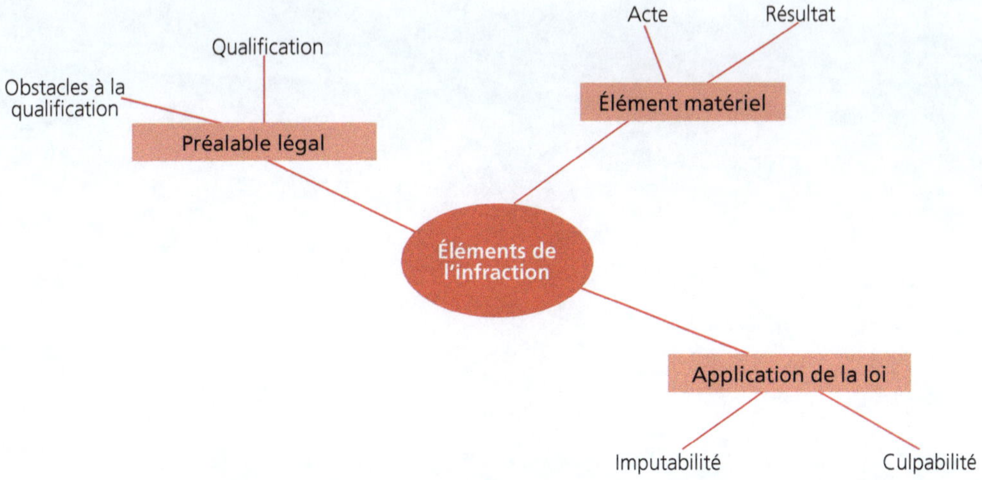

CHAPITRE 4

Les éléments de l'infraction

Considérée pour elle-même, indépendamment de toute référence à son auteur ou à la peine encourue, l'infraction n'existe qu'à certaines conditions générales. L'analyse de ces conditions suscite de véritables difficultés quant à leur présentation théorique.

Travailler sur la structure de l'infraction permet de mettre en valeur les différentes composantes de celle-ci. L'idée de dissocier l'infraction répond, pour partie au moins, aux exigences du principe de l'interprétation restrictive de la loi pénale. Par ce découpage, le juge est invité à examiner avec minutie chacun des éléments de l'acte poursuivi. On peut espérer alors qu'il ne soit pas tenté d'apprécier l'action du délinquant dans un mouvement guidé davantage par des sentiments personnels, des options morales ou politiques.

1• APERÇU SUR L'HISTOIRE DES ÉLÉMENTS DE L'INFRACTION

Sous l'Ancien Régime, la doctrine ne faisait point de référence à un quelconque découpage du crime ou délit en éléments.

À la veille de la Révolution, certains auteurs avaient néanmoins affirmé la nécessité de ne pas punir l'intention mauvaise quand elle n'avait pas été suivie d'effets : « Il faut bien distinguer dans le crime, le fait et l'intention ; le fait sans l'intention ne peut soumettre à la justice... c'est par la réunion du fait extérieur avec l'intention que se forme le crime. » Quelques années plus tard, Barris (président de la Chambre criminelle de 1806 à 1824) énonçait que « tout délit se compose de deux éléments : d'un fait qui en constitue la matérialité et de l'intention qui en détermine la moralité ».

Ainsi, sont arrivés sur la scène doctrinale l'élément matériel et l'élément moral. Toutefois à cette époque, comme l'a fort justement rappelé Jacques-Henry Robert, la référence à ces deux éléments ne sert qu'à mettre l'accent sur l'importance de l'intention, aucun développement n'étant consacré à la matérialité. Pour cela, il faudra attendre quelques années. En 1877, Edmond Villey reprend à son compte la dichotomie et laisse sous-entendre, en parlant de faits justificatifs, que la loi pénale est partie intégrante de l'infraction. En d'autres termes, que la loi pénale est, elle-même, un élément de l'infraction. Deux années plus tard, Armand Lainé n'avait plus qu'à rendre explicite ce qui était implicite. En 1879, l'élément légal entrait en scène à son tour. Comme les éléments du triptyque n'ont pas été forgés dans un même instant : « les éléments matériel et moral sont jumeaux et l'élément légal est de loin leur cadet », il est possible alors que leur différence d'âge (près de cinquante années) explique, pour partie au moins, les divisions doctrinales d'aujourd'hui.

2. LES PRINCIPALES PRÉSENTATIONS POSSIBLES DE L'INFRACTION

Puisqu'il faut choisir un critère de présentation, on peut retenir celui lié au nombre d'éléments invoqués. On trouve alors des présentations en quatre, trois ou deux éléments.

A - Présentation de l'infraction en quatre éléments

Une telle présentation présente un avantage mais révèle un inconvénient majeur. L'avantage est lié au nombre. À inclure « tout ce qu'on trouve », on est presque certain de ne rien oublier, ou en tout cas, de ne pas oublier un élément important. Aussitôt apparaît l'inconvénient. La démarche est trop généreuse. L'inconvénient majeur de cette analyse est d'inclure des éléments extérieurs à l'infraction, en l'absence desquels l'infraction peut tout de même parfaitement exister. La présence d'une victime n'est absolument pas nécessaire pour qu'une infraction soit retenue et il importe peu que l'auteur soit ou non identifié.

L'élément injuste révèle que dans certaines situations l'infraction ne mérite pas d'être poursuivie soit que l'acte n'apparaisse antisocial, soit qu'il paraisse favorable à la société. On dit alors que l'infraction bénéficie d'un fait justificatif. Et certains de le noter, l'élément injuste est une sorte d'élément négatif qui réside dans l'absence de fait justificatif.

B - Présentation de l'infraction en trois éléments

De deux choses l'une, ou bien c'est l'élément injuste qui disparaît ou bien c'est l'élément légal.

1) La disparition de l'élément injuste

La doctrine est partagée. Pour les uns, l'étude des faits justificatifs (qui se cachent derrière l'élément injuste) se fond dans celle, plus générale, de l'élément moral. Pour d'autres, en revanche, l'étude des faits justificatifs se confond avec celle de l'élément légal. Ces auteurs font ainsi une différence entre des causes objectives d'irresponsabilité (les faits justificatifs) qui neutralisent l'élément légal et des causes subjectives d'irresponsabilité (les causes de non-imputabilité) qui agissent sur l'élément moral.

2) La disparition de l'élément légal

Selon cette présentation, l'élément légal ne peut et ne doit faire partie de l'infraction. Raisonner autrement serait inadmissible, car ce serait prétendre, comme le notait le Professeur Decocq, qu'une norme (la loi pénale) puisse s'intégrer à un fait (l'infraction), et la chose est, par nature, impossible, *a fortiori* si le fait en question est illicite (ici, une infraction).

C - Présentation de l'infraction en deux éléments

On observe, là encore, deux tendances. L'une classique (presque logique au regard de ce qui a été dit), l'autre plus surprenante.

1) *La version classique : le couple élément moral/élément matériel*

Pour les partisans de cette version, les deux seuls éléments constitutifs de toute infraction pénale sont l'élément matériel (le fait considéré en soi) et l'élément moral (la culpabilité de l'agent). Au premier regard, cette version paraît bien fondée. Pourtant la difficulté apparaît lorsqu'il s'agit de définir les causes de justification (les faits justificatifs). On se rend bien compte qu'en présence d'un fait justificatif, et malgré la présence inchangée de l'élément matériel, l'infraction disparaît, en raison d'un élément spécifiquement légal.

2) *Une version plus récente*

Tenant compte de cette dernière remarque, quelques auteurs ont, de longue date, imaginé un palliatif. À la vérité, le palliatif a des avant-goûts d'artifices puisque la notion d'élément légal est abandonnée au profit de celle de « préalable légal ». Toute la subtilité est là. La loi existait avant l'infraction, elle lui est concomitante et au surplus elle lui survivra. L'observateur est alors rassuré et pense en avoir terminé avec toutes ces subtilités. Une place est trouvée à l'élément injuste (plutôt avec l'élément légal), cet élément légal devient préalable légal (la critique formulée plus haut est effacée : « la norme ne s'intègre pas au fait ») et l'élément matériel comme l'élément moral (les plus anciens) demeurent au centre du débat, au cœur de l'infraction.

Pour aller plus loin

Le comportement et le résultat, éléments majeurs de l'infraction

Les choses se compliquent depuis quelques années. Certains auteurs, non des moindres, tout en conservant le préalable légal et l'élément matériel (les notions de comportement et de résultat déterminent cet élément matériel), repoussent l'étude de l'élément moral. Et J. Pradel de noter, non sans raison : « Au vrai dans la théorie de l'infraction, la grande distinction est celle de l'acte et de la personne (du délinquant). Les divers aspects de l'acte sont autant de composantes de l'infraction, mais les aspects psychologiques, intéressant l'agent, doivent être rattachés non au prétendu "élément moral" de l'infraction, mais au délinquant, à sa responsabilité. » Il ajoute : « Si l'on parle d'élément moral de l'infraction... c'est par simple commodité pédagogique. D'ailleurs le nouveau Code pénal de 1994 traite des causes de non-punissabilité dans un titre intitulé "la responsabilité pénale" et non dans un titre qui serait consacré à l'infraction. » Que penser de cette position ? On peut être séduit, séduit mais embarrassé. Séduit parce que « la nouveauté » est intéressante, une présentation nouvelle, *a fortiori*, qui s'appuie sur le droit nouveau mérite d'être suivie. Sur le nouveau code, à l'évidence, ces auteurs font bonne route. Le raisonnement ne supporte guère de critique. On l'a dit, le code ne s'embarrasse pas de distinction théorique à propos des causes d'irresponsabilité ou d'atténuation de la responsabilité.

CHAPITRE 5

Le préalable légal : composante externe de l'infraction

Sous couvert de cet intitulé, on retrouve ici le principe de la légalité. On le sait, ce principe gouverne tant la mission du législateur que l'intervention du juge pénal. Sans revenir sur tout ce qui a déjà été dit, on peut noter ici que le principe de légalité impose d'abord et avant tout aux magistrats de qualifier les faits poursuivis. Il arrive parfois, alors même qu'une infraction a été commise, que la qualification rencontre des obstacles, qu'elle soit neutralisée. Ces deux points guident les développements qui suivent.

1• LA NÉCESSITÉ POUR LE JUGE DE QUALIFIER LES FAITS

Qualifier, c'est rechercher le texte qui est applicable aux faits poursuivis, c'est trouver le vêtement juridique du fait infractionnel. En somme, il s'agit du premier devoir du magistrat. Celui-ci doit apprécier le caractère répréhensible du comportement qui lui est soumis. Pour être quotidienne, la tâche du juge n'en est pas moins entourée de nombreuses difficultés. Celles-ci se rencontrent pour toute qualification, mais deviennent réellement complexes dans l'hypothèse de conflit de qualifications.

A - Les difficultés rencontrées pour toute qualification

Deux points caractérisent ces difficultés : l'un est lié à la variabilité de la qualification, l'autre aux contraintes qui pèsent sur chaque autorité judiciaire.

1) La variabilité de la qualification

D'abord le principe, ensuite les tempéraments.

a) Le principe, la liberté accordée à chaque autorité judiciaire de qualifier les faits en toute indépendance

Cette liberté n'est rien d'autre que la contrepartie de l'obligation qui pèse sur chaque autorité judiciaire, à savoir : apprécier sa compétence. Concrètement, cela signifie que la qualification pourra faire l'objet de variations au cours d'une même poursuite. Toutes les juridictions pénales, qu'elles soient d'instruction ou de jugement sont en effet saisies « *in rem* », c'est-à-dire du fait commis, du fait matériel. Un fait peut être analysé comme un vol par le parquet qui lance les poursuites, puis comme une escroquerie par le juge d'instruction qui a été saisi et jugé par le tribunal correctionnel comme un abus de confiance. Au cours de cette « affaire », trois vêtements juridiques distincts ont été endossés par les faits poursuivis (trois articles différents : 311-3, 313-1 et 314-1).

Il arrive que la variation entraîne des changements plus radicaux.

Exemple

Des poursuites, engagées sur le fondement d'un homicide involontaire (art. 221-6) peuvent se transformer, à la lumière de l'enquête, en poursuites pour meurtre, voire pour assassinat. De la compétence délictuelle et des trois à cinq années d'emprisonnement encourues, il ne reste rien devant la nouvelle qualification criminelle, la compétence de la Cour d'assises et la menace d'une condamnation à perpétuité (assassinat) ou à trente ans de réclusion (pour meurtre).

Cette liberté rencontre une limite assez singulière depuis la loi du 9 mars 2004 (dite *Perben 2*) qui a légalisé la correctionnalisation judiciaire. La personne mise en examen et la partie civile peuvent interjeter l'appel des ordonnances de renvoi devant le tribunal correctionnel quand elles estiment que les faits renvoyés constituent un crime qui aurait dû faire l'objet d'une ordonnance de mise en accusation devant la Cour d'assises. À défaut d'appel, il n'est plus possible pour la juridiction correctionnelle de revenir sur cette correctionnalisation (C. pén., art. 128-3 et CPP, art. 469, al. 4). Ainsi, la requalification s'impose au tribunal qui n'est plus en mesure d'apprécier sa compétence.

b) Les exceptions

Deux textes fort anciens conduisent principalement ces exceptions. Le premier, centenaire, est relatif aux infractions de presse, le second concerne la répression des fraudes :

- selon l'article 50 de la loi de 1881, sur la liberté de la presse, l'acte qui déclenche les poursuites doit articuler et qualifier les faits incriminés. On entend par là que le changement de qualification en cours de poursuite sera impossible. À la vérité, l'impossibilité n'est pas totale. La jurisprudence s'interdit seulement de permuter deux qualifications prévues par le texte initial et de substituer à une qualification de droit commun une qualification retenue par la loi de 1881. En revanche, la substitution en cours de poursuite d'une qualification de droit commun demeure possible ;
- selon les exigences de la célèbre loi du 1er août 1905, toute poursuite exercée en vertu de ce texte « devra être continuée et terminée en vertu des mêmes textes ». Le principe a été repris, depuis une loi du 26 juillet 1993, à l'article L. 216-4 alinéa 1 du Code de la consommation. Il s'ensuit que toute substitution d'une qualification de droit commun à une qualification de la loi de 1905 est impossible. Cette impossibilité, qui a eu fort mauvaise presse au moment des premières poursuites dans l'affaire du sang contaminé, s'inscrit pourtant dans le respect des droits de la personne poursuivie. Le législateur a, en effet, souhaité que les pouvoirs assez exorbitants reconnus aux agents de poursuite en matière de fraude et de falsification ne puissent servir, par le biais d'une requalification, des poursuites de droit commun. Raisonner autrement en ce domaine conduirait à permettre, sinon à encourager, une sorte de détournement des procédures de droit commun.

2) *Les contraintes pesant sur chaque autorité judiciaire*

Elles sont de deux ordres :

- l'autorité judiciaire, dans son pouvoir de qualification et de requalification, ne peut en aucun cas englober par une qualification nouvelle des faits dont elle n'est pas saisie. Bien que l'expression ne soit pas très heureuse, on dit que « le juge ne doit pas modifier la prévention » ;
- la qualification d'une infraction doit être déterminée au regard « du temps de l'action ». Il s'ensuit que tout changement ultérieur de la situation est inopérant et ne peut être pris en cause. Que ce changement soit ou non favorable à la personne poursuivie ne change rien. On dit que l'infraction est comme « cristallisée » dès lors que ces éléments constitutifs sont rassemblés. Il a été jugé par exemple que le délit de non-représentation d'enfant ne pouvait pas être effacé par le transfert postérieur de « la garde » de l'enfant au délinquant. De même, l'infraction d'abandon de famille ne peut être effacée par la caducité de la décision de justice qui avait condamné la personne poursuivie à payer la pension alimentaire.

Si la sévérité du raisonnement peut paraître parfois excessive, elle traduit le souci de sanctionner une volonté délictueuse qui, au moment des faits, était incontestable. Personne ne peut sérieusement imaginer qu'un voleur par effraction puisse échapper à toute sanction sous le seul prétexte que depuis son arrestation il est devenu le propriétaire de la maison visitée.

B - Les difficultés liées à l'existence d'un conflit de qualifications

L'expression « conflit de qualifications » peut traduire *deux situations différentes*.

Tout d'abord, il arrive qu'*un même fait endosse naturellement plusieurs vêtements juridiques, plusieurs qualifications*.

Exemple

En présence de plusieurs victimes : si certaines d'entre elles ont subi une incapacité de travail de plus de 3 mois, l'infraction est un délit (art. 222-19). Si d'autres, dans le même événement, ont (seulement) subi une incapacité de travail de moins de 8 jours, l'infraction devient une contravention (art. R. 625-1).

Lorsqu'un même acte infractionnel appelle plusieurs qualifications : on peut fort bien imaginer qu'un viol commis sur la voie publique puisse revêtir la qualification de viol (art. 222-23) et celle d'exhibition sexuelle (la nouvelle version de l'outrage public à la pudeur, art. 222-32).

Ensuite, *le conflit de qualification peut naître de la pluralité des faits matériels*. Encore faut-il que ces faits soient liés les uns aux autres.

Exemple

Le vol peut être précédé d'une violation de domicile.

Une seule et même interrogation anime ces différents cas de figure. Convient-il de mettre en jeu toutes les qualifications possibles ou au contraire de ne retenir que celle qui paraît la mieux adaptée à la situation en cause ?

Le premier réflexe est de se tourner vers ***le législateur***. Or, ici comme dans bien d'autres domaines, le législateur est d'un piètre secours. Les difficultés évoquées, loin d'être des hypothèses d'école, sont au contraire monnaie courante. Nul doute d'ailleurs que la question de l'inflation pénale renforce l'étonnement à l'égard du silence législatif. Seul l'article 132-2 du code semble faire un instant bonne figure. Mais l'illusion est vite dissipée, les dispositions qu'il contient, ne visant que le « concours d'infractions » (infractions, détachées les unes des autres), n'ont pas d'autre effet que de réglementer le régime des peines.

Reste alors à se tourner vers ***la doctrine***. Et là, c'est une véritable gageure. Rarement la division est aussi forte. À la question posée plus haut, faut-il retenir toutes les qualifications ou seulement la plus opportune, toutes les réponses sont proposées. Le seul point commun (s'il y en a un) paraît se trouver dans la référence à l'élément constitutif essentiel de l'infraction. Mais, on l'a noté, les auteurs ne sont pas d'accord sur le choix de ces éléments constitutifs. Comment pourraient-ils dès lors s'entendre sur un critère essentiel ?

L'analyse de ***la jurisprudence*** le révèle, l'élément moral guide le plus souvent le raisonnement des magistrats. Un auteur a pu observer, en travaillant sur de nombreuses décisions de justice, un critère permettant de répondre à la question posée. En activant l'élément moral (c'est-à-dire l'état d'esprit de la personne poursuivie), les magistrats recherchent, lorsque plusieurs qualifications sont possibles (acte unique ou plusieurs actes unis), si l'auteur de l'infraction a entendu porter atteinte à une seule ou à plusieurs valeurs sociales.

L'idée est simple. Si plusieurs valeurs sociales sont volontairement atteintes, plusieurs qualifications seront retenues. Si au contraire, une seule valeur sociale est violée, une seule qualification sera retenue (alors même que d'autres auraient été possibles).

Reprenant une terminologie qui a le mérite de simplifier la matière, la doctrine oppose au cumul de qualifications le concours de qualifications. Alors que le concours sous-entend une sorte de lutte, de rivalité, un choix à faire entre les différentes qualifications, la notion de cumul, appelle quant à elle, une multiplication des qualifications retenues ou à retenir.

1) *Le cumul de qualifications*

Le cumul peut être défini comme l'addition de plusieurs qualifications. Deux qualifications suffisent. Il en va ainsi donc lorsqu'il y a pluralité de valeurs sociales troublées, en d'autres termes, pluralité d'éléments moraux. Il en résulte une double déclaration de culpabilité.

Exemple

L'arrêt *Ben Haddadi*, rendu par la Chambre criminelle de la Cour de cassation le 3 mars 1960 : pour avoir jeté une grenade à l'intérieur du café de la poste à Alger, Ben Haddadi et son complice sont poursuivis et condamnés à mort par un tribunal permanent des forces armées, pour tentative de destruction d'un édifice habité et tentative d'homicide sur les personnes se trouvant dans le café. En réponse au pourvoi, la chambre criminelle énonce clairement « qu'il ne s'agit pas, en tel cas, d'un crime unique, dont la poursuite sous deux qualifications différentes serait contraire au vœu de la loi, mais de deux crimes simultanés, commis par le même moyen (le jet de grenade), mais caractérisés par des intentions coupables essentiellement différentes ». La référence à la pluralité d'éléments moraux ne pouvait pas être plus explicite. Par la suite, de nombreuses décisions vont s'attacher à relever, afin de retenir une double culpabilité, l'existence de fautes pénales distinctes, punissables séparément.

Aussi séduisante et sécurisante soit-elle, la conduite du raisonnement s'arrête devant les infractions non intentionnelles. Il serait en effet assez saugrenu de prétendre relever une double culpabilité, fondée sur une double volonté délictueuse, pour une infraction non intentionnelle ou d'imprudence. Aussi pour ces infractions particulières, les magistrats n'hésitent pas à abandonner la référence à l'élément moral pour noter que, par son agression, l'auteur a porté atteinte aux différents intérêts que protégeaient les deux lois violées. La référence à l'objet de la loi, des lois, vient ainsi compléter, pour autoriser et justifier une déclaration de double culpabilité, la référence à l'élément moral. On pressent bien que la mise en œuvre du critère est délicate et conduit nécessairement à des incertitudes et à de multiples interprétations. Dès lors, il n'est pas étonnant d'observer, ici et là, de vives critiques doctrinales reprochant aux magistrats d'avoir opté pour le cumul ou au contraire pour le concours de qualifications.

2) Le concours de qualifications

Avec l'hypothèse du concours de qualifications, une seule déclaration de culpabilité sera retenue. Que les agissements de la personne poursuivie aient violé plusieurs valeurs sociales ne change rien à la règle. Toute la subtilité est là. On considère que, subjectivement, l'individu n'a entendu violer qu'une seule de ces valeurs sociales. Les différentes infractions commises (en un même mouvement) sont dites alors en concours. Et la doctrine parle « d'infraction-fin » et « d'infraction-moyen », avec cette idée que l'infraction-fin englobe la ou les infractions-moyen.

Parfois, le choix du concours est dicté par des considérations moins subjectives. Il en va ainsi dans deux hypothèses différentes. La première concerne « les qualifications alternatives », la seconde « les qualifications incompatibles ». La même formule revient régulièrement sous la plume de la Chambre criminelle « Des faits qui procèdent de manière indissociable d'une action unique caractérisée par une seule intention coupable ne peuvent donner lieu, contre le même prévenu, à deux déclarations de culpabilité de nature pénale, fussent-elles concomitantes ».

a) Les qualifications alternatives

On dit aussi optionnelles. Les choses ici sont presque simples. Les différents textes en présence paraissent s'exclure réciproquement. Une personne provoque la mort d'une autre. Plusieurs incriminations peuvent être retenues : le meurtre, l'homicide involontaire ou encore les violences ayant entraîné la mort sans intention de la donner (C. pén., art. 221-1, 221-6 et 222-7). Il faut donc faire un choix. L'homicide ne peut pas être à la fois volontaire et involontaire.

Pour aller plus loin

Sur la possibilité d'engager une nouvelle poursuite fondée sur une qualification différente

Toute la question est de savoir si une décision, par exemple de relaxe ou d'acquittement (mais aussi de condamnation), fondée sur une de ces qualifications, laisse la possibilité de déclencher une autre poursuite fondée, cette fois, sur une autre qualification. Pour certains, l'application du célèbre principe « *non bis in idem* » s'oppose avec force à toute nouvelle poursuite. Malgré la force et la notoriété de ce principe, les choses ne sont pas toujours aussi simples. On le sait, le fondement du principe de la règle *non bis in idem* permet aux parties, qui ont fait l'objet d'une décision de justice irrévocable, de se défendre en soulevant l'exception de la chose jugée, si les faits qui ont donné lieu à cette décision sont remis en cause ultérieurement. La règle est : importante puisqu'elle est présentée comme d'ordre public. Au départ, c'est-à-dire avec le Code d'instruction criminelle, le principe de la règle *non bis in idem* pouvait être invoqué seulement si la seconde poursuite était engagée sur le « même fait ». *A fortiori*, pour des faits différents, la nouvelle poursuite devenait possible. En revanche, dès qu'il y avait identité entre les éléments légaux et matériels, le principe s'appliquait, et toute nouvelle poursuite devenait impossible.

Pourtant, avant même la première moitié du XIXe siècle, la Cour de cassation admit qu'un individu acquitté dans un premier temps pour meurtre puisse être à nouveau poursuivi pour les mêmes faits qualifiés, cette fois, d'homicide involontaire. Inutile de dire combien cette jurisprudence a été critiquée par la doctrine qui a parlé ici de « correctionnalisation *a posteriori* », de « repêchage après acquittement ».

En 1941, par une loi du 25 novembre, les données du problème allaient quelque peu se modifier. Le législateur interdisait cette fois non plus les poursuites pour le même fait, mais les poursuites pour les mêmes faits. À l'évidence, le pluriel était important et devenait significatif du choix législatif. Il paraissait alors difficile, sinon impossible, à la Cour de cassation de conserver sa jurisprudence « répressive ». Néanmoins, faisant fi du nouveau texte, en prétextant une situation particulière (la découverte de nouveaux faits), la Cour suprême rejeta, en 1954, le pourvoi d'un individu condamné aux Assises pour homicide volontaire après avoir été dans un premier temps condamné par un tribunal correctionnel pour homicide involontaire. Pour la Cour « le crime d'homicide qui se commet par la détermination de la volonté et le délit d'imprudence qui l'exclut sont deux infractions distinctes en leurs éléments de droit ». Elle peut donc en déduire « que toute identité d'incrimination disparaît devant cette distinction essentielle ». La découverte de faits nouveaux permettait assurément le raisonnement. Dans les autres situations, hors découverte de faits nouveaux, les dispositions de la loi de 1941 devaient l'emporter. Et effectivement, assez vite, en 1956, la Cour énonça l'impossibilité de nouvelles poursuites pour homicide involontaire après un acquittement pour coups mortels. Fort logiquement, moins de deux années après, le Code de procédure pénale (qui remplaçait le Code d'instruction criminelle) énonçait sans retenue, en son article 368, qu'« aucune personne acquittée légalement ne peut plus être reprise ou accusée à raison des mêmes faits, même sous une qualification différente ».

Les commentateurs relevèrent aussitôt que l'article était intégré dans un titre relatif à la Cour d'Assises. Chacun s'interrogea. Depuis l'arrêt de 1956 (*Chevalot*), l'arrêt de 1954 (*Thibaud*) devait-il conserver quelque force et quelque intérêt ? Il y avait en effet entre ces deux affaires une différence importante. L'arrêt de 1956 concernait de nouvelles poursuites après un acquittement (rendu par une Cour d'assises), alors que l'arrêt *Thibaud* de 1954 concernait des poursuites en Assises après une décision rendue par un tribunal correctionnel. Autrement dit, les dispositions de l'article 368 du Code de procédure devaient-elles s'appliquer à toutes les juridictions ou ne concernaient-elles que la Cour d'assises ? Contrairement à de nombreuses juridictions de fond qui ont admis une interprétation extensive de l'article 368, la Cour de cassation, par un arrêt du 19 mai 1983, énonça haut et fort, reprenant la différence d'élément intentionnel, qu'« un individu condamné pour homicide involontaire peut être poursuivi à nouveau pour homicide volontaire, dès lors qu'il résulte des circonstances de faits révélées postérieurement à la décision des juges correctionnels, que la mort de la victime a été la conséquence d'un acte intentionnel de son auteur ». Beaucoup plus récemment, le 3 février 2010, la Chambre criminelle a eu l'occasion d'apporter des précisions fortes intéressantes. L'origine de cette décision puise sa source dans l'accident qui a coûté la vie à la princesse Lady Diana, à son ami Emad X ainsi qu'au chauffeur de la Mercedes. Après maintes péripéties judiciaires, les différentes personnes mises en examen ont bénéficié d'une ordonnance de non-lieu le 3 septembre 1999, ordonnance confirmée en appel le 31 octobre 2000, puis en cassation le 3 avril 2002. En juillet 2007, Mohamed X. a déposé une nouvelle plainte, contre personne non dénommée, du chef d'assassinat commis sur son fils. Se heurtant apparemment au principe de l'autorité de la chose jugée, cette plainte allait susciter bien des interrogations. Successivement, le juge d'instruction et la chambre de l'instruction repoussaient la demande en déclarant la plainte irrecevable. La Chambre criminelle censure le raisonnement en estimant que les faits dénoncés sous la qualification d'assassinat n'étaient pas identiques à ceux qui avaient fait l'objet de la précédente information. Yves Mayaud a pu noter ici que l'arrêt rendu par la Chambre criminelle apportait une contribution pertinente rendant plus transparente la question de l'accès au juge sur le fondement de qualifications pénales supposées inexploitées.

b) Les qualifications dites incompatibles

Cette expression désigne les hypothèses pour lesquelles une seconde infraction est la conséquence logique, pratiquement automatique, d'une première infraction.

Exemple

Il en est ainsi du voleur qui conserve la possession de la chose volée. Deux infractions sont réalisées, deux qualifications sont en concours : celle de vol (art. 311-1) et celle de recel (art. 321-1). Il en est encore ainsi avec l'auteur d'une agression qui part sans secourir sa victime. Si le délit de violence est constitué par l'agression, l'absence de secours caractérise, à n'en pas douter, le délit de défaut d'assistance à personne en péril (art. 223-6, al. 2). Là encore, il y a donc concours de qualifications.

Pour ces deux exemples, il y a concours et non cumul. Il serait en effet quelque peu paradoxal de reprocher au voleur d'avoir conservé le produit de son vol ou de reprocher un défaut d'assistance à l'auteur des violences. Manifestement, à travers ces deux exemples, la violation d'une seule valeur sociale a été voulue par l'auteur : le vol de la chose d'autrui d'une part, les violences à l'encontre d'autrui d'autre part.

Certains auteurs ont fait remarquer que raisonner autrement, c'est-à-dire retenir plusieurs qualifications, conférerait à l'absence de repentir actif une conséquence positive, à savoir le fondement d'une nouvelle culpabilité (pour recel, pour non-assistance). À l'opposé, des voix s'élèvent régulièrement pour dénoncer ces concours de qualifications. Certaines critiques font valoir, non sans justesse, que l'analyse intrinsèque des textes n'impose nullement un tel choix. Il est vrai que l'article 321-1 sur le recel n'exige en rien que la soustraction frauduleuse de la chose d'autrui ait été réalisée par une personne autre que le receleur. À reprendre le deuxième exemple, on constate également que l'article 223-6 al. 2 ne fait aucune distinction quant à l'origine du péril. Et certains auteurs de proposer, puisque les textes existent, de reprocher à l'auteur des violences, d'avoir aggravé son cas en négligeant de faire soigner sa victime ou au voleur d'avoir prolongé son action délictueuse en dissimulant l'objet de son vol.

Pratique jurisprudentielle

Cumul de qualification	Délit de violences volontaires et du délit d'omission de porter secours
Cumul de qualification	De vol et de recel à l'égard du complice du vol (mais pas de cumul pour l'infraction de complicité de cession de stupéfiant et celle de recel)

Ces décisions ont le mérite de rappeler que « l'incompatibilité » n'est peut-être pas aussi absolue que d'aucuns voudraient bien le laisser entendre. Car à la vérité, l'incompatibilité de qualifications n'est admissible que si la personne poursuivie a entendu violer une seule valeur sociale. Dès lors que l'élément moral est différent, le comportement de l'auteur de l'infraction est doublement répréhensible. Malgré ces tempéraments, la règle du concours de qualifications paraît être la règle de principe, sinon de conduite, lorsque les qualifications en conflit protègent la même valeur sociale. Il reste à préciser alors les règles qui déterminent la qualification à retenir.

c) La détermination de la qualification

Deux principes sont étroitement liés à la détermination de la qualification :

– le principe de la plus haute expression pénale : selon ce principe, « toute infraction faisant l'objet d'une poursuite doit être envisagée sous la plus haute expression pénale dont elle est susceptible ». Ainsi la qualification de vol protège la propriété d'une chose d'une manière beaucoup plus efficace que celle de recel. En présence d'un concours entre un crime et un délit, les conséquences sont évidemment importantes puisque la qualification criminelle sera préférée. En pratique, le principe reçoit des limites importantes en raison de la correctionnalisation judiciaire ;

– le principe de la spécialité : il désigne la primeur de la règle spéciale sur la règle générale : le spécial déroge au général. Si ce principe n'est précisé par aucun texte, il puise aisément sa force dans la volonté du législateur. Ainsi, l'infraction « générale » de violation de domicile commise par un particulier (art. 226-4) disparaît devant celle « spécifique » commise par un dépositaire de l'autorité publique (art. 432-8).

2. LA NEUTRALISATION DE L'ÉTABLISSEMENT DE LA QUALIFICATION

Pour bien mesurer l'exacte portée de cet intitulé, une remarque préalable s'impose. Se cache ici l'étude des faits justificatifs (d'autres diraient de l'élément injuste). Ces faits ont pour vertu première de neutraliser l'élément légal de l'infraction. À la vérité, la neutralisation de l'élément légal (qui a pour conséquence directe de retirer le caractère infractionnel à un acte normalement répréhensible) englobe des hypothèses bien plus larges que celles découlant des seuls faits justificatifs. Il suffit de penser ici, par exemple, aux prescriptions de l'action publique, aux immunités politiques ou encore aux effets de l'amnistie. La neutralisation visée par l'intitulé ne concerne donc que l'établissement de la qualification. L'étude des faits justificatifs guide donc exclusivement les développements qui suivent.

D'un œil sociologique, il est aisé de constater que l'existence de ces faits justificatifs traduit une certaine inadaptation, voire une certaine inadéquation, du droit pénal par rapport à l'état de la conscience sociale. La donnée répond au besoin de tempérer parfois, dans des situations exceptionnelles, la nécessaire rigidité du droit pénal.

D'un point de vue beaucoup plus juridique, on retiendra d'emblée que les faits justificatifs agissent *in rem*. Cela signifie que l'existence d'un fait justificatif va neutraliser le caractère infractionnel de l'acte pour tous les participants. En outre, la justification peut être constatée tant par les juridictions d'instruction que par les juridictions de jugement. Elle se traduira dans le premier cas par une décision de non-lieu et dans le second, par une décision de relaxe ou d'acquittement.

D'une façon très classique, on peut étudier ces faits justificatifs en opposant ceux qui paraissent liés à une injonction à ceux qui relèvent plutôt d'une nécessité. L'injonction, c'est un ordre précis, formel. Cet ordre peut émaner soit de la loi, soit d'une autorité supérieure (on parle alors d'un commandement d'une autorité légitime). Le nouveau code, comme celui de 1810, envisage les deux possibilités. Traditionnellement, à propos de la nécessité, on opposait un fait justificatif d'origine légale (la légitime défense) à un fait d'origine doctrinale et jurisprudentielle (l'état de nécessité). Aujourd'hui, le nouveau Code pénal consacre des développements à chacun de ces deux thèmes.

A - L'ordre de la loi

Article 122-4, alinéa 1 du Code pénal

« N'est pas pénalement responsable la personne qui accomplit un acte prescrit ou autorisé par des dispositions législatives ou réglementaires. »

La seule nouveauté du Code vise, parallèlement à l'ordre de la loi, l'ordre émanant d'un règlement. Sont donc aujourd'hui expressément concernées les infractions contraventionnelles. L'analyse de l'article le révèle, les dispositions législatives ou réglementaires peuvent aussi bien ordonner que permettre. L'ordre de la loi au sens large du terme comprend donc le cas de l'ordre comme celui de la permission.

1) L'ordre en question

Au juste, de quel ordre parle-t-on ? Il s'agit évidemment de l'injonction émanant d'un texte de loi. Alors, de deux choses l'une : ou bien le texte est de nature pénale, ou bien il ne l'est pas.

a) L'ordre émanant d'un texte de nature pénale

L'exemple le plus cité est celui du secret professionnel. Alors que l'article 226-13 réprime la violation du secret professionnel (1 an d'emprisonnement, 15 000 euros d'amende), l'article 226-14 énonce haut et fort que « l'article 226-13 n'est pas applicable dans les cas où la loi impose ou autorise la révélation du secret ». L'obligation au secret, élément légal de l'article 226-13, se trouve bien neutralisée par les termes mêmes de l'article 226-14. Il n'y a rien de surprenant à ce que la légalité d'un acte (le fait de divulguer dans les cas prévus) le soustrait à toute criminalité. En somme, il y a comme un conflit de lois. Il est de bon sens de le résoudre en faisant prévaloir la loi qui ordonne sur celle qui réprime. Les choses sont-elles aussi certaines quand l'ordre émane d'un texte de nature extra-pénale ?

b) L'ordre émanant d'un texte de nature extra-pénale

Pour la majorité de la doctrine, seule une autre loi pénale peut défaire ce qu'une loi pénale a fait. Raisonner autrement revient à considérer qu'une loi, par exemple civile, puisse justifier (faits justificatifs) une infraction. Et chacun cite ici un arrêt de la Chambre criminelle du 20 juin 1946 qui rejette, pour retenir la qualification de proxénétisme, la justification tirée de l'article 225 du Code civil (aujourd'hui 215) qui impose aux époux un devoir de cohabitation. Plus récemment, il a été jugé que la publication par le directeur du *Journal officiel* des statuts d'une association dont l'objet social et le libellé étaient diffamatoires à l'égard d'un particulier était justifiée (fait justificatif) par une loi de juillet 1901 (extra-pénale).

Pour aller plus loin

Usage de l'arme de service par les forces de l'ordre

Délaissant les distinctions initiales entre policier et gendarme, abrogeant la toute récente cause d'irresponsabilité pénale prévue en matière de périple criminel, la loi du 28 février 2017 précise aujourd'hui les règles communes de l'usage des armes par les forces de l'ordre.

L'article L. 435-1 du Code de la sécurité intérieure, après en avoir fixé le cadre général, énumère cinq cas dans lesquels les forces de l'ordre peuvent faire usage de leur arme.

« Dans l'exercice de leurs fonctions et revêtus de leur uniforme ou des insignes extérieurs et apparents de leur qualité, les agents de la police nationale et les militaires de la gendarmerie nationale peuvent, outre les cas mentionnés à l'article L. 211-9, faire usage de leurs armes en cas d'absolue nécessité et de manière strictement proportionnée :

1° Lorsque des atteintes à la vie ou à l'intégrité physique sont portées contre eux ou contre autrui ou lorsque des personnes armées menacent leur vie ou leur intégrité physique ou celles d'autrui ;

2° Lorsque, après deux sommations faites à haute voix, ils ne peuvent défendre autrement les lieux qu'ils occupent ou les personnes qui leur sont confiées ;

3° Lorsque, immédiatement après deux sommations adressées à haute voix, ils ne peuvent contraindre à s'arrêter, autrement que par l'usage des armes, des personnes qui cherchent à échapper à leur garde ou à leurs investigations et qui sont susceptibles de perpétrer, dans leur fuite, des atteintes à leur vie ou à leur intégrité physique ou à celles d'autrui ;

4° Lorsqu'ils ne peuvent immobiliser, autrement que par l'usage des armes, des véhicules, embarcations ou autres moyens de transport, dont les conducteurs n'obtempèrent pas à l'ordre d'arrêt et dont les occupants sont susceptibles de perpétrer, dans leur fuite, des atteintes à leur vie ou à leur intégrité physique ou à celles d'autrui ;

5° Dans le but exclusif d'empêcher la réitération, dans un temps rapproché, d'un ou de plusieurs meurtres ou tentatives de meurtre venant d'être commis, lorsqu'ils ont des raisons réelles et objectives d'estimer que cette réitération est probable au regard des informations dont ils disposent au moment où ils font usage de leurs armes. »

De son côté, la Cour européenne accepte le recours à la force meurtrière qu'en cas d'absolue nécessité comme en témoigne cette décision (7 juin 2018) condamnant la France sur le fondement de l'article 2 de la Convention. La Cour estime que les coups de feu en direction d'une voiture en fuite ne peuvent être fondés sur un niveau de menace exigeant que le véhicule soit immédiatement arrêté et ce d'autant que le conducteur était accompagné de plusieurs passagers.

2) La permission en question

Le schéma est le même, on peut imaginer que la permission émane d'un texte ou d'une autorité administrative.

a) La permission émanant d'un texte

Il peut s'agir tout d'abord d'un texte pénal. On peut revenir ici sur l'article 226-14 (juste cité) qui impose ou autorise (c'est le mot-clé) des révélations normalement couvertes par le secret professionnel. C'est le cas notamment pour les révélations concernant des sévices ou privations infligées à un mineur de 15 ans ou à toute personne qui, en raison de son âge, son état physique ou psychique n'est pas en mesure de se protéger seule.

Pour aller plus loin

Secret professionnel, droit pénal et procédure pénale

Côté droit pénal, on retiendra que le nouveau Code pénal a quelque peu clarifié les rapports entre ce secret et les textes visant la non-dénonciation de crime ou de mauvais traitements. Avant 1994, une certaine divergence d'opinions opposait la jurisprudence et une partie de la doctrine. Reprenant l'opinion majoritaire dégagée par les auteurs, les articles 434-1 (pour la non-dénonciation de crime) et 434-3 (pour la non-dénonciation de mauvais traitements) écartent aujourd'hui expressément les personnes soumises au secret en vertu de l'article 226-13. Cela signifie que les personnes visées ne sont pas tenues de dénoncer, de signaler. Pour le législateur, il fallait éviter que les auteurs de sévices (souvent les parents) se refusent à faire soigner la personne maltraitée (souvent l'enfant) de peur d'être dénoncés. Le médecin (à raisonner sur le médecin) n'est donc pas obligé de dénoncer, mais il peut le faire sous couvert de l'article 226-14. À y regarder d'un peu plus près, sa liberté de choix n'est pas aussi absolue. On ne saurait l'oublier, les personnes soumises au secret professionnel ne peuvent rester silencieuses, en tout cas passives, en présence de mauvais traitements mettant en danger la vie ou l'intégrité physique d'un mineur, ou plus généralement d'une personne vulnérable. L'article 223-6 concernant la non-assistance à personne en péril impose avec certitude aux personnes tenues au secret d'agir. Cette action, cette intervention, comme le relève la circulaire du 14 mai 1994, peut revêtir plusieurs formes, comme l'hospitalisation de la victime, mais aussi le signalement aux autorités administratives ou judiciaires (toujours possible en raison de l'article 226-14).

Côté procédure pénale, on dira simplement ici que le secret professionnel doit faire quelques concessions devant les droits de la défense. Un auteur le notait récemment, rendue nécessaire par l'exercice des droits de la défense, la violation du secret professionnel est devenue une donnée supérieure. Bien évidemment, cette reconnaissance naturelle des droits de la défense ne saurait réduire à néant le principe même du secret. Tel est le rappel formulé par la Chambre criminelle, dans un arrêt en date du 28 octobre 2008, à l'encontre d'une avocate qui avait cru pouvoir faire état du contenu d'un rapport d'expertise remis à un juge d'instruction.

En réalité, le champ d'application de l'article est bien plus large qu'il n'y paraît au premier abord. L'observation dévoile que de nombreuses lois particulières autorisent l'accomplissement d'actes en principe constitutifs d'autant d'infractions. Certains auteurs évoquent ici l'existence de « faits justificatifs spéciaux ».

Afin de renforcer l'efficacité de l'action des services de police et des douanes, la loi du 19 décembre 1991 « autorise », à certaines conditions, la pratique des « livraisons surveillées ». Faut-il le rappeler, par ces pratiques des agents infiltrent les réseaux en se présentant comme acheteurs ou vendeurs de produits stupéfiants. La loi du 9 mars 2004 a repris en les étendant ces dispositions. Ainsi, pour les procédures spécifiques applicables à la criminalité et à la délinquance organisée, le texte prévoit la possibilité d'infiltrer, dans les réseaux mafieux, des agents autorisés, en cas de nécessité, à commettre des actes de participations à des infractions. En organisant l'exonération de la responsabilité pénale de ces agents, le texte vise dans le même élan à la fois la permission de la loi, les nécessités de l'enquête et l'autorisation d'une autorité légitime.

La permission peut émaner ensuite d'un texte extra-pénal. L'autonomie du droit pénal semble alors repousser toute justification. Et la doctrine souligne qu'un chantage ne saurait être justifié même s'il est exercé pour faciliter le recouvrement d'une créance. Dans le même esprit, le créancier impayé qui s'emparerait d'une somme d'argent appartenant à son débiteur serait coupable de vol.

Il est pourtant bon nombre d'hypothèses pour lesquelles la justification va être admise sans aucune difficulté. ***L'exemple le plus significatif est celui des médecins ou des chirurgiens qui reçoivent, des règles de leur profession, le droit de porter atteinte à l'intégrité physique des personnes.*** Encore faut-il que la finalité thérapeutique de l'acte soit réelle. En somme, c'est sa finalité qui rend licite l'intervention. À imaginer que cette finalité thérapeutique fasse défaut, et quand bien même le patient (la victime) aurait donné son consentement, le médecin ne pourrait être excusé et son acte justifié.

Exemple

L'arrêt bien connu dit des *stérilisés de Bordeaux* rendu par la Cour de cassation en 1937 qui « confirme » la responsabilité pénale des auteurs de stérilisations contraceptives consenties par les patients. Témoin encore cette affaire un peu plus récente, jugée par la Cour d'appel d'Aix (approuvée en cassation) qui retient la responsabilité pénale de deux urologues ayant opéré, un peu prématurément, un transsexuel.

Pour aller plus loin

Le droit de correction des parents. Fondé sur la notion civile (extra-pénale) de l'autorité parentale, le droit de correction des parents, délégué aux instituteurs aux heures d'école, justifie quelques agissements de parents ou d'enseignants. Pour le plaisir, on citera cet arrêt de 1908, rapporté par W. Jeandidier, qui justifie (fait justificatif) un instituteur ayant obligé un gamin de 7 ans à essuyer de sa main l'excrément de poule qu'il avait lancé sur le tableau. À lire la doctrine et à surveiller la jurisprudence, on s'aperçoit toutefois que les temps changent. Pour preuve, la condamnation pour coups volontaires d'une mère qui avait giflé sa fille en pleine rue. Témoin encore la condamnation de cet enseignant qui avait giflé et légèrement blessé une jeune élève de 15 ans. La jurisprudence a pu rappeler récemment que le droit de correction reconnu aux parents par les conventions, la loi et la jurisprudence tant interne qu'européenne a pour limite l'absence de dommages causés à l'enfant, la correction devant restée proportionnée au manquement commis et ne pas avoir de caractère humiliant (*Cass. crim., 29 oct. 2014*).

Et c'est avec tout le bon sens des magistrats de la Cour de Versailles que tel autre enseignant échappe aux poursuites pénales dirigées contre lui. Son crime ? Il avait, pour mettre fin à un chahut entre élèves, saisi la poignée du cartable de l'un d'entre eux, ce qui avait entraîné la chute du jeune propriétaire du cartable. Si les lois de l'équilibre sont parfois dures, la famille de l'enfant en question préféra s'en référer aux lois pénales. Infirmant la condamnation prononcée en première instance, la Cour de Versailles livre un arrêt qui, comme on l'a noté, « restitue le rôle de chacun dans les écoles : Les instituteurs doivent veiller à la discipline, et les

élèves doivent s'y plier ! ». Encore faut-il rester dans la juste mesure. Voir par exemple, cette décision qui valide la condamnation des méthodes éducatives, assez singulières, pratiquées par un agent territorial spécialisé des écoles maternelles (ATSEM) (*Cass. crim., 7 nov. 2017*).
Le Sénat a adopté en première lecture, le 6 mars 2019, une proposition visant à préciser, dans le Code civil, que « l'autorité parentale s'exerce sans violences physiques ou psychologiques ».

À la frontière de la permission émanant d'un texte de nature extra-pénale, on trouve quelques justifications fondées autant sur la coutume que sur un véritable texte. La justification paraît alors souvent plus tacite que véritablement expresse. C'est le domaine de prédilection du sport. Certaines disciplines apparaissent comme très violentes. Aux premiers rangs s'inscrivent évidemment certains sports de combat. La boxe n'est-elle pas une discipline où l'objectif est d'abattre physiquement l'adversaire ? Et chacun le sait, le combat a parfois (rarement) pour funeste issue la mort. Car en sport, le coup est justifié, licite, tant qu'il est donné dans le respect des règles du jeu. Pourtant, comme on l'a fort bien noté, « un crochet du droit peut faire autant de mal sur le ring qu'à la buvette d'un bal ». *A contrario*, l'agression, hors des règles du jeu, déloyale, ne sera plus excusée et le fait justificatif disparaîtra.

Sans trop entrer dans le détail, on peut remarquer que l'agression déloyale, le coup illégal, « un placage au sol » pratiqué dans des conditions contraires aux règles du jeu, un « tacle glissé » volontairement appuyé, sont des agressions physiques qui devraient relever de violences, en droit pénal, c'est-à-dire d'atteintes volontaires. Pour l'heure, les magistrats, dans la majorité des hypothèses, se contentent de réprimer ces atteintes physiques comme des atteintes non intentionnelles. La qualification d'imprudence est alors préférée à celle de violence.

b) La permission émanant d'une autorité administrative

Il peut s'agir d'une autorisation ou d'une tolérance :

– ***l'autorisation administrative*** : le principe est qu'elle est inefficace (certains disent, indifférente). Il s'ensuit que l'infraction commise n'est pas justifiée, alors même que l'acte commis l'a été sous couvert d'une autorisation. Sans doute faut-il y voir la conséquence du principe de la séparation des pouvoirs ;

Exemple

L'affaire du *Stalinon*, pour laquelle les inventeurs et les fabricants du médicament ont été poursuivis et condamnés pour homicide involontaire alors que l'autorité administrative avait délivré les visas nécessaires à la mise en vente. Tel était encore le cas des films classés X. Dans un premier temps, la Chambre criminelle a décidé que l'autorisation administrative accordée à un film pornographique ne faisait pas obstacle aux poursuites fondées sur l'outrage aux bonnes mœurs. Depuis, après quelques hésitations, et seulement pour les scènes pornographiques, le visa du contrôle constitue une justification. *A contrario*, pour les scènes de violences et de perversions sexuelles, la justification n'existe pas. Les mêmes incertitudes jurisprudentielles existaient aussi en matière de déversement dans les eaux (mer ou rivière) de produits nuisibles. Tantôt l'autorisation de déversement excusait, tantôt elle n'excusait pas. Depuis une loi de 1992, si les modalités de l'autorisation administrative ont été respectées, l'acte est justifié.

– *la tolérance administrative* : là encore, le principe est celui de l'indifférence. Que la tolérance soit tacite ou plus expresse (par exemple, une circulaire interne) ne change rien à la règle.

Exemple

La tolérance des autorités administratives, contraire à des textes en vigueur instituant des infractions à la police de la chasse, ne saurait faire disparaître ces dernières (affaires rendues à propos de la chasse des ortolans (*Cass. crim., 16 oct. 2018*).

B - Le commandement de l'autorité légitime

Article 122-4, alinéa 2 du Code pénal

« N'est pas pénalement responsable la personne qui accomplit un acte commandé par l'autorité légitime, sauf si cet acte est manifestement illégal. »

De là, deux séries de remarques : la première relative au commandement donné, ordonné, la seconde à la notion d'autorité légitime.

1) Le commandement ordonné

a) Le principe

Contrairement à l'ordre de la loi, ***l'ordre commandé par l'autorité légitime n'est pas à lui seul, de façon autonome, une cause de justification***. Pour que la justification existe, il faut que l'ordre donné soit légal. Somme toute, c'est là une disposition de bon sens. Comment une autorité, aussi puissante soit-elle, pourrait-elle donner l'ordre de violer la loi ? Tout cela paraît bien simple en théorie, mais en pratique les choses sont beaucoup plus complexes. C'est toute la question du commandement illégal.

b) La question du commandement illégal

Toute la question est de savoir si l'obéissance à un ordre illégal est de nature à supprimer l'infraction. La réponse est des plus délicates puisqu'elle met en cause la faculté de jugement de celui qui est chargé d'exécuter l'ordre.

Repères des théories dégagées

Théorie	Contenu	Conséquences sur la répression pénale du subordonné
« L'obéissance passive » absolue	L'ordre reçu doit toujours être exécuté	Le subordonné est à l'abri de toute responsabilité pénale
L'obéissance raisonnée, dite souvent « des baïonnettes » intelligentes	La résistance à l'ordre illégal devient une obligation	Le subordonné engage sa responsabilité pénale en cas d'exécution d'un ordre illégal
L'obéissance raisonnée, corrigée par la notion de « l'ordre manifestement illégal »	Seul l'ordre manifestement illégal ne doit pas être exécuté	Seule l'exécution d'un ordre manifestement illégal entraîne la responsabilité pénale

On l'a noté en ouverture, la notion « d'ordre manifestement illégal » est entrée dans le nouveau code. Pour autant, la nouvelle rédaction ne règle pas tous les problèmes, le législateur s'étant bien gardé de dire ce qui est ou non manifestement illégal. La seule certitude, on la tire des travaux préparatoires, relève que l'appréciation du caractère manifeste est une donnée de fait, donc laissée à la libre appréciation des juges du fond. Et chacun de noter en doctrine, c'est le cas notamment de J. Pradel, que le militaire sera justifié tant que l'ordre ne sera pas jugé manifestement illégal, alors que le simple fonctionnaire devra résister à l'ordre simplement illégal.

Exemple

Ainsi, chacun reconnaîtra la célèbre affaire des *paillotes* : l'ordre donné par un préfet à un colonel de gendarmerie de détruire des biens, de manière clandestine, en utilisant un moyen dangereux, sans assurer la sécurité des personnes, est un ordre manifestement illégal. On ne voit pas bien comment la Chambre criminelle, dans son arrêt d'octobre 2004, aurait pu en décider autrement. Pour la petite histoire, l'ordre avait été donné aux gendarmes de laisser sur les lieux des tracts diffamatoires destinés à égarer les enquêteurs sur l'identité des auteurs des faits. À l'évidence, le colonel de gendarmerie « n'a pu se méprendre sur le caractère manifestement illégal » d'un tel ordre. À l'identique, le raisonnement est reproduit, par la Chambre criminelle, dans un arrêt du 30 septembre 2008 rendu à propos de l'affaire des *Écoutes de l'Élysée* : « le commandement de l'autorité légitime argué par Jean-Louis B., Pierre-Yves E. et Christian X. pour permettre la qualification des délits qu'ils ont commis en faute de service ne peut être retenu en faveur d'un officier supérieur de la gendarmerie et de hauts fonctionnaires, dès lors qu'aucune disposition légale ne leur imposait une obéissance inconditionnelle à des ordres manifestement illégaux du chef de leur mission, voire du président de la République ».

2) L'autorité légitime

L'autorité légitime de l'article 122-4 est nécessairement une autorité publique (civile ou militaire). Ainsi, l'autorité purement civile (de droit privé) du père, de l'époux ou de l'employeur ne saurait être considérée comme un fait justifiant l'acte de l'enfant, de l'épouse ou du salarié.

Si le principe exige une autorité légitime, il est des circonstances qui peuvent tempérer cette exigence. Ainsi, alors même que les actes accomplis sous le gouvernement de Vichy étaient entachés d'illégitimité, on précisait aussitôt (ou presque) que devaient être justifiés les agissements passés sous le strict respect des ordres donnés. En revanche, on ne peut, selon la Cour de cassation, invoquer pour sa défense un fait justificatif tiré d'un « ordre de mobilisation générale adressé aux fonctionnaires le 8 janvier 1942 en vertu duquel les autorités de la France libre avaient expressément enjoint aux fonctionnaires français de rester à leur poste en exécutant au besoin les ordres de l'autorité ennemie afin de ne pas livrer à cette dernière la France occupée ». Dans cette affaire, on aura reconnu l'affaire *Papon*, le fait justificatif est rejeté car il ne peut être regardé comme justifiant des déportations.

C - La légitime défense

Pour insister d'emblée sur l'importance de cette question, on soulignera que certains faits divers placent régulièrement au premier plan de l'actualité des controverses très vives. À dire vrai, ces controverses portent moins sur le principe même de la légitime défense que sur les circonstances et les conditions de sa mise en œuvre. Car sur le principe, chacun reconnaîtra (plus ou moins expressément) qu'il est juste de ne pas condamner ou en tout cas de condamner moins sévèrement celui qui, pour se défendre contre une attaque injustifiée, commet une infraction. Le principe est d'ailleurs fort ancien, puisque chacun le cite, Cicéron, 100 ans avant J.-C., le considérait déjà en son temps comme ***un droit naturel***.

Alors même que toute l'histoire de la justice pénale s'analyse dans un détachement progressif de la justice privée vers la reconnaissance de la justice publique, le Code de 1810, héritier des idées de la Révolution, affirmait sans autre condition : « Il n'y a ni crime, ni délit lorsque l'homicide, les blessures et les coups étaient commandés par la nécessité actuelle de la légitime défense de soi-même ou d'autrui. » Ainsi, dans les situations d'urgence où la sécurité des personnes (voire celle des biens) ne peut pas être assurée par les moyens habituels de la justice et de la police, celui qui se défend ne fait que remédier à l'insuffisance de ces moyens, et ne commet donc pas d'actes contraires au droit. Aujourd'hui, la légitime défense est visée par les articles 122-5 et 122-6 du Code pénal. La légitime défense a été invoquée, à tort ou à raison, avec succès ou non, dans plusieurs affaires qui ont suscité bien des commentaires et occupé une place de choix dans les médias. Après les commentaires passionnés (affaire *Jacqueline Sauvage*, affaire *Alexandra Lange*, affaire des *salariés d'Air France*...) il est utile à l'étudiant de prendre toute la mesure des dispositions législatives avant de s'employer à porter tel ou tel jugement.

Article 122-5 du Code pénal

« N'est pas pénalement responsable la personne qui, devant une atteinte injustifiée envers elle-même ou autrui, accomplit, dans le même temps, un acte commandé par la nécessité de la légitime défense d'elle-même ou d'autrui, sauf s'il y a disproportion entre les moyens de défense employés et la gravité de l'atteinte.

N'est pas pénalement responsable la personne qui, pour interrompre l'exécution d'un crime ou d'un délit contre un bien, accomplit un acte de défense, autre qu'un homicide volontaire, lorsque cet acte est strictement nécessaire au but poursuivi dès lors que les moyens employés sont proportionnés à la gravité de l'infraction. »

Toute la question est de savoir si ces actes s'inscrivent dans le cadre d'une défense légitime. C'est donc bien davantage sur les conditions dans lesquelles s'exerce cette défense que porte le débat. Conditions tenant à l'agression et conditions tenant à la réaction guident le raisonnement.

1) Les conditions tenant à l'agression

On peut distinguer les caractères de l'agression de l'objet même de celle-ci.

a) Les caractères injuste et actuel de l'agression

1. L'agression injustifiée

L'idée est simple, si l'acte d'agression est justifié, on doit le subir. Dans une telle situation, la défense ne peut être regardée comme légitime et ne peut donc fonder la justification. Inconnue du Code de 1810, cette condition a été mise en place, peu à peu, par la jurisprudence. Plus généralement, il va de soi que si l'agression est commandée par la loi (perquisition, saisie), elle prive l'agent du pouvoir d'en invoquer le caractère injuste. Raisonner autrement conduirait à autoriser chaque particulier à apprécier la légitimité, voire la régularité des actes émanant de l'autorité publique.

Exemple

Dans une affaire concernant l'arrestation d'un individu par un commissaire de police, la Chambre criminelle notait, dès 1821, que : « l'agression commise par un agent de la force publique étant présumée juste, il y a incompatibilité entre la légitime défense et une agression de ce type ».

Au demeurant fort légitime, un tel principe n'en comporte pas moins certaines difficultés d'interprétation. Il en va ainsi, notamment, lorsque l'autorité accomplit un acte illégitime, illégal, ou en tout cas perçu comme tel par celui qui est visé. Pendant longtemps, en vertu de la présomption de régularité des actes publics, la doctrine a prôné l'exclusion de la légitime défense. Progressivement, dans un mouvement similaire à celui de la résistance à l'ordre illégal, les auteurs ont reconnu à la personne visée un droit à la résistance, un droit à une défense légitime lorsque l'illégalité apparaissait manifeste. De son côté, la jurisprudence éprouvait, dans ces mêmes hypothèses, de réelles réticences à admettre la légitime défense. Seules les situations dénuées de toute violence trouvaient une issue différente.

Exemple

À la veille du nouveau code, la Chambre criminelle repoussa le pourvoi d'un huissier de justice qui reprochait à une cour d'appel d'avoir relaxé, pour légitime défense, une femme qui s'était défendue avec une bombe lacrymogène. Il faut dire qu'en l'espèce, les procédés utilisés par l'huissier étaient assurément contestables (violation de domicile, séquestration, pressions pour obtenir des renseignements, le tout accompagné par quelques individus musclés).

2. L'agression actuelle

Pour être légitime, la défense doit être accomplie « dans le même temps », dit l'article 122-5. ***Cette condition temporelle permet de distinguer la résistance de la vengeance***. L'agression doit être actuelle, c'est-à-dire commise, en train de se commettre ou imminente. Dans le concept de la légitime défense, il y a, en effet, la notion d'urgence, le fait de ne pas pouvoir attendre que l'autorité normalement compétente agisse. ***Intervenant trop tard, la défense n'est donc plus considérée comme légitime***. À propos de la défense des biens, le législateur précise même que la défense doit servir « à interrompre l'exécution d'un crime ou d'un délit ». S'agissant de la défense des biens ou des personnes, les difficultés d'interprétation sont réelles lorsque la « défense », intervenant trop tôt, est destinée à prévenir une agression future.

Il arrive que la personne se méprenne sur la réalité du danger. L'agression peut être alors seulement vraisemblable, voire imaginaire. On parle alors de ***légitime défense putative***. Sans entrer dans le détail, on retiendra que la légitime défense ne saurait être analysée en une cause subjective de non-responsabilité. Ainsi l'agression qui n'a existé que dans l'esprit de la personne ne peut justifier des actes de défense, y compris lorsque cette personne est de bonne foi. La doctrine admet toutefois, devant des apparences véritablement trompeuses que la légitime défense vraisemblable équivaut à une légitime défense réelle.

b) L'objet de l'agression

On retrouve ici les deux alinéas de l'article 122-5 : la défense de soi-même ou d'autrui et la défense d'un bien.

1. La légitime défense des personnes

Sont visées ici tant la défense de sa propre intégrité physique que celle d'autrui. Le corps est menacé, il y a danger physique. On se protège soi-même ou l'on vient au secours d'autrui. Si l'état de légitime défense suppose la nécessité (actuelle) de se défendre, il n'impose nullement qu'il y ait péril de mort. Cependant, on ne saurait l'oublier, la gravité de l'agression est inhérente à la légitime défense. Il semble alors difficile d'admettre que le fait justificatif puisse être invoqué à l'appui d'une défense concernant la morale ou encore la dignité. Telle est, malgré quelques hésitations l'opinion la plus commune en doctrine.

Pour aller plus loin

L'atteinte à l'honneur

L'atteinte à l'honneur ne saurait autoriser des coups et violences. Le doute est toutefois permis. Pour le plaisir, chacun cite ici une décision des années soixante qui justifia la gifle donnée par une mère de famille à une jeune fille de mœurs légères qui compromettait la moralité de son fils de 16 ans : « la jeune fille qui par ses assiduités risquait de compromettre l'avenir et les études de son fils ». Beaucoup plus récemment, la Cour de Douai a eu l'occasion de justifier une riposte physique (un coup de pied) répondant à une agression verbale. Circonstance aggravante pour les uns, circonstance atténuante pour d'autres, le coup fut donné par un enseignant et reçu par une élève de 15 ans. En l'espèce, la réponse semblait méritée. Comme le chantait Brassens « s'il y a des coups de pied quelque part qui s'perdent... Celui-là toucha son but ». Pour autant, la justification devait puiser sa source, non seulement sur les versants de la bonne éducation et du respect mais aussi sur le terrain du droit dont on tracera plus loin les contours. Pour la petite histoire, la Chambre criminelle a rejeté le pourvoi et justifié ainsi la solution des juges du fond. À l'image du commentateur, on regrettera que les magistrats de la cour souveraine se soient contentés d'indiquer que les juges du fond avaient justifié la relaxe de l'enseignant « par des motifs relevant de leur appréciation souveraine ».

2. La légitime défense des biens

Inconnue du Code de 1810, la légitime défense des biens, avant d'être consacrée par le nouveau Code pénal, a alimenté bien des controverses. D'aucuns jugeaient impensable que la vie ou l'intégrité physique d'un agresseur puisse être mise en balance avec la protection d'un bien quel qu'il soit et quelle qu'en soit sa valeur. À l'inverse, d'autres estimaient que la protection du bien puisse être envisagée dans le respect d'une réaction proportionnée à l'agression (caractérisée ici, par un vol ou une destruction).

Exemple

Certains ont cru déceler, dans une décision rendue au début du xxe siècle, quelques éléments de réponse. En l'espèce, un propriétaire qui avait piégé les abords de son étang avait vu sa responsabilité écartée alors qu'il était poursuivi pour avoir grièvement blessé, par l'un de ses pièges, un braconnier. Mais, comme le rappelle à juste titre J. Pradel, cet arrêt n'émane que de la Chambre des requêtes et ne concerne que la responsabilité civile du propriétaire. Alors, sans donner plus d'importance à cette décision qu'elle n'en mérite, on notera toutefois que pour les magistrats, les choses ne sont pas simples : le propriétaire et l'agresseur (le voleur) sont en effet l'un et l'autre, à la fois auteur et victime : l'un s'en prend au bien de l'autre qui lui répond en s'en prenant à sa personne.

Au xxe siècle, dès l'origine du Code civil, tout penchait pour le succès et l'admission de la légitime défense des biens. Le Code civil consacrait, ce n'est un secret pour personne, bien plus de dispositions à la propriété qu'à la personne. La Cour de cassation parlait d'ailleurs du « droit sacré de la propriété », y porter atteinte, c'était troubler, voire ébranler, la société elle-même. Devant le silence du Code pénal, les magistrats se sont montrés prudents. Si le principe même n'a pas été écarté, rares sont les décisions qui ont accepté la légitime défense des biens comme faits justificatifs. Pour repousser le fait justificatif, les juges ont surtout analysé la défense du propriétaire. Dès que celle-ci pouvait être regardée comme une faute ou une imprudence, la justification était repoussée. La transition est toute trouvée.

2) *Les conditions tenant à la réaction : la défense*

Deux certitudes et une incertitude gouvernent ces conditions. Selon les termes de l'article 122-5, la défense, la réaction, doit être nécessaire et proportionnée à l'agression. Le doute persiste toutefois quant à savoir si cette défense doit être absolument volontaire, intentionnelle.

a) Une réaction nécessaire

« Un acte commandé par la nécessité », dit le code. La personne agressée n'a pas pu faire autrement que de commettre à son tour une infraction pour se soustraire au danger. Et certains de noter que seule une nécessité absolue ouvre la porte au fait justificatif. En doctrine, des arguments ont été échangés à propos de la fuite de l'agressé. La question était de savoir si la riposte pouvait être justifiée lorsque la fuite était possible. En l'absence de jurisprudence établie, les uns et les autres ont admis des variations (assez théoriques) selon les qualités de l'agresseur. Face à l'agression d'un fou, d'un mineur ou d'un infirme, et devant la possibilité de se mettre à l'abri, toute riposte serait à proscrire et toute réaction deviendrait illégitime.

b) Une réaction proportionnée

Cette exigence inconnue du Code de 1810 a été dégagée par la jurisprudence avant d'être consacrée par le nouveau code. Sans retracer l'évolution jurisprudentielle, on retiendra que l'appréciation du caractère proportionné est laissée à l'initiative des juges du fond. Il s'agit donc d'une question de fait. Mais, et la condition est substantielle, la

Cour de cassation attend des juges du fond qu'ils la mettent en mesure de vérifier l'existence de cette exigence. Il en découle une certaine littérature de la Chambre criminelle sur le sujet.

Exemple

Il a été jugé qu'il y avait disproportion, lorsqu'on est saisi à la gorge, à casser une bouteille sur la tête d'un individu pour le repousser ou à le frapper à coups de chaussure à talon aiguille. Il y a encore disproportion entre le comportement d'un amoureux alpiniste (qui escaladait pour rejoindre la chambre d'une jeune fille) et la riposte du père de la jeune fille qui, au lieu de prévenir la police (comme il l'avait déjà fait), s'est allongé dans le jardin et a fait feu mortellement. De même, le militaire de carrière à la « stature physique imposante » qui tire deux balles dans la cuisse de son agresseur, non armé, qui voulait lui porter des coups de poing, emploie des moyens de défense manifestement disproportionnés (*Cass. crim., 26 juin 2012*).

Le cas de la légitime défense des biens appelle deux observations. À relire le second alinéa de l'article 122-5, on le relève aisément, le caractère légitime de ***la défense d'un bien répond à des conditions plus strictes*** que celles mises en place pour la défense des personnes. Tout d'abord, chacun en a pris acte, l'acte de défense accompli en protection d'un bien doit être « autre qu'un homicide volontaire ». Ensuite, à comparer les deux alinéas de l'article en question, on relève quelques variations. Alors que le texte légitime l'acte commandé par la nécessité de répondre à « une atteinte injustifiée » envers une personne, l'alinéa second, réservé à la défense des biens, légitime la réaction uniquement lorsqu'elle vise « à interrompre l'exécution d'un crime ou d'un délit contre un bien ». À interpréter strictement le texte, aucune défense en réaction d'une agression recevant une qualification contraventionnelle ne saurait être considérée comme légitime. Quand bien même, la défense serait-elle proportionnée à l'agression, la solution resterait la même. C'est ainsi que la Cour de Toulouse (janvier 2002) refusa le bénéfice de la légitime défense à un conducteur qui, à un coup de pied donné dans la carrosserie de son véhicule (acte contraventionnel), avait répondu par des violences physiques (actes contraventionnels en l'absence de toute incapacité de travail subie par la victime).

Si de façon classique, on notait que l'absence de proportionnalité repousse toute idée de défense légitime, la solution mérite aujourd'hui d'être nuancée. À la suite d'un banal accident de la circulation, deux automobilistes se querellent. Pour se défendre, l'agressé repousse son agresseur qui fait une chute entraînant sa paraplégie. Au regard de ce handicap, la proportionnalité de la réponse pouvait être mise en cause. La Chambre criminelle (*Cass. crim., 17 janv. 2017*) valide pourtant la solution des juges du fond qui avaient estimé que la proportionnalité ne s'appréciait pas au regard du résultat de l'acte de défense.

L'absence de proportionnalité n'exclut pas automatiquement que la victime, par ses propres agissements, sa provocation, ait contribué partiellement à son propre dommage.

Les juges du fond ne peuvent confondre dans le même mouvement la preuve de la légitime défense et la preuve de la faute éventuelle de la victime. Ne pas retenir le bénéfice de la légitime défense est une chose, ne pas rechercher les torts de la victime en est une autre, telle est la leçon donnée récemment par la Chambre criminelle dans un arrêt en date du 8 janvier 2008.

c) *La nécessité d'une réaction volontaire ?*

C'est l'incertitude annoncée plus haut. Le Code de 1810 était muet sur la question, le nouveau code n'est pas plus loquace. La jurisprudence n'en a pas moins édicté ***la règle du caractère inconciliable entre la légitime défense et le caractère involontaire*** de l'infraction.

Exemple

Dans un arrêt remarqué, la Chambre criminelle rejetait le pourvoi d'un individu qui reprochait aux juges du fond de l'avoir privé du bénéfice de la légitime défense en retenant la qualification d'infraction involontaire. En l'espèce, lors d'une querelle, l'individu, le sieur Cousinet avait brutalement repoussé un ivrogne qui s'était grièvement blessé en tombant. Bien que dépourvu de toute ambiguïté, la décision du 16 février 1967 a été assez sévèrement critiquée par la doctrine. Sur le fond, la critique porte, en méconnaissance du principe de la légalité, sur la création de la Cour souveraine. Sur l'esprit, chacun peut relever la singularité : le coup volontaire (donné pour se défendre) peut être justifié, alors que l'acte involontaire ne peut l'être.

Qu'en est-il aujourd'hui devant le silence constant du Code pénal ? La meilleure doctrine, c'est le cas notamment de J. Pradel, relève que la Cour de cassation pourrait, prétextant la nouvelle terminologie de l'article 122-5, revoir sa position. Rien n'est moins sûr ! Dans un arrêt du 21 février 1996, les magistrats de la cour souveraine ont validé le bénéfice de la légitime défense alors que les faits de l'espèce relevaient manifestement un acte involontaire. Un coup de feu avait tiré lors d'un geste de recul. Sans minimiser cette décision, il faut noter que les magistrats ont gardé le silence sur le caractère non intentionnel de l'acte. La Chambre criminelle (*Cass. crim., 17 janv. 2017*) a troublé encore davantage ce débat. L'arrêt révèle que l'appréciation de la proportionnalité de la réponse doit s'effectuer indépendamment du « résultat de l'action ». Or, un tel raisonnement semble difficilement compatible avec la solution qui conduit à exclure systématiquement le bénéfice de la légitime défense pour les infractions involontaires.

Pour aller plus loin

Conséquence pratique du caractère inconciliable entre la légitime défense et le caractère involontaire de l'infraction

En pratique, l'arrêt *Cousinet* a engendré quelques difficultés liées à la qualification. On a même pu voir un individu poursuivi, cherchant à invoquer la légitime défense, tenter de prouver qu'il avait commis un crime et non un délit, tenter de prouver que l'élément moral de l'infraction se caractérisait bien par la volonté de tuer ou de porter des coups délibérés. Prenant acte de cette motivation, les magistrats de la cour d'appel déclinaient la compétence de la juridiction correctionnelle au profit de celle de la Cour d'assises. Les faits reprochés pouvaient en effet alors revêtir la qualification criminelle de violences ayant entraîné la mort sans intention de la donner. Pour la petite histoire, l'artifice a fonctionné. L'individu, finalement traduit en Cour d'assises, a été acquitté (c'est la célèbre affaire *Legras*, dite du transistor piégé). Ce qui a engendré, du même coup, de nouvelles critiques doctrinales.

La doctrine moderne affine la critique qui peut être adressée à la solution de l'arrêt *Cousinet*. Un auteur a parfaitement montré que « la non-intention se caractérise par le défaut de volonté du résultat et non par une absence totale de volonté dans le comportement ». Aussi, après d'autres, on peut donc imaginer une défense résultant d'un acte volontaire dont le résultat n'aurait absolument pas été voulu. Tel est en substance, le message de censure adressé par la Chambre criminelle à une cour d'appel qui s'était retranchée à l'occasion d'une poursuite correctionnelle derrière la jurisprudence classique du caractère inconciliable entre la légitime défense et le caractère involontaire de l'agression, sans rechercher si l'examen des faits pouvait révéler leur caractère intentionnel.

Pour conclure sur la légitime défense, il reste à noter de quelle façon celle-ci doit être prouvée. En ce domaine, le législateur de 1810 comme celui de 1994 a organisé des cas privilégiés.

3) *Les cas privilégiés de légitime défense*

On quitte l'article 122-5 pour retenir l'article 122-6 : « Est présumé avoir agi en état de légitime défense celui qui accomplit l'acte :

1° Pour repousser de nuit, l'entrée par effraction, violence ou ruse dans un lieu habité ;

2° Pour se défendre contre les auteurs de vols ou de pillages exécutés avec violence. »

La personne invoquant, dans ces situations, la légitime défense ***est dispensée de prouver*** (est présumé, dit le texte) tant les caractères actuels et injustifiés de l'agression que la nécessité et la juste mesure de la riposte. La question était de savoir si cette présomption était entachée d'un caractère irréfragable (qui ne supporte pas la preuve contraire) ou devait être considérée seulement comme une présomption simple (supportant la preuve contraire). Là encore, les controverses doctrinales ont été grandes. En 1959, la Chambre criminelle énonça avec force qu'il s'agissait d'une présomption légale, qui loin d'être absolue et irréfragable, était susceptible de céder devant la preuve contraire.

La portée de l'article 122-6 n'en demeure pas moins importante, en dispensant, contrairement à tous les autres cas de figure, la personne poursuivie de la charge de la preuve. Reste alors, le cas échéant, au Ministère public ou à la partie civile de démontrer que l'individu n'a pas agi en situation de défense légitime.

Car dans toutes les situations, la riposte (la défense) du prévenu doit nécessairement répondre aux exigences – hier jurisprudentielles, aujourd'hui légales – de proportionnalité. Il y a en ce domaine, on le pressent bien, des difficultés d'interprétation en perspective.

Exemple

Apparaît manifestement disproportionnée, l'attitude d'un exploitant agricole quelque peu justicier qui, ayant surpris dans un bois clôturé jouxtant sa propriété dans lequel il cultivait des champignons, deux individus qui s'y étaient introduits de nuit, a tiré sur eux, alors qu'ils tentaient de s'enfuir, plusieurs coups de fusil, leur occasionnant des blessures entraînant une incapacité de travail, puis, après les avoir frappés, les a attachés à un arbre avant de les livrer à la Gendarmerie. À l'évidence, comme on l'a dit, le prévenu a, pour appréhender l'auteur du fait délictueux, commis des violences injustifiées par rapport au but légitime poursuivit.

D - L'état de nécessité

D'abord les fondements, ensuite les conditions.

1) Les fondements

Le mutisme du législateur de 1810 alimenta pendant de longues années les incertitudes de la doctrine et de la jurisprudence. Après le temps du débat succéda celui de la consécration.

a) De l'opportunité à reconnaître la nécessité comme fait justificatif

On parle de nécessité lorsqu'un individu ***menacé d'un mal imminent ne peut échapper à ce mal qu'en commettant une infraction***. À l'évidence, l'état de nécessité ressemble étrangement à la légitime défense. Mais à la grande différence de la légitime défense où la victime de l'infraction est un agresseur (peu digne d'intérêt), ***dans l'état de nécessité la victime est un tiers innocent***. Un tiers innocent qui voit son intérêt sacrifié au profit d'un intérêt jugé, sur le moment, supérieur. De cette situation très particulière et en dehors de tout texte de portée générale, il était bien difficile à la doctrine et à la jurisprudence de reconnaître dans la nécessité une catégorie de faits justificatifs exonératoires de toute responsabilité pénale.

Pour aller plus loin

État de nécessité – petit rappel historique

L'histoire était pourtant d'une richesse exceptionnelle. Qu'on en juge. Dans l'ancien droit, le droit canonique reconnaissait que, dans les temps de grande misère, il devenait licite de prendre, contre le gré du propriétaire, quelques aliments ou morceaux de bois pour ne pas mourir de faim ou de froid. De là, la célèbre formule : « La nécessité fait loi. »
Les premières avancées de la jurisprudence paraissent rattacher l'état de nécessité à la contrainte morale. L'exemple le plus célèbre est assurément celui tiré de l'affaire *Ménard* rendue par le non moins célèbre « bon juge » Magnaud. L'affaire est jugée à Château-Thierry à l'audience du 4 mars 1898. Le juge Magnaud repousse la responsabilité pénale d'une mère poursuivie pour avoir volé du pain afin de nourrir son enfant malade. Pour aussi juste et équitable qu'il soit, le jugement rendu, en « camouflant » la nécessité de ne pas punir derrière l'artifice de la contrainte, opère une certaine confusion des genres. La contrainte repousse en effet toute idée de choix de la part de celui qui commet l'infraction alors qu'au contraire, c'est justement ce choix qui caractérise pleinement l'état de nécessité. Dans la même affaire, la Cour d'appel d'Amiens préféra fonder la relaxe sur le défaut d'intention délictueuse. Proposé par la doctrine, l'argument soulevait à son tour quelques critiques. Réservé aux seules infractions intentionnelles, l'argument réalisait de surcroît une confusion entre l'intention et le mobile. Il oubliait ainsi que l'auteur de l'infraction nécessaire (qui se prétend en état de nécessité) a pleinement conscience de violer la loi. De là, si l'intention de cet auteur est réelle, on ne peut la qualifier, pour autant, de criminelle. Il devenait urgent de reconnaître l'autonomie de l'état de nécessité.

b) La consécration de l'autonomie de l'état de nécessité

La consécration fut d'abord jurisprudentielle avant d'être législative :

– ***la consécration jurisprudentielle*** : la doctrine se plaît à le rappeler, certaines décisions portaient déjà en germe les prémisses de cette consécration. Ainsi, en 1836, la Cour de cassation accepta que le mari, étranger à l'art de l'accouchement, puisse échapper aux poursuites fondées sur l'exercice illégal de la médecine, car son acte avait été justifié par l'urgence et la nécessité. Un siècle plus tard, la référence à « l'acte nécessaire excluant toute faute » est reprise pour légitimer la relaxe d'un locataire qui avait détruit la palissade mise par son propriétaire pour empêcher l'accès aux compteurs de gaz et d'électricité. L'année suivante, la Cour d'appel de Colmar posa les premières pierres de l'autonomie en précisant les conditions objectives de l'état de nécessité. Et la juridiction suprême acheva la construction en posant les conditions subjectives ;

– ***la consécration législative***. Elle est l'œuvre du nouveau Code pénal. L'article 122-7 énonce aujourd'hui : « N'est pas pénalement responsable la personne qui, face à un danger actuel ou imminent qui menace elle-même, autrui ou un bien, accomplit un acte nécessaire à la sauvegarde de la personne ou du bien, sauf s'il y a disproportion entre les moyens employés et la gravité de la menace. »

2) Les conditions de la justification

Elles sont doubles. Certaines tiennent à la menace alors que d'autres sont relatives à l'acte lui-même.

a) Les conditions tenant à la menace

Selon l'article 122-7, le danger doit être actuel ou imminent. Les mêmes décisions sont partout citées. Des squatters ne peuvent prétexter la crise du logement pour justifier un délit de bris de clôture. Un mari, en instance de divorce, peut « forcer » l'appartement de son épouse pour y soustraire sa fille en danger moral livrée aux « perversions » de sa mère.

Exemple

Les constations médicales précises d'un expert psychiatre caractérisent un danger actuel et imminent, qui menace l'équilibre psychique d'un enfant de 3 ans et demi, sont de nature à justifier le délit de non-représentation d'enfant (*CA Colmar, 8 juin 2014*).

Avant l'entrée en vigueur du nouveau code, la question s'est posée de savoir si la faute préalable de la personne pouvait l'empêcher de se prévaloir de l'état de nécessité. En d'autres termes, ***l'état de nécessité devait-il être imprévisible*** ? La jurisprudence a répondu par l'affirmative. Et chacun rappelle l'exemple du camionneur qui n'ayant pas respecté la signalisation d'un passage à niveau est obligé, pour échapper au train arrivant sur lui, de forcer la barrière refermée. D'aucuns, dont le Doyen Bouzat, se sont élevés contre cette condition surajoutée. Il est vrai que l'état de nécessité répond à une situation objective dont on peut croire que la valeur justificative est indépendante de la psychologie de l'auteur. Après tout, si l'agent a commis une faute antérieure, il suffit de lui imputer. À imaginer les conditions remplies, l'infraction commise après pourra fort bien être justifiée. Le législateur n'ayant pas expressément compté l'imprévisibilité comme une condition (il l'a fait pour la contrainte et pour la légitime défense), on peut en déduire que la condition n'existe plus. En juger autrement troublerait inévitablement le principe de la légalité.

Et pourtant, la Chambre criminelle s'est prononcée pour le maintien de sa jurisprudence antérieure en excluant le fait justificatif en cas de faute antérieure : Le prévenu ne saurait prétendre avoir agi en état de nécessité dès lors qu'il s'est volontairement placé dans la situation de devoir commettre une infraction en cas de survenance prévisible du danger ou encore pour l'arrêt d'appel rendu en juin 2010 à l'encontre du chasseur qui avait tué l'ourse Cannelle : « il s'est placé lui-même dans une situation de danger... ce comportement fautif antérieur au coup de feu ne lui permet pas d'invoquer l'état de nécessité pour justifier son acte ».

b) Les conditions tenant à l'acte

L'acte doit être nécessaire et proportionné. En ce qui concerne la nécessité, il est évident qu'un simple danger ne saurait suffire à justifier une infraction. Mais peu importe ici la nature du danger :

– ***le danger peut concerner un bien*** : le bien protégé peut être un potager. Témoin, la relaxe par la Cour d'appel de Grenoble (*22 oct. 1999*) de cette femme qui, protégeant ses légumes, avait tué, à coups de bâton, un lapin domestique échappé d'un parc voisin ;
– ***le danger peut concerner un animal***. Témoin cette affaire dans laquelle un agent de surveillance s'est trouvé dans la nécessité d'abattre un chien pour sauvegarder la vie de son chien de service (*Cass. crim., 8 mars 2011*) ;
– ***le danger peut concerner une personne*** : d'ailleurs, on l'a noté, il peut s'agir aussi bien de préserver l'intérêt physique que l'intérêt moral d'un individu.

Plus exceptionnellement, le législateur peut faire référence exclusivement à la personne. Telle est l'hypothèse avec la création du nouveau cas particulier d'état de nécessité dans l'aide au séjour irrégulier d'un étranger. La loi du 26 novembre 2003 « relative à la maîtrise de l'immigration, au séjour des étrangers en France et à la nationalité » cantonne ce nouveau cas à la seule protection physique de la personne. L'aide au séjour irrégulier d'un étranger ne peut donner lieu à des poursuites pénales lorsque l'acte reproché était, face à un danger actuel ou imminent, nécessaire à la sauvegarde de la vie ou de l'intégrité physique de l'étranger.

Pour aller plus loin

La nécessité d'assurer un droit

La justification peut trouver également sa source dans la nécessité (c'est le mot-clé) pour l'auteur des faits reprochés d'assurer l'exercice des droits de la défense. Telle est la situation de l'employé poursuivi pour vol de documents appartenant à son employeur, lorsque les documents produits sont nécessaires à sa défense dans le procès l'opposant à son employeur. Tel est le cas également de ce mari qui, pour rapporter la preuve du contenu mensonger d'une attestation l'accusant de violences conjugales, produisait un enregistrement téléphonique obtenu de manière peu « loyale ». L'épouse, condamnée pour usage d'attestation inexacte, tenta en vain de contester ce moyen de preuve. La Chambre criminelle rejette son pourvoi. Pour les magistrats de la cour souveraine, l'enregistrement produit « était justifié par la nécessité d'apporter la preuve des faits dont il (le mari) était victime et de répondre, pour les besoins de sa défense aux accusations » portées contre lui.

Mais il ne faut pas se méprendre, la nécessité n'est pas, en soi, un fait justificatif. L'acte doit être aussi proportionné. À l'évidence, le vagabond affamé ne saurait être autorisé à tuer le boulanger qui refuse de lui donner du pain. On dit que l'intérêt sacrifié doit avoir une valeur inférieure, au pire équivalente, à celui sauvegardé. Sans donner plus de précision, le législateur écarte la nécessité, donc l'impunité, « s'il y a disproportion entre les moyens employés et la gravité de la menace ». La rédaction est la copie conforme de celle utilisée pour la légitime défense. Le parallèle est saisissant, il appartiendra donc à la jurisprudence de poursuivre la construction et de décider, au cas par cas, des valeurs en présence. Du raisonnement des juges, il découlera l'impunité ou au contraire la poursuite des personnes en cause. D'aucuns n'hésitent pas à affirmer qu'en définitive l'état de nécessité relève plus de l'équité que véritablement de la règle de droit, que la règle « permet aux juridictions du fond de faire fléchir le droit devant la réalité » afin d'éviter d'inutiles poursuites. Que ces auteurs soient entendus ! Encore faudra-t-il que les juges en question soient plus rigoureux qu'ils ne l'ont été en première instance dans l'affaire jugée à Poitiers à la fin du siècle dernier. Il s'agissait en l'espèce d'une mère de famille qui, au cours d'une même journée et dans trois supermarchés, avait commis trois vols de produits alimentaires. Poursuivie devant le tribunal correctionnel de Poitiers, elle fut relaxée sur le fondement de l'état de nécessité présenté, curieusement trois ans après l'entrée en vigueur du nouveau code, comme « un concept jurisprudentiel, élaboré au début du xxe siècle ».

Encore faut-il que les magistrats fassent preuve d'équité. On peut se plaire, parfois, à le constater. Le Tribunal de Paris a pu juger qu'un prévenu, dans le besoin, père d'un nouveau-né, logé dans un studio de 8 m^2, ayant scié les gonds de la porte d'entrée d'un appartement inoccupé de l'OPAC pour s'y installer avec sa famille, pouvait être relaxé sur le fondement de l'état de nécessité. Comme pour rappeler que l'équité ne se confond pas directement avec le fait justificatif étudié, la solution a été diversement commentée en doctrine. Somme toute, sans grande surprise, voire avec soulagement pour certains, le jugement fut infirmé.

Exemple

En juin 2002, aux antipodes, la Cour d'appel de Papeete s'aventurait à son tour sur les chemins de « l'indulgence nécessaire » en justifiant la détention de pieds et pousses de cannabis nécessaires à la confection de tisanes, seuls moyens de soulager les douleurs du prévenu devenu paraplégique à la suite d'un accident. La cour a estimé, en infirmant la première décision, que la personne poursuivie était menacée « par un danger actuel, ses souffrances constantes », que « les tisanes étaient nécessaires à la sauvegarde de sa santé » et qu'en l'espèce (nous disons bien en l'espèce et seulement en l'espèce) le moyen employé n'était pas « disproportionné par rapport à la gravité de la menace ». Plus récemment, la cour d'appel de Paris (mai 2009), sous couvert d'une interprétation large de la nécessité, a, par un arrêt infirmatif, relaxé l'association Droit au logement qui, pour avoir organisé un campement dans une rue parisienne, était poursuivie pour dépôt ou abandon d'objet embarrassant la voie publique sans nécessité. La Chambre criminelle (*Cass. crim., 16 déc. 2015*) n'a pas entendu faire sienne cette jurisprudence en repoussant dans une affaire similaire le raisonnement : « ce n'est pas l'état de nécessité qui l'a conduit à persévérer dans la consommation et la détention de cannabis, qu'il reconnaît totalement, mais sa seule appétence pour ce stupéfiant ».

Pour aller plus loin

État de nécessité et faucheurs volontaires d'organismes génétiquement modifiés

Avec une certaine logique, c'est en vain que des personnes, poursuivies pour avoir détruit plusieurs milliers de plans de riz génétiquement modifiés, ont allégué que leurs agissements étaient justifiés par le risque pour la santé et l'environnement que présentaient, selon eux, ces organismes génétiquement modifiés. Par deux décisions de février et avril 2007, la Chambre criminelle a « confirmé » qu'elle n'entendait pas accorder le bénéfice de l'état de nécessité aux faucheurs volontaires d'organismes génétiquement modifiés. La sympathie de certains juges du fond à l'égard de tels faits est censurée. Comme on l'a noté, la sympathie est une chose (surtout lorsque l'un des faucheurs est candidat à l'élection présidentielle) le droit en est une autre. Nul n'en doutait, il est interdit de détruire ou de dégrader les plantations d'autrui, fussent-elles d'organismes transgéniques, fussent-elles contaminantes.

E - La protection des lanceurs d'alerte

Un rappel du contexte pour livrer quelques précisions sur le texte.

1) La nécessité d'accorder une protection pénale aux lanceurs d'alerte

Si le phénomène n'est pas si récent, depuis quelques années, de nombreux scandales comme celui du Médiator, des Panama papers, du LuxLeeaks ou encore des abattoirs de France ont mis en avant le rôle mais aussi toute la fragilité de ceux ou celles qui ont été à l'origine des révélations. Analysé parfois comme un droit fondamental lié à la citoyenneté et au contrôle démocratique, le droit d'alerte, visé par quelques lois, n'offrait pas un régime commun de protection aux principaux intéressés. La loi *Sapin 2* du 9 décembre 2016 corrige cette situation.

Curieusement, animé par un élan autonomiste, le législateur, comme il l'avait fait de façon éphémère pour l'usage des armes par les forces de l'ordre, crée, au bénéfice des lanceurs d'alerte, une disposition spécifique qui, portée par l'article 122-9 du Code pénal, s'inscrit à la suite des autres causes d'irresponsabilité pénale.

Défini par l'article 6 de la loi *Sapin 2*, le lanceur d'alerte est une personne physique qui révèle ou signale, de manière désintéressée et de bonne foi, un crime ou un délit, une violation grave et manifeste d'un engagement international régulièrement ratifié ou approuvé par la France, d'un acte unilatéral d'une organisation internationale pris sur le fondement d'un tel engagement, de la loi ou du règlement, ou une menace ou un préjudice graves pour l'intérêt général, dont elle a eu personnellement connaissance.

2) Les limites de l'irresponsabilité pénale du lanceur d'alerte

L'article 122-9 du Code pénal encadre la question de la responsabilité pénale de celui qui divulgue. À l'image des autres causes d'irresponsabilité, l'article ouvre en indiquant : « N'est pas pénalement responsable la personne qui porte atteinte à un secret protégé par la loi, dès lors que cette divulgation est nécessaire et proportionnée à la sauvegarde des intérêts en cause, qu'elle intervient dans le respect des procédures de signalement définies par la loi et que la personne répond aux critères de définition du lanceur d'alerte prévus à l'article 6 de la loi n° 2016-1691 du 9 décembre 2016 relative à la transparence, à la lutte contre la corruption et à la modernisation de la vie économique. »

Bien que l'article 122-9 ne reprenne pas expressément cette disposition, sous couvert de l'article 6 de la loi 9 décembre 2016, seules sont concernées les personnes physiques. Sont donc écartées de la protection pénale, toutes les personnes morales comme les associations, les syndicats, les organes de représentation du personnel ou encore les ONG.

Toujours selon les dispositions de l'article 6 de la loi *Sapin 2*, la protection du lanceur d'alerte s'arrête devant les informations relevant du secret de la défense nationale, du secret médical ou du secret des relations entre un avocat et son client. En ces domaines, la révélation ne peut être couverte par l'irresponsabilité pénale. Outre ces domaines, s'il agit en dehors du cadre législatif, le lanceur d'alerte n'est plus à l'abri d'éventuelles poursuites judiciaires. En cas de mauvaise foi ou d'intention de nuire caractérisée, il peut engager, sur le fondement de l'article 1240 du Code civil, sa responsabilité civile. Sur le fondement de l'article 226-10 du Code pénal, sa responsabilité pénale pour dénonciation calomnieuse peut être également recherchée.

Bien d'autres conditions limitent la protection des lanceurs d'alerte. Pour l'heure, la loi *Sapin 2* ne trouvera pleine application qu'une fois les précisions apportées par les décrets d'application. Ainsi, par exemple, la procédure de recueil des signalements qui concerne les entreprises privées et publiques de 50 salariés et plus, les administrations, les communes ou intercommunalités de plus de 10 000 habitants, les départements et les régions ne sera opérationnelle qu'à partir du 1er janvier 2018.

BIBLIOGRAPHIE

Sur la théorie générale des faits justificatifs

CAILLE (C.), « Le motif légitime en droit pénal », RPDP 1998, p. 194.

Ordre de la loi et commandement de l'autorité légitime

MASCALA (C.), « Ordre de la loi et commandement de l'autorité légitime », JCl. Pénal Code 2013, Art. 122-4.

MAYAUD (Y.)., « Lorsque le droit de correction dégénère en méthode éducative », RSC 2017, p. 740.

TZUTZUIANO (C.), « L'usage des armes par les forces de l'ordre. De la légitime défense... à la légitime défense en passant par l'autorisation de la loi », RSC 2017, p. 699.

Légitime défense

MASCALA (C.), « Légitime défense », JCl. Pénal Code, 2012, Art. 122-5 et 122-6.

État de nécessité

DANTI-JUAN (M)., « État de nécessité », Rép. Dalloz Dr. pénal 2010.

MASCALA (C.), « État de nécessité », JCl. Pénal Code 2013, Art. 122-7.

Lanceur d'alerte

SORDINO (M.-C.), « Lanceur d'alerte : rétroactivité *in mitius* de l'article 122-9 du Code pénal », AJ pénal 2018, p. 574.

CHAPITRE 6

L'élément moral : composante interne de l'infraction

L'élément moral de l'infraction se confond avec la notion de faute pénale. À suivre l'étymologie, le concept de culpabilité semble gouverner l'ensemble de la réflexion. À dire vrai, si la culpabilité suppose bien l'existence d'une faute (intentionnelle ou non), il faut encore être en mesure d'imputer cette faute au compte de celui qui l'a commise. Si la culpabilité apparaît comme le rapport entre l'auteur et son comportement, l'imputabilité est « un état, une qualification du sujet lui-même ». En somme, la responsabilité pénale est faite d'imputabilité et de culpabilité. Comme l'a noté Y. Mayaud, la première renvoie à la dimension philosophique de la matière, pour ce qu'elle suppose de libre arbitre et de discernement, la seconde présente un aspect plus technique, par la prise en compte des différences de psychologie qui sont à la source des comportements.

1 • L'IMPUTABILITÉ

Comme il arrive parfois, l'importance de la notion ne se révèle véritablement qu'au travers de sa négation. L'imputabilité se mesure ainsi par la non-imputabilité.

A - La notion d'imputabilité

Comme chacun le note, « imputer » peut vouloir dire tout d'abord ***établir un rapport, un lien, entre un individu et un acte***. Selon cette acception, le débat paraît accaparé par de banales, néanmoins importantes, questions de preuve. Mais le terme possède un autre sens. Selon celui-ci, l'imputabilité dévoile une interrogation sur l'existence chez l'auteur d'une conscience et d'une volonté libre. Le débat purement juridique cède alors quelques pouces de terrain à ***des questions plus larges de philosophie*** comme celle de la ***liberté*** et du ***libre arbitre*** : autrement dit, la liberté de comprendre et de vouloir. C'est évidemment le sens que l'on entend donner ici à l'imputabilité.

On ne saurait l'oublier ou en méconnaître l'importance, cette question de la liberté est sans nul doute l'une des plus importantes du droit pénal. Or, notre droit positif se contente de présomptions. Le législateur présume en effet, ce n'est un secret pour personne, la volonté et la conscience. Devant la force de cette présomption, l'exigence d'imputabilité va relever toute son importance par ses conséquences négatives. Il faut comprendre par-là que la responsabilité va s'effacer, lorsque la conscience ou la volonté va faire défaut. Autrement dit, l'absence de raison ou de liberté invite à repenser la question de l'imputabilité et le cas échéant à retenir des causes de non-imputabilité.

B - Les causes de non-imputabilité

Derrière cette référence aux causes de non-imputabilité se profile l'idée que tout en étant objectivement criminel – c'est-à-dire au regard des éléments objectifs de l'infraction, préalable légal et élément matériel – l'acte n'est subjectivement pas imputable à son auteur. Faut-il le rappeler, la rédaction du nouveau Code pénal est ici assez trompeuse. Hier, par la formulation utilisée « il n'y a ni crime ni délit... », le législateur invitait maladroitement le lecteur à entendre et à comprendre que l'infraction n'existait pas ou plus pour telles ou telles raisons. La démarche était légitime pour les faits justificatifs qui neutralisent l'élément légal. En revanche, le langage était assurément abusif à l'égard des causes qui voilent ou paralysent l'élément moral. Aujourd'hui, la terminologie retenue « n'est pas pénalement responsable... » n'est guère plus convaincante puisque le même élan législatif prétend retenir en un seul mouvement toutes les causes de non-responsabilité.

1) Le trouble psychique ou neuropsychique

La matière est visée par l'article 122-1 du Code pénal. Cet article a pour délicate mission de préciser les conditions dans lesquelles l'état mental d'un délinquant peut constituer une cause d'exonération ou d'atténuation de sa responsabilité pénale. Apparaissent ici des situations particulièrement difficiles pour lesquelles le juge pénal se trouve forcé de concilier souvent l'inconciliable, à savoir deux impératifs visiblement opposés : prendre en considération le fait qu'un délinquant ait pu agir sans être en pleine possession de toutes ses facultés mentales, tout en veillant à préserver, autant que faire se peut, les droits de la victime ou de sa famille.

Pour aller plus loin

L'article 64 du Code pénal de 1810 et la démence

Par une formule des plus lapidaires, le célèbre article 64 du code disposait : « Il n'y a ni crime ni délit, lorsque le prévenu était en état de démence au temps de l'action... ». Cette rédaction originelle résultait plus ou moins directement d'une réflexion engagée à la fin du XVIIIe siècle à la suite des travaux réalisés par Pinel et Esquirol. Ces derniers avaient analysé la démence comme une maladie privant l'individu de ses facultés mentales et donc, par là même, de sa liberté d'action. Poursuivant le raisonnement, les rédacteurs du Code pénal ont ainsi pu écarter presque naturellement la responsabilité pénale du dément. L'idée dominante s'attachait à relever qu'aucune mesure de punition ou encore de dissuasion ne pouvait véritablement avoir d'effet positif sur ce type particulier de délinquant. Curieusement, mais les choses ne pouvaient pas en être vraiment autrement à l'époque, l'article 64 ne fixait expressément qu'une seule condition. L'état de démence devait avoir existé au temps de l'action. Il appartenait donc au juge du fond de statuer souverainement sur ce point entendu comme une question de fait. Il va de soi qu'en pratique cette appréciation se fondait (et se fonde encore, car l'exigence temporelle a été reprise par le nouveau Code pénal) sur des expertises médicales. Mais, faut-il vraiment le rappeler, ces conclusions médicales ne lient jamais le magistrat.

Au fil du temps, la notion de démence, commode et utile en 1804, s'est trouvée dépassée. Chacun a pu le souligner en doctrine, depuis le xixe siècle les sciences médicale et psychiatrique s'étaient considérablement développées et affinées au point de faire des distinctions entre des malades totalement déments et ceux dont les facultés mentales n'étaient que partiellement atteintes. À l'évidence ce progrès devait trouver un écho sur la science pénale. Devant l'immobilisme de la loi, les magistrats ont été conduits à considérer que des délinquants dits « demi-fous », sans pouvoir bénéficier du régime de l'irresponsabilité de l'article 64, peuvent par le jeu des circonstances atténuantes ne pas être totalement reconnus responsables. À chacun d'exagérer ou au contraire de refréner la critique habituellement adressée aux magistrats qui ont travaillé en marge de la loi. C'est de toute façon l'un des grands mérites du nouveau Code pénal que d'avoir posé un fondement légal à cette pratique.

a) L'alternative proposée par l'article 122-1

Article 122-1 du Code pénal (version 1994)

« N'est pas pénalement responsable la personne qui était atteinte, au moment des faits, d'un trouble psychique ou neuropsychique ayant aboli son discernement ou le contrôle de ses actes. La personne qui était atteinte, au moment des faits, d'un trouble psychique ou neuropsychique ayant altéré son discernement ou entravé le contrôle de ses actes demeure punissable ; toutefois, la juridiction tient compte de cette circonstance lorsqu'elle détermine la peine et en fixe le régime. »

On relèvera tout d'abord qu'à l'origine, en 1994, aucune autre précision ne guidait la juridiction qui retenait l'altération. La chose semblait entendue et finalement assez évidente au regard de l'évolution. Chacun pouvait s'attendre à ce que la peine soit, en pareille circonstance, nécessairement atténuée. La chambre criminelle ne l'a pas entendu ainsi en estimant que le texte ne prévoyait pas une cause légale de diminution de peine. La loi du 15 août 2014 a corrigé cette solution en complétant le second alinéa de l'article 122-1. Si le principe peut être écarté par une décision spécialement motivée en matière correctionnelle, il fixe aujourd'hui une solution qui paraît nettement plus en harmonie avec le thème étudié.

Article 122-1 du Code pénal (version 2014)

« N'est pas pénalement responsable la personne qui était atteinte, au moment des faits, d'un trouble psychique ou neuropsychique ayant aboli son discernement ou le contrôle de ses actes. La personne qui était atteinte, au moment des faits, d'un trouble psychique ou neuropsychique ayant altéré son discernement ou entravé le contrôle de ses actes demeure punissable ; toutefois, la juridiction tient compte de cette circonstance lorsqu'elle détermine la peine et en fixe le régime. Si est encourue une peine privative de liberté, celle-ci est réduite du tiers ou, en cas de crime puni de la réclusion criminelle ou de la détention criminelle à perpétuité, est ramenée à trente ans ».

On relèvera ensuite le maintien de ***l'exigence temporelle***. Cette exigence ***se doublerait également d'un aspect causal***. Autrement dit, sans rapport direct avec l'infraction, le trouble mental ne saurait empêcher ou atténuer la responsabilité pénale. Dans le silence de l'article 122-1, cette exigence de causalité puise sa source à l'article C. 35

de l'instruction générale pour l'application du Code de procédure pénale. Cet article invite le juge à interroger l'expert sur les relations existantes entre l'infraction reprochée et les anomalies présentées par la personne poursuivie. Malgré la précision, il n'est pas certain qu'il faille déduire de cette exigence une condition nécessaire pour écarter la responsabilité pénale. On l'a dit, le juge n'est jamais lié par les rapports d'expertise. Quoi qu'il en soit, le principe de la légalité en sortirait grandi si le législateur avait pris soin de préciser lui-même cette référence causale. En doctrine, chacun s'interroge sur les conséquences directes de l'alternative proposée par le législateur.

Le problème de leur traitement se pose avec singularité puisque, par hypothèse, ils demeurent responsables. À cet effet, ils relèvent donc en théorie tout autant de l'autorité pénitentiaire que de l'autorité médicale. En théorie et en théorie seulement ! Car il faut bien le reconnaître, ce mélange des genres n'a jamais véritablement retenu outre mesure l'attention du législateur. Si dans les années cinquante le Centre français de défense sociale plaidait déjà pour la mise en place d'un traitement médico-répressif, ce type de propositions n'a eu que peu d'écho lors des travaux préparatoires du nouveau Code pénal. Comme chacun a pu le noter en doctrine, le législateur a vu dans ce schéma plus de difficultés que de remèdes. Au centre des inquiétudes se trouve assurément la crainte qu'un tel système ne rigidifie la situation pénale d'un condamné dont l'état mental peut évoluer en cours de détention. Finalement, le législateur préféra éviter cette union entre le médical et le judiciaire en retenant la référence aux établissements pénitentiaires spécialisés comme seule capable d'assurer, voire d'assumer, ce mélange contre nature. De là, chacun peut y aller de ses propres commentaires. Il est juste de dire que les critiques n'ont pas manqué. On s'interroge sur la vocation thérapeutique de la prison et à plus forte raison sur sa finalité psychiatrique. On s'interroge encore sur la liberté thérapeutique du médecin, sur le strict respect des droits du patient, ici détenu. Au demeurant, sans nier l'importance des doutes exprimés ici et là, on dira que la médecine psychiatrique en milieu pénitentiaire a beaucoup évolué et que des efforts importants ont été faits. Certes, ces efforts n'ont pas eu la même intensité dans tous les établissements. D'aucuns soulignent la disparité qui en résulte. La loi du 1er février 1994 qui a réformé l'article 718 du Code de procédure pénale impose au gouvernement de poursuivre la mise en place des services médico-psychologiques. Pour mémoire, la loi du 1er février donne compétence à la juridiction de jugement pour placer les délinquants et criminels sexuels dans un établissement pénitentiaire en mesure d'assurer un suivi médical et psychologique adapté. Paradoxalement, la loi institue également une période de sûreté « perpétuelle » à l'égard de délinquants par hypothèse regardés comme malades. Ils encourent donc, par là même, une mesure plus sévère que celles proposées aux délinquants ordinaires.

La question essentielle que chacun se pose est celle de leur traitement ou plus précisément celle des autorités compétentes en la matière. Pour reconnaître et admettre qu'elle n'a pas de raison et d'utilité à punir ces personnes, la société n'en dénie pas moins toute obligation de les soigner. Au premier abord, de doute il ne saurait y avoir. Par nature, l'autorité médicale est sans conteste la mieux préparée pour assurer cette délicate mission. Malgré la naïveté du propos, la matière est habitée par quelques incertitudes que le nouveau Code pénal n'a pas entendu dissiper. Les personnes déclarées irresponsables sont donc aujourd'hui encore placées, par l'autorité administrative, dans des établissements spécialisés. Depuis longtemps les magistrats revendiquent le pouvoir de décider seul de ce placement. À l'appui de cette demande, ils font valoir, non sans raison, qu'ils sont les mieux informés, notamment par l'expertise de la situation du malade. À la vérité, la demande est beaucoup plus large. Elle vise à mettre en place « une judiciarisation » du traitement afin de donner aux magistrats un droit de regard sur la procédure de sortie. Lors des travaux préparatoires du nouveau code, il fut proposé de donner compétence à une commission tripartite regroupant les trois autorités : administrative, médicale et judiciaire. La proposition n'a pas été retenue. À chacun de le déplorer ou d'apprécier ce *statu quo*.

b) La loi du 25 février 2008 et « la déclaration d'irresponsabilité pénale pour cause de trouble mental »

Prenant acte d'une évolution assez marquée et poussé tant par les préoccupations des victimes que par la médiatisation de certains faits divers, le garde des Sceaux mettait en place, en septembre 2003, « un groupe de travail appelé à réfléchir sur d'éventuelles modifications des règles applicables aux personnes déclarées irresponsables sur le fondement de l'article 122-1 du Code pénal, dans un souci d'affermissement de la réponse judiciaire et de la prise en considération des victimes ». Le train était lancé.

L'année 2007 allait s'achever lorsque le gouvernement déposa un projet de loi « relatif à la rétention de sûreté et à la déclaration d'irresponsabilité pénale pour cause de trouble mental ».

Sans doute, comme bien d'autres textes, celui-ci prouva son « immédiate importance » dans la médiatisation d'un événement. Il faut avoir en mémoire ici la triste affaire de Pau. Celle-ci a revêtu un caractère exceptionnel en raison tant de la nature du double crime, commis de façon abominable sur deux femmes du personnel soignant d'un hôpital, que de la résonance politique qui en suivit. Or, en cette fin d'année, la chambre de l'instruction confirmait le non-lieu prononcé à l'égard de l'auteur présumé sur le fondement de l'abolition de son discernement au moment des faits.

Quelques semaines plus tard, le 25 février 2008, était votée la loi « relative à la rétention de sûreté et à la déclaration d'irresponsabilité pénale pour cause de trouble mental ». La loi, dans sa partie relative la déclaration d'irresponsabilité pénale pour cause de trouble mental, tente le grand écart entre la classique « ordonnance de non-lieu » et la condamnation de la personne poursuivie. Un nouveau personnage entre en scène « ni relaxé ni condamné ».

De deux choses l'une, ou bien le dossier est encore à l'instruction, ou bien l'affaire est en phase de jugement.

Dans le premier cas, les articles 706-19 à 706-128 du Code de procédure pénale donnent la nouvelle marche à suivre. Le cas échéant, la chambre de l'instruction pourra, après une audience publique au cours de laquelle seront notamment entendus, les témoins, les experts ayant examiné la personne poursuivie, la personne elle-même et son avocat, rendre un arrêt de déclaration d'irresponsabilité pénale pour cause de trouble mental par lequel :

- elle déclare qu'il existe des charges suffisantes contre la personne d'avoir commis les faits qui lui sont reprochés ;
- elle déclare la personne irresponsable pénalement en raison d'un trouble psychique ou neuropsychique ayant aboli son discernement ou le contrôle de ses actes au moment des faits ;

– si la partie civile le demande, elle renvoie l'affaire devant le tribunal correctionnel compétent pour qu'il se prononce sur la responsabilité civile de la personne, conformément à l'article 414-3 du Code civil, et statue sur les demandes de dommages et intérêts ;
– elle prononce, s'il y a lieu, une ou plusieurs des mesures de sûreté.

Dans le second cas, le ton est donné par les articles 706-129 à 706-134 du Code de procédure pénale. Le texte, par la force des choses, distingue les dispositions applicables devant la cour d'assises de celles applicables devant le tribunal correctionnel.

Lorsque la cour d'assises a, au cours du délibéré, répondu positivement à la première question relative à la commission des faits et positivement à la seconde question portant sur l'application du premier alinéa de l'article 122-1 du Code pénal, elle déclare l'irresponsabilité pénale de l'accusé pour cause de trouble mental. À charge alors pour son Président de prononcer un arrêt portant déclaration d'irresponsabilité pénale pour cause de trouble mental. La cour, sans l'assistance du jury, statue alors sur les demandes de dommages et intérêts formées par la partie civile et prononce s'il y a lieu une ou plusieurs des mesures de sûreté. *Mutatis mutandis*, le schéma est le même devant le tribunal correctionnel.

Pour aller plus loin

De quelques pistes, civiles et pénales, permettant de prendre la juste mesure de la reconnaissance de la déclaration d'irresponsabilité pénale pour cause de trouble mental et de l'imputation de l'acte reproché au malade mental.

Notre droit n'a pas attendu le XXe siècle pour tenter de corriger ce qui peut apparaître comme une des conséquences néfastes du principe de l'irresponsabilité pénale des malades mentaux. L'histoire révèle en effet quelques pistes, tant en matière civile qu'en matière pénale, qui conduisent, directement ou directement, à réfléchir à la reconnaissance d'une imputation de l'acte reproché au malade mental. Sans prétendre à l'analyse exhaustive, on peut relever, en déroulant le fil du temps qui passe, quelques-unes de ces pistes :

on sait en effet comment, depuis la loi du 3 janvier 1968, la personne déclarée irresponsable pénalement pour trouble mental reste civilement responsable de ses actes. Les termes de cet article sont sans équivoque : « Celui qui a causé un dommage à autrui alors qu'il était sous l'empire d'un trouble mental, n'en est pas moins obligé à réparation. » Pour paraître curieuse, voire excessive, la formule se comprend aussitôt quand on sait qu'elle ne puise pas sa force et ses faiblesses dans la notion de libre arbitre, mais qu'elle est au contraire animée d'une conception utilitariste, toute tournée vers la réparation ;

désireux de limiter le sentiment de frustration éprouvé par certaines victimes face à l'annonce de l'irresponsabilité pénale de l'auteur des faits, la loi du 8 février 1995 a permis à la partie civile de faire appel de l'ordonnance de non-lieu motivée par un trouble mental. L'appel est alors jugé en chambre de l'instruction au cours d'une audience publique avec comparution personnelle (si elle est possible) de la personne poursuivie et audition des experts ;

il n'est pas douteux que la loi du 10 juillet 2000 trouve également ici une certaine assise. Rompant avec la thèse unitaire des fautes civile et pénale, on sait comment et pourquoi le législateur a été amené à énoncer que « l'absence de faute pénale non intentionnelle au sens de l'article 121-3 du Code pénal ne fait pas obstacle à l'exercice d'une action devant les juridictions civiles afin d'obtenir la réparation d'un dommage sur le fondement de l'article 1383 du Code civil... » En somme, comme on l'a fort bien mis en avant, le défaut d'élément moral dans les infractions involontaires n'est plus un obstacle à la reconnaissance d'une responsabilité civile fondée sur les faits à l'origine de la relaxe de leurs auteurs ;

il n'est pas douteux également que la loi du 9 septembre 2002, en ce qu'elle modifie la formulation du principe de la responsabilité pénale des mineurs, mérite d'être retenue ici. La nouvelle rédaction de l'article 122-8 du Code pénal qui en est issue révèle bien moins un simple changement de vocabulaire qu'une nouvelle vision de la philosophie de la responsabilité pénale. Comme on a pu le souligner, « cette ouverture dépasse le strict périmètre de la délinquance juvénile. Elle est l'expression d'une doctrine : celle de l'ordre éthique que la responsabilité pénale entend sanctionner » ;

plus au cœur du sujet étudié, les améliorations apportées par la loi du 9 mars 2004 portant adaptation de la justice aux évolutions de la criminalité méritent d'être rappelées ici. La loi en question, dite « *Perben 2* », a en effet modifié l'article 177 du Code de procédure pénale. Cet article énonce aujourd'hui sans retenue que l'ordonnance de non-lieu rendue par le juge d'instruction, motivée par un trouble mental de la personne mise en examen, doit préciser « s'il existe des charges suffisantes établissant que l'intéressé a commis les faits qui lui sont reprochés ». Cette précision permet donc bien de répondre à la demande des victimes que l'imputabilité des faits reprochés à la personne soit explicitement mentionnée ;

à l'évidence enfin, la loi du 5 mars 2007 s'inscrit dans ce schéma. Ce texte insère au sein du Code de procédure pénale des dispositions relatives aux majeurs placés sous un régime de protection (tutelle ou curatelle). Jusqu'à cette loi, le majeur incapable, faute d'avoir vu son discernement aboli, était jugé pénalement comme un majeur capable. Comme on l'a justement noté, tout se passait comme si le majeur, protégé en matière civile, retrouvait, par extraordinaire, une pleine capacité en matière pénale. Cette singularité a été à l'origine d'une condamnation de l'État français par la Cour européenne des droits de l'homme. Depuis, les formes ont été mises. Mais la donnée la plus importante à retenir ici, n'est-elle pas que le droit pénal appréhende sans trop de vergogne le majeur incapable (civilement) ?

En définitive, qu'elles s'inscrivent en droit civil ou en droit pénal, les pistes évoquées ici convergent vers un même objectif : celui d'une réécriture des conséquences de l'irresponsabilité pénale des malades mentaux. Ce qui ne signifie pas, pour autant, que l'objectif soit nécessairement désirable à atteindre.

2) *La contrainte, l'altération de la liberté*

Par la contrainte, c'est la volonté même de l'agent qui est affectée. À l'énoncé du terme, résonnent par sympathie des notions comme celles de force majeure, de force irrésistible. En droit pénal, le terme contrainte doit être préféré.

Article 122-2 du Code pénal

« N'est pas pénalement responsable la personne qui a agi sous l'empire d'une force ou d'une contrainte à laquelle elle n'a pu résister. »

À la lecture, il est tentant de voir dans la contrainte un événement qui détruit la volonté de l'agent en le poussant irrésistiblement à commettre un acte incriminé par la loi. Il est tout aussi tentant de remarquer à nouveau la générosité des termes utilisés par le législateur. Pour aller un peu plus loin dans l'analyse, on peut relever les différentes formes que la contrainte peut revêtir avant de voir les conditions qui en font une cause d'irresponsabilité.

a) Les formes de la contrainte

Il est d'usage de distinguer ici la contrainte physique de la contrainte morale.

1. La contrainte physique

Comme l'a écrit un auteur au début du siècle, la contrainte physique c'est « la mainmise sur le corps ou les biens d'une personne par une force de la nature, tel qu'un ouragan, ou par la force d'un animal ou d'un tiers, qui enlève au prévenu l'exercice de son activité. » Et chacun d'en conclure que la contrainte physique peut être externe ou interne. On gardera en mémoire la relaxe dont a bénéficié au siècle dernier un voiturier qui, dans la tempête, n'avait pu maintenir allumé la lanterne de son véhicule.

La contrainte physique interne pose des questions plus délicates. Chacun pense ici d'abord à la maladie. On sait qu'en droit civil un tel raisonnement est impossible puisque le code impose « une cause étrangère ». Mais en droit pénal, dans le silence des textes, le doute était permis.

Exemple

La Cour d'appel de Nîmes a eu l'occasion de fonder une décision de relaxe au profit du conducteur d'une automobile poursuivi pour homicides involontaires, mise en danger d'autrui et défaut de maîtrise. L'arrêt retient que, victime d'un malaise brutal et imprévisible qui lui a fait perdre le contrôle de l'accélération de son véhicule, le prévenu a agi sous l'empire d'une contrainte à laquelle il n'a pu résister. Le pourvoi formé par le procureur général a été rejeté par la Chambre criminelle.

2. La contrainte morale

On dit qu'il y a contrainte morale quand la perspective d'un mal redoutable a animé l'agent d'un tel sentiment de terreur que celui-ci a été privé du libre exercice de sa volonté. D'emblée la même interrogation se pose. Convient-il, là encore, d'accepter des variations fondées sur l'origine de la contrainte ? La réponse est tranchée sans retenue au profit de la contrainte morale externe. La contrainte morale interne ne saurait en effet être considérée comme une cause possible d'impunité. Il deviendrait somme toute assez facile d'échapper à sa responsabilité en invoquant telles passions ou telles convictions. Il s'ensuit, qu'en droit pénal comme ailleurs, il faut être capable de résister à ses pulsions.

b) Les caractères de la contrainte

À relire l'article 122-2, la contrainte, qu'elle soit physique ou morale, ne peut être analysée comme une source d'irresponsabilité qu'à la condition d'avoir été irrésistible : « ... une contrainte à laquelle elle (la personne) n'a pu résister ». À cette exigence législative, doctrine et jurisprudence ont ajouté une condition fondée sur l'absence de faute antérieure commise par la personne qui allègue la contrainte pour sa défense. En d'autres termes, si la contrainte doit être irrésistible, elle doit être aussi imprévisible.

1. L'irrésistibilité

La personne n'a pas pu résister et, de ce fait, elle a commis une infraction. Au vrai, la précision n'est qu'apparente. Comment entendre ou comprendre la force de résistance de cette personne ? En termes plus juridiques, la contrainte doit-elle être interprétée *in abstracto*, c'est-à-dire en vertu de la capacité de résistance d'un homme « normal », ou *in concreto*, c'est-à-dire en fonction des propres forces de la personne poursuivie ? En ce domaine la jurisprudence est présentée comme des plus rigoureuses puisque la Cour de cassation a opté, et ce depuis fort longtemps, pour la première formule.

Exemples

Un citoyen russe était poursuivi pour le non-respect d'un arrêté d'expulsion. Il arguait pour sa défense qu'aucun des pays limitrophes ne voulait le recevoir. La contrainte a été écartée et la défense jugée irrecevable. Les magistrats de la Chambre criminelle, dans un arrêt du 8 février 1936 (arrêt *Rozoff*) ont estimé que l'individu en question aurait dû démontrer qu'aucun pays au monde n'était en mesure de l'accueillir. Chacun s'accorde en doctrine pour dénoncer cette sévérité.

Un individu, surpris pendant la guerre par une patrouille allemande, avait accepté sous la menace de l'exécution de ses compagnons d'aller vérifier si le village voisin était occupé par des militaires français. Reconnu coupable de trahison et poursuivi pour intelligence avec l'ennemi, les magistrats de la Chambre criminelle, dans un arrêt du 20 avril 1934 (arrêt *Genty*) lui refusent le bénéfice de la contrainte, faute d'avoir été menacé lui-même et la menace pesant sur ses concitoyens n'ayant été ni assez pressante, ni assez directe.

2. L'imprévisibilité

Cette exigence est d'origine jurisprudentielle. Le nouveau Code pénal ayant gardé le mutisme de son prédécesseur et faute de volte-face des magistrats, les propos tenus hier restent d'actualité. La référence au droit civil est ici manifeste. La contrainte, entendons seulement la force, ne doit pas avoir été précédée par une faute de celui qui l'invoque. Autrement dit, si l'agent avait pu ou dû prévoir, il ne pourra bénéficier de la contrainte pour échapper à sa responsabilité.

Exemple

L'arrêt *Trémintin* rendu par la Chambre criminelle le 29 janvier 1921 est sans doute l'affaire la plus célèbre. Un marin, retenu dans un commissariat pour ivresse, fut porté déserteur au départ de son navire. Cette détention, dit la Cour de cassation, « occasionnée par la faute qu'il avait commise en se mettant en état d'ivresse, n'a pas constitué un événement qu'il n'ait pu éviter ».

La sévérité des magistrats est là encore dénoncée par la doctrine. D'aucuns n'hésitent pas à poursuivre la critique en rappelant que le caractère exigé n'est pas expressément visé par le Code pénal. D'autres, non sans une certaine ironie, s'interrogent sur le fait de pouvoir raisonnablement qualifier d'irrésistible une contrainte qui serait prévisible. Si les mots ont un sens, l'argument est assurément pertinent. Il est assez anachronique en effet de nier l'étroite association entre les deux termes. Néanmoins, il paraît plus judicieux, en tout cas plus en harmonie avec la théorie générale de l'infraction, d'analyser la contrainte au temps de l'action, c'est-à-dire au moment même ou l'infraction est commise.

3) L'erreur

L'erreur et le droit entretiennent des relations privilégiées. Pour l'étudiant, le terme est familier et chacun a en mémoire l'erreur entendue comme vice du consentement en matière de mariage. En droit pénal, le vocabulaire paraît moins certain. Curieusement le Code pénal de 1810 ne faisait aucune référence à l'erreur. Pourtant, chacun le rapporte, le droit pénal et l'erreur ne se sont jamais totalement ignorés. Aussi n'est-il pas très surprenant que, dans le silence des textes, doctrine et jurisprudence aient entendu poursuivre la relation qui unit l'erreur au droit pénal. Aujourd'hui le nouveau Code pénal fait de l'erreur une cause « légale » d'irresponsabilité. C'est dire que les données de la relation ont évolué. Avant d'étudier les contours de cette consécration législative, il est bon de rappeler l'état du droit antérieur.

a) Le double visage de l'erreur sous l'empire du Code de 1810

Ce double visage est des plus anciens. Le Digeste de Justinien opérait déjà une distinction entre l'erreur de droit et l'erreur de fait. Reprenant à son compte cette distinction, doctrine et jurisprudence se sont entendues pour regarder sans effet l'erreur de droit alors qu'elles reconnaissaient parfois à l'erreur de fait le pouvoir d'entraîner l'irresponsabilité pénale de la personne poursuivie.

1. L'admission partielle de l'erreur de fait

L'erreur de fait peut se définir par ***une méprise sur la matérialité des faits***.

Tel est le cas de l'individu qui par étourderie prend dans un vestiaire un vêtement qui ne lui appartient pas ou encore du séducteur poursuivi pour détournement de mineur qui plaide à juste titre l'apparente maturité de sa maîtresse.

Manifestement, dans ces situations, la personne poursuivie n'est pas exempte de toute faute. Mais à l'évidence, la volonté criminelle de ces individus fait défaut et poursuivre à leur encontre une action judiciaire paraîtrait assez inique. À admettre ce raisonnement et à le pousser plus en avant, on s'aperçoit qu'il n'est recevable qu'à l'égard des infractions intentionnelles. Pour les autres, celles dites non intentionnelles, la culpabilité réside dans une simple indifférence aux valeurs sociales protégées par la loi pénale. Il faut donc en déduire que l'erreur est impuissante puisque loin d'empêcher la faute, elle la caractérise.

2. L'exclusion de l'erreur de droit

Entendue ainsi, l'erreur n'affecte plus la matérialité des faits, elle repose sur le contenu de la loi pénale. Et chacun pense alors au célèbre adage « ***nul n'est censé ignoré la loi*** », ou comme le disaient les anciens « *nemo censetur ignorare legem* ». La formule traduit l'idée que nul ne peut se retrancher derrière son ignorance du droit pour échapper à ses obligations et notamment à sa responsabilité. L'adage se fonde, comme le dit Jean Pradel, sur d'impérieuses raisons de discipline sociale. Et cet auteur de poursuivre en prévenant que l'ignorance de la loi ne saurait servir une quelconque irresponsabilité pénale sans entraîner les pires désordres. Force est de le noter, en ce domaine, les magistrats ont fait œuvre de sévérité en considérant cette présomption de connaissance comme une présomption irréfragable. Les seules touches d'indulgence rencontrées sont à mettre au crédit d'erreurs jugées invincibles. Et encore, à l'analyse on s'aperçoit que l'erreur en question est davantage fondue dans le moule de la contrainte. En dehors de ces faux-semblants, lorsque l'erreur de droit a été admise par les juridictions, c'est qu'elle ne portait pas sur des dispositions pénales. Témoin cette affaire dans laquelle le découvreur d'un trésor n'a pas été condamné pour vol alors qu'il avait conservé l'intégralité de sa découverte en ignorant les règles de l'article 716 du Code civil qui imposent le partage avec le propriétaire du fonds. Témoin également cet époux, un peu trop empressé, qui pensant être divorcé n'a pas été reconnu coupable d'adultère alors que son divorce n'avait pas encore été transcrit sur les registres de l'état civil. Faut-il le rappeler, l'adultère était considéré comme un délit jusqu'en 1975.

Il serait toutefois bien imprudent de tirer de ces quelques témoignages une ligne de démarcation entre l'erreur « pénale » et l'erreur « non pénale ». Devant ces incertitudes judiciaires, le législateur se devait d'intervenir. L'étape fut franchie par le nouveau Code pénal. L'étape fut franchie, mais seulement pour l'erreur de droit. L'erreur de fait a été oubliée des débats parlementaires.

b) La consécration législative de l'erreur de droit

Un mot d'abord sur les dispositions nouvelles pour mesurer ensuite leur véritable portée.

1. La philosophie des dispositions de l'article 122-3

Article 122-3 du Code pénal

« N'est pas pénalement responsable la personne qui justifie avoir cru, par une erreur sur le droit qu'elle n'était pas en mesure d'éviter, pouvoir légitimement accomplir l'acte. »

Le moins que l'on puisse dire, c'est qu'il était temps. Il est manifeste qu'aujourd'hui, et depuis longtemps déjà, le principe de la présomption de connaissance de la loi est assez singulier pour ne pas dire complètement farfelu. Sans revenir sur le phénomène dit d'inflation pénale, on notera simplement que l'œuvre législative ne cesse de se nourrir de dispositions répressives. Sans être trop sarcastique, on dira que face aux entorses incessantes faites au principe de la légalité, la présomption de connaissance méritait à son tour d'être tempérée. On saluera donc la proposition du Sénat d'avoir fait reconnaître l'erreur de droit comme une cause d'irresponsabilité. Si les magistrats ont très tôt fait entendre leurs inquiétudes face cette reconnaissance, les avocats la demandaient avec une réelle insistance.

2. La portée de l'article 122-3

Le texte paraît des plus restrictifs. Tout d'abord, il faut bien l'entendre, ***il ne concerne que l'erreur invincible***.

Deux cas de figure ont été expressément envisagés pendant les débats parlementaires :

- l'information erronée fournie par une autorité administrative interrogée préalablement à l'infraction ;
- le défaut de publication d'un texte normatif.

Il faut bien le comprendre, en tout état de cause, il appartient aux seuls tribunaux d'apprécier la réalité de l'erreur de droit qui est alléguée. Or, on l'a dit, les magistrats s'opposaient à la reconnaissance de l'erreur comme cause d'irresponsabilité. On pouvait donc s'attendre à les voir apprécier strictement ladite cause d'irresponsabilité. L'attente n'a pas été vaine. Les premières décisions ont marqué cette sévérité comme pour donner le ton de cette nouvelle partition et freiner ainsi les ardeurs intempestives de certains.

Exemple

Parmi les traces de la sévérité évoquée, on retiendra la cassation d'une décision de la Cour d'appel de Versailles qui avait cru pouvoir accepter l'erreur invoquée par un justiciable mal renseigné par son avoué. Pour la Cour suprême, l'individu aurait dû solliciter l'interprétation de la juridiction. La Cour suprême reproche à une juridiction du fond d'avoir retenu l'erreur alors que la personne poursuivie ne l'avait pas expressément alléguée. Pour paraître sévère, la censure est cette fois commandée par la stricte application du texte. Les termes de l'article 122-3 sont sans équivoque « N'est pas pénalement responsable la personne qui justifie... » Il appartient donc à la seule personne poursuivie de préciser en quoi sa croyance a été trompée.

Pour aller plus loin

Erreur de droit résultant d'une divergence d'interprétation entre la chambre criminelle et la chambre sociale de la Cour de cassation

Au cours des dernières années, les juridictions du fond se sont montrées assez tolérantes à l'égard du salarié licencié qui, contestant la mesure devant le Conseil des prud'hommes, produit pour sa défense la photocopie d'un document appartenant à son employeur. Cette bienveillance ne trouvait toutefois pas d'écho au sein des magistrats de la Chambre criminelle. On comprend le sens des mots. Finalement, la solution est classique. L'argument de défense se renverse et ne peut échapper à la qualification de vol. Pour la Chambre criminelle, peu importe « le mobile » qui a pu inspirer l'auteur, toute soustraction frauduleuse de la chose d'autrui constitue un vol. Pourtant le doute était permis. De son côté, en effet, la Chambre sociale, jouant une partition davantage axée sur les droits de la défense et l'égalité entre les justiciables, a admis qu'un salarié puisse produire en justice un tel document contre son employeur.
Approuver la qualification de vol en présence d'une soustraction frauduleuse de la chose d'autrui est une chose, poursuivre le même raisonnement lorsque la qualification conduit à sanctionner pénalement l'exercice par un salarié de ses droits de la défense, en est assurément une autre. Il devenait assez singulier d'enseigner que certains grands principes de la procédure pénale étaient mieux respectés par la Chambre sociale que par la Chambre criminelle. Un arrêt de la Chambre criminelle du 11 mai 2004, a eu l'occasion de préciser à quelles conditions l'exercice des droits de la défense pouvait, en pareilles hypothèses, justifier les agissements d'un salarié. Par deux arrêts en date du 16 et du 21 juin 2011, la Chambre poursuit son avancée et fait du droit de la défense un véritable fait justificatif. Le pas en avant est marqué. Dans la première décision, le fait justificatif est retenu alors qu'au moment précis « de la soustraction », la procédure de licenciement n'était pas encore engagée, le salarié ayant seulement appris l'éventualité de celle-ci.

4) Le cas particulier de la minorité

Cas particulier car, contrairement aux autres textes inscrits dans ce chapitre sur les « causes d'irresponsabilité ou d'atténuation de responsabilité », celui sur la minorité est le seul à ne pas débuter par cette phrase « n'est pas pénalement responsable... ». L'affirmation est même inverse. L'article 122-8 du Code pénal, réécrit par la loi du 9 septembre 2002, énonce en effet clairement le principe de la responsabilité pénale du mineur.

Article 122-8 du Code pénal

« Les mineurs capables de discernement sont pénalement responsables des crimes, délits ou contraventions dont ils ont été reconnus coupables, dans des conditions fixées par une loi particulière qui détermine les mesures de protection, d'assistance, de surveillance et d'éducation dont ils peuvent faire l'objet.
Cette loi détermine également les sanctions éducatives qui peuvent être prononcées à

l'encontre des mineurs de dix à dix-huit ans ainsi que les peines auxquelles peuvent être condamnés les mineurs de treize à dix-huit ans, en tenant compte de l'atténuation de responsabilité dont ils bénéficient en raison de leur âge. »

Pour autant, ce texte trouve parfaitement sa place dans le chapitre sur les causes d'irresponsabilité ou d'atténuation, et ce à un double titre. Tout d'abord parce que la minorité reste une cause d'irresponsabilité pénale lorsque le mineur concerné n'est pas discernant au moment des faits. Ensuite parce que les peines de ceux qui, discernant, se voient imputer l'infraction, sont, en principe, atténuées en raison de leur âge.

a) *L'irresponsabilité pénale du mineur non discernant*

L'exigence de discernement pour la reconnaissance de la responsabilité pénale du mineur est aujourd'hui explicite. Celle-ci, toutefois, ne trouve pas ses origines dans la loi du 2 septembre 2002 à laquelle on doit la nouvelle rédaction de l'article 122-8. Elle figurait déjà, mais sans doute de manière moins lisible, dans la « loi particulière » à laquelle l'article 122-8 renvoie, qui n'est autre que l'ordonnance du 2 février 1945 relative à l'enfance délinquante (présentée dans les annexes jointes au Code pénal et au Code de procédure pénale). Son article 1er précise en effet que « les mineurs auxquels est imputée une infraction qualifiée crime ou délit ne seront pas déférés aux juridictions de droit commun mais ne seront justiciables que des tribunaux pour enfants, des tribunaux correctionnels pour mineurs ou des cours d'assises des mineurs (...) ». Le terme important est le verbe « imputer ». Pour qu'un mineur soit passible des juridictions spécialisées, encore faut-il que l'infraction commise lui soit imputable. L'auteur doit donc avoir fait preuve de libre arbitre, lequel implique le fait d'avoir voulu l'acte et d'avoir conscience de sa portée. Ainsi d'ailleurs le rappelait très opportunément la Cour de cassation dans l'arrêt *Laboube* du 13 décembre 1956 : « (...) encore faut-il conformément aux principes généraux du droit que le mineur, dont la participation à l'acte matériel à lui reprochée est établie, ait compris et voulu l'acte ; toute infraction même non intentionnelle suppose en effet que son auteur ait agi avec intelligence et volonté ».

Sans intelligence et volonté, point de discernement, point de responsabilité pénale.

La difficulté qui se pose alors est celle de connaître l'âge à partir duquel un enfant peut être considéré comme doué de discernement. À cet égard, l'article 40 de la Convention internationale des droits de l'enfant invite chaque état signataire à fixer un âge en dessous duquel les enfants sont présumés ne pas avoir la capacité d'enfreindre la loi pénale. Ce seuil, dit de la minorité pénale, correspond ainsi à l'âge en dessous duquel le principe de leur absence de discernement est posé. Jusqu'à présent, la France s'est toujours soustraite à cette invitation de sorte qu'il appartient aux juges, au cas par cas, de s'interroger pour savoir si, au moment des faits, le mineur avait atteint « l'âge de raison » lui donnant la lucidité ou le discernement suffisant.

Pour aller plus loin

L'instauration prochaine d'un âge de responsabilité ?

En décembre 2008, une commission, présidée par André Varinard, mise en place quelques mois plus tôt et chargée de formuler des pistes de réflexion pour réformer l'ordonnance de 1945, proposait l'instauration d'un âge de responsabilité pénale fixée à 12 ans. Trois mois plus tard, en mars 2009, la ministre de la Justice annonçait un projet de création d'un Code de la justice pénale des mineurs. L'idée d'inscrire dans la loi un âge de responsabilité pénale y est reprise, mais c'est l'âge de 13 ans qui y est préféré. Par comparaison, de nombreux autres pays européens édictent dans leur législation un âge de responsabilité pénale mais l'âge retenu est très variable, l'éventail oscillant entre 10 et 16 ans. Les choix, opérés par les uns et par les autres, témoignent des incertitudes en la matière et montrent peut-être plus encore que la détermination d'un âge de responsabilité est intimement liée aux options, plus larges, de politique pénale.

b) La responsabilité pénale du mineur discernant

Les mineurs capables de discernement sont pénalement responsables. Mais cette responsabilité est adaptée en raison de leur âge. Sur ce point, la loi du 9 septembre 2002 n'a en rien abandonné la philosophie de l'ordonnance de 1945. Mieux, l'autonomie du droit pénal des mineurs s'est même vue conférer valeur constitutionnelle, le Conseil constitutionnel, en 2002, ayant érigé au rang de principes fondamentaux reconnus par les lois de la République la primauté de l'action éducative et l'atténuation de la responsabilité des mineurs. Ainsi, le mineur doit par principe être soumis à des mesures éducatives, principe qui, toutefois connaît des exceptions :

- la première permet des sanctions éducatives pour les mineurs de 10 à 18 ans ;
- la seconde prévoit des sanctions pénales à l'encontre des mineurs de plus de 13 ans, lorsque la personnalité du délinquant et les circonstances l'exigent.

1. Une responsabilité pénale adaptée

Si la responsabilité pénale des mineurs peut être qualifiée d'adaptée c'est en raison des réponses dont dispose la justice pour répondre à la délinquance juvénile.

Sans hésitation ni discussion possibles, la première traduction de cette spécificité résulte de la primauté de l'éducatif sur le répressif en application de laquelle le mineur, quel que soit son âge, ne doit, en principe, être soumis qu'à des mesures éducatives (C. pén., art. 122-8, al. 1er et Ord. 1945, art. 2, al. 1er) :

- mesures éducatives :
  - admonestation,
  - remise aux parents,
  - placement dans un établissement d'éducation, de formation professionnelle, médical ou médico-psychologique,
  - liberté surveillée,
  - mesure d'aide ou de réparation,
  - mesure d'activité de jour,
  - avertissement solennel.

Mais on pourrait également soutenir qu'une seconde illustration de ce particularisme transparaît des « sanctions éducatives » créées en 2002. Énumérées à l'article 15-1 de l'ordonnance de 1945, elles constituent en effet une nouvelle forme de réponse pénale strictement cantonnée à la délinquance des mineurs de 10 à 18 ans ;

– sanctions éducatives :
  - confiscation d'un objet détenu ou appartenant au mineur et ayant servi à la commission de l'infraction ou qui en est le produit,
  - interdiction de paraître, pour une durée d'un an maximum, dans le ou les lieux dans lesquels l'infraction a été commise,
  - interdiction, pour une durée d'un an maximum, de rencontrer, de recevoir ou d'entrer en contact avec la ou les victimes de l'infraction,
  - interdiction, pour une durée d'un an maximum, de rencontrer, de recevoir ou d'entrer en contact avec le ou les complices ou coauteurs éventuels,
  - mesure d'aide ou de réparation,
  - obligation de suivre un stage de formation civique,
  - mesure de placement pour une durée de trois mois maximum, renouvelable une fois, sans excéder un mois pour les mineurs de 10 à 13 ans, dans une institution ou un établissement public ou privé d'éducation habilité permettant la mise en œuvre d'un travail psychologique, éducatif et social portant sur les faits commis,
  - exécution de travaux scolaires,
  - avertissement solennel,
  - placement dans un établissement scolaire avec internat pour une durée correspondante à une année scolaire avec autorisation de rentrer dans sa famille les week-ends et vacances,
  - interdiction, pour une durée de trois mois renouvelable une fois, d'aller et venir sur la voie publique sans être accompagné de l'un de ses parents.

Néanmoins, cette catégorie, depuis l'origine, est empreinte d'une certaine ambiguïté. L'expression même de « sanction éducative », associant des termes qui cristallisent des points de vue souvent perçus comme inconciliables, laisse interrogateur. Est-on toujours dans le domaine éducatif, d'un autre genre peut-être, ou est-on déjà dans le répressif ? L'hésitation est d'autant plus grande que certaines sanctions éducatives sont identiques aux mesures éducatives tandis que d'autres sont assimilables à des peines. C'est dire qu'au-delà de la terminologie qui, elle, est bien spécifique, les sanctions éducatives, dans leur contenu, perdent une grande part de leur particularisme.

2. Une pénalité atténuée

À partir de l'âge de 13 ans, et lorsque la personnalité du mineur et les circonstances le justifient, les juridictions pour mineurs, exception faite du juge des enfants, peuvent prononcer des sanctions pénales. D'une manière générale, les sanctions pénales applicables aux majeurs le sont également aux mineurs, sous quelques réserves néanmoins parmi lesquelles, notamment, la contrainte pénale, l'interdiction de séjour, la diffusion de la condamnation ou encore, la peine de jour-amende (Ord. 1945, art. 20-4). En revanche, est bien particulière au droit pénal des mineurs la minoration légale de peine qui commande alors des « pénalités atténuées » selon deux déclinaisons.

Pour les 13-16 ans d'abord, l'atténuation est obligatoire. Les sanctions pénales sont en effet nécessairement réduites par l'effet de « l'excuse atténuante de minorité » (vocabulaire utilisé dans l'ancien code) dont le jeu a pour conséquence directe d'abaisser le quantum de la peine encourue.

Peine maximale prévue par le texte d'incrimination	Peine maximale encourue par le mineur (Ord. 1945, art. 20-2 et 20-3)
Réclusion criminelle à perpétuité	20 ans de réclusion criminelle
Peine privative de liberté à temps	La moitié de la peine prévue
Amende	La moitié du montant prévu dans la limite de 7 500 euros

Pour leurs aînés ensuite, les 16-18 ans, l'atténuation est facultative, les juges gardant la possibilité, dans les conditions posées par l'Ordonnance de 1945, de priver le mineur de cette diminution et, partant, de le sanctionner comme un majeur. Ainsi, l'article 20-2, al. 2, réécrit et simplifié par la loi n° 2014-896 du 15 août 2014 relative à l'individualisation des peines et renforçant l'efficacité des sanctions pénales, précise que la minoration de peine peut « à titre exceptionnel et compte tenu des circonstances de l'espèce et de la personnalité du mineur ainsi que de sa situation » ne pas être retenue. Le mineur criminel ne peut toutefois jamais être puni aussi sévèrement que le majeur. En cas de perpétuité encourue, la peine maximale susceptible d'être prononcée est en effet la peine de trente ans de réclusion ou de détention criminelle. Par ailleurs, si c'est le tribunal pour enfants qui décide de ne pas retenir l'atténuation, encore convient-il qu'il en motive spécialement les raisons.

2. LA CULPABILITÉ

La notion de culpabilité doit être entendue comme révélant un élément psychologique. On évoque ici l'état d'esprit de l'agent. Certains auteurs abandonnent aujourd'hui la référence à la notion d'élément moral et préfèrent parler d'élément intellectuel ou psychologique.

La première difficulté consiste alors à donner à cet état d'esprit un sens différent de celui retenu pour les conditions générales d'imputabilité. On le sait, sans ces conditions générales que sont la conscience et la volonté, la responsabilité pénale peut être écartée. À suivre l'étymologie, c'est donc de la faute qu'il convient de parler. À n'en pas douter, il s'agit là d'une des questions les plus délicates du programme de droit pénal général. En quelques alinéas, l'article 121-3 du Code pénal, remanié en 1996 puis en 2000, tente aujourd'hui de clarifier la matière.

Article 121-3 du Code pénal

« Il n'y a point de crime ou de délit sans intention de le commettre.

Toutefois, lorsque la loi le prévoit, il y a délit en cas de mise en danger délibérée de la personne d'autrui.

Il y a également délit, lorsque la loi le prévoit, en cas de faute d'imprudence, de négligence ou de manquement à une obligation de prudence ou de sécurité prévue par la loi ou le règlement, s'il est établi que l'auteur des faits n'a pas accompli les diligences normales compte tenu, le cas

échéant, de la nature de ses missions ou de ses fonctions, de ses compétences ainsi que du pouvoir et des moyens dont il disposait.
Dans le cas prévu par l'alinéa qui précède, les personnes physiques qui n'ont pas causé directement le dommage, mais qui ont créé ou contribué à créer la situation qui a permis la réalisation du dommage ou qui n'ont pas pris les mesures permettant de l'éviter, sont responsables pénalement s'il est établi qu'elles ont, soit violé de façon manifestement délibérée une obligation particulière de prudence ou de sécurité prévue par la loi ou le règlement, soit commis une faute caractérisée et qui exposait autrui à un risque d'une particulière gravité qu'elles ne pouvaient ignorer.
Il n'y a point de contravention en cas de force majeure. »

À la lecture de cet article, il est aisé de distinguer les fautes intentionnelles des fautes non intentionnelles.

A - La faute intentionnelle

La faute intentionnelle, c'est la volonté coupable. Autrement dit, le dol. L'homonymie est trompeuse car la notion n'a rien à voir avec le sens qu'on lui attribue en droit civil. En droit pénal, le dol se confond exactement avec la faute intentionnelle. À l'analyse, cette intention paraît susceptible de variations, de degrés

1) *L'intention coupable : le dol*

Deux séries de remarques sont nécessaires pour préciser cette notion.

La première relève le mutisme du législateur. Celui-ci s'est en effet bien gardé de définir l'intention. Pourrait-il vraiment en être autrement ? Côté jurisprudence, silence et absence de précisions sont également de mise. C'est donc naturellement vers la doctrine qu'il faut porter le regard et prêter toute l'attention nécessaire. Le dol est défini comme la volonté de commettre un acte que l'on sait être interdit. Présentée ainsi, la notion semble des plus simples à cerner. Elle nécessite un double caractère, à savoir la connaissance de l'interdiction et la volonté de commettre tout de même l'acte. Volonté et conscience se retrouvent donc nécessairement dans toutes les infractions intentionnelles. Le dol est en somme le « plus petit dénominateur commun » des infractions intentionnelles.

D'aucuns s'interrogent toutefois sur l'importance réelle de la notion de dol. À pousser l'analyse, que voit-on ? On s'aperçoit que le premier caractère retenu « la connaissance » peut être absorbé par le principe de présomption de connaissance de la loi, le célèbre « nul n'est censé ignorer la loi ». L'erreur de droit, on l'a noté, étant interprétée par la jurisprudence de façon restrictive, voire très restrictive, les données n'ont guère été modifiées par le nouveau Code pénal. En ce qui concerne le second caractère, « la volonté », certains n'hésitent pas à affirmer qu'il se confond avec l'imputabilité. Force est de le reconnaître, la non-imputabilité traduit bien, d'une certaine mesure, l'absence de volonté. D'ailleurs si l'on s'attache à la preuve de cette volonté, il faut bien se rendre à l'évidence. La charge de la preuve que chacun fait peser sur le Ministère public est en pratique souvent renversée. Dans bien des situations la simple matérialité des faits va faire présumer l'intention de l'auteur. Au début du XXe siècle, la Cour de cassation n'avait pas hésité à le dire clairement : « l'élément intentionnel résulte de la nature même du délit et n'a pas besoin d'être affirmé par le juge ».

Pour aller plus loin

La différence entre le dol et le mobile

Si la volonté criminelle de l'agent se confond souvent avec le mobile, il est de principe reconnu que d'affirmer l'indifférence du mobile. Et chacun de reprendre la célèbre formule, « le mobile ne sauve ni ne nuit ». Pour se convaincre de cette indifférence, comme pour tenter d'échapper à d'inextricables difficultés de preuve, on souligne que la conscience n'appartient qu'à l'individu. Pourtant à l'encontre de cette annonce, certains plaident pour une vérité criminologique en estimant que l'individu jugé doit l'être avec toutes ses passions et ses pulsions. Ne pas tenir compte du mobile reviendrait alors, selon cette idée, à rendre une justice mécanique. Somme toute, le procès du mobile est par trop vite fait. En vérité, notre droit positif porte un œil plus attentif au mobile qu'on veut bien le laisser encore entendre aujourd'hui ici et là. Côté jurisprudence, il n'est un secret pour personne que le mobile pèse sur le prononcé de la peine. Parfois, il peut même aller jusqu'à l'exclure. Témoin, même si les faits sont portés à l'extrême, l'affaire *Legras*. Témoin encore, l'acquittement du fils qui avait tué son père, à la demande de celui-ci, pour qu'il puisse ressusciter. Sous la plume du législateur, la référence prend une tout autre dimension. La référence au mobile présente alors plusieurs facettes. Elle sert par exemple l'irresponsabilité de celui qui invoque la légitime défense pour avoir « repoussé, de nuit, l'entrée par effraction, violence ou ruse dans un lieu habité » (art. 122-6). Elle sert aussi à retenir une qualification spécifique pouvant entraîner un régime procédural spécifique. C'est le cas en matière de terrorisme, lorsque l'infraction est commise dans le but de troubler gravement l'ordre public (art. 421-1). Elle sert enfin, mais la liste n'est pas limitative, à hausser le degré de désapprobation de l'acte commis en forgeant des circonstances aggravantes. C'est le cas des infractions d'une particulière gravité, qualifiées pour la circonstance de génocide, crimes contre l'humanité, lorsqu'elles ont été perpétrées en « exécution d'un plan concerté tendant à la destruction totale ou partielle d'un groupe national, ethnique, racial ou religieux... » (art. 211-1). De la même façon, est aggravée la profanation de sépulture lorsque l'acte est commis pour des raisons ethnique, raciale ou religieuse (art. 225-18).

La seconde remarque a pour fonction de préciser que certaines infractions ne se suffisent pas d'un dol ordinaire, d'un dol général. Ces infractions appellent une donnée psychologique supplémentaire qui va compléter la simple volonté de commettre l'acte tout en le sachant interdit. Cette donnée supplémentaire est nommée dol spécial. Pour schématiser on retiendra deux situations aux effets bien différents :

- dans la première situation, le dol spécial va permettre de choisir la qualification face à un fait matériel unique. Lorsqu'un coup de couteau mortel est donné, le dol spécial va permettre de retenir une qualification parmi plusieurs possibles. À imaginer le coup prémédité, on parlera d'assassinat, dans le cas contraire, de meurtre voire de coups mortels, autrement dit, de violences ayant entraîné la mort sans intention de la donner. La distinction est à la mesure des sanctions encourues : perpétuité pour le premier cas de figure, 30 ans pour le second et 20 ans pour le dernier ;
- dans la seconde situation, toute idée de choix disparaît. Le dol spécial deviendrait alors indispensable au maintien de la qualification. Le conditionnel n'est pas fortuit tant le débat doctrinal soulève de divergences et d'incertitudes.

D'aucuns relèvent, dans l'atteinte à l'autorité de justice, l'existence d'un dol spécial. À l'évidence, selon les termes de l'article 434-25 du Code pénal, il faut, pour que l'infraction soit caractérisée, que le commentateur de la décision de justice ait eu pour but de jeter le discrédit sur la justice. Jean Pradel y voit le mobile particulier, la donnée psychologique supplémentaire sans laquelle la qualification ne peut être retenue.

2) *Les degrés de l'intention coupable*

Il s'agit en somme ici de variations sur la notion de dol. Prétendre que ces variations embarrassent par moments l'étudiant est un doux euphémisme. Nombreux le pensent, la doctrine livre ici un jeu dont on cherche parfois les véritables finalités. À la vérité, ces variations ont le grand mérite de préciser le regard tant sur les intentions de la personne poursuivie que sur les buts avoués du législateur. Défilent alors des notions comme celles de dol aggravé, de dol praeter intentionnel, de dol indéterminé ou de dol éventuel. Chacune de ces notions appelle quelques développements.

Le dol simple	Il se caractérise par une détermination « quasi immédiate et spontanée ».
Le dol aggravé	Il révèle une intention préméditée.
Le dol praeter intentionnel	Le résultat de l'acte infractionnel a dépassé les prévisions de son auteur.
Le dol indéterminé	L'agent a voulu un acte, en a cherché le résultat mais n'a pu en mesurer avec certitude les conséquences précises.

a) Le dol aggravé

On retrouve l'opposition entre le meurtre et l'assassinat. Le législateur, jouant des circonstances, module la sanction maximale qu'il prétend voir prononcer – trente ans pour le meurtre, la réclusion criminelle à perpétuité pour l'assassinat –. Derrière cette « aggravation » de la peine se profile assurément la volonté de tenir compte des desseins particulièrement blâmables de certains auteurs. La référence au mobile est ici extrêmement présente.

b) Le dol praeter intentionnel

Si l'agent a bien recherché l'acte, il n'en a pas voulu toutes les conséquences. C'est l'hypothèse classique de celui qui tue sa victime alors qu'il entendait seulement la blesser. Apparaît d'emblée une question primordiale. Qui de la volonté ou du résultat doit être pris en compte ? La réponse est importante. D'un côté, à retenir seulement les coups, on peut imaginer une certaine indulgence des textes et une qualification délictuelle. De l'autre, eu égard au décès de la victime, on peut redouter une réelle sévérité et une qualification criminelle. L'étude des textes relève que le législateur oscille selon les hypothèses entre la voie de la sévérité et celle du compromis. Sur le chemin de la sévérité, l'article 322-10 du Code pénal punit par exemple de la réclusion criminelle à perpétuité celui qui ayant incendié un bien appartenant à autrui a entraîné la mort d'autrui. À l'évidence le législateur s'attache ici au seul résultat. L'individu voulait brûler un bien, par son geste il a tué, il est regardé non seulement comme un criminel mais comme un véritable assassin puisqu'il encourt la perpétuité. Sur la voie du compromis, on retrouve par exemple les dispositions de l'article 222-7 du code : « les violences ayant entraîné la mort sans intention de la donner sont punies de quinze ans de réclusion criminelle ». Quinze ans, c'est la transition entre les trente années encourues pour un meurtre et les trois ans d'emprisonnement encourus pour de simples violences (art. 222-11).

c) Le dol indéterminé

On parle de dol indéterminé, ou encore de dol imprécis, lorsque l'agent a voulu un acte, en a cherché le résultat mais n'a pu en mesurer avec certitude les conséquences précises. Telle est la situation de celui qui porte des coups dans le but de blesser un tiers. Le résultat dépendra évidemment de la force des coups mais aussi de la capacité de la victime à les encaisser. Simples ecchymoses ou blessures plus importantes, le résultat ne va pas rester sans influence sur la qualification à retenir.

Exemple

La célèbre distinction entre les violences ayant entraîné une incapacité de travail supérieure ou égale à huit jours et celles ayant entraîné une incapacité de moins de huit jours – qualification délictuelle dans le premier cas (C. pén., art. 222-11), qualification contraventionnelle dans le second (C. pén., art. R. 625-1).

B - La faute non intentionnelle

L'intitulé appelle quelques précisions. Les infractions non intentionnelles sont parfois désignées sous la forme « d'infractions involontaires ». Il faut se méfier de cet écart de langage. L'abus est réel et l'erreur trop souvent commise dans les amphithéâtres. Avec l'infraction non intentionnelle, la volonté de l'agent ne fait pas défaut. Ce qui manque, c'est la recherche consciente de tel ou tel résultat prohibé par la loi pénale. Il ne faut pourtant pas se méprendre, l'agent a bien commis une faute, une faute d'imprudence ou de négligence. En affirmant qu'il n'y a pas de crime ou délit sans intention de le commettre, le législateur organise toute une série d'exceptions en matière de délits. Avare de définitions, le législateur fait preuve d'une grande générosité dans le nombre de notions qu'il utilise. Qu'on en juge. Pour reprocher à une personne de ne pas avoir su prévenir ou empêcher un dommage, le législateur évoque indifféremment l'imprudence, la négligence, l'inattention, le manquement à une obligation de sécurité ou de prudence voire la mise en danger délibérée. Depuis la loi du 10 juillet 2000, la matière a encore singulièrement évolué.
Trois points méritent aujourd'hui d'être abordés : la mise en danger d'autrui, la faute d'imprudence « ordinaire » et la faute d'imprudence « qualifiée ».

1) La mise en danger délibérée de la personne d'autrui

La mise en danger présente deux visages. Elle est tantôt une incrimination autonome, tantôt une circonstance aggravante.

a) La mise en danger d'autrui, incrimination autonome

D'aucuns n'hésitent pas à considérer cette incrimination comme l'une des innovations les plus importantes de la législation nouvelle. L'importance est telle que le nouveau code lui consacre un chapitre particulier.

Article 223-1 du Code pénal

« Le fait d'exposer directement autrui à un risque immédiat de mort ou de blessures de nature à entraîner une mutilation ou une infirmité permanente par la violation manifestement délibérée d'une obligation particulière de sécurité ou de prudence imposée par la loi ou le règlement est puni d'un emprisonnement et de 15 000 € d'amende. »

La formule est dépourvue de toute ambiguïté. En soi, sans aucune référence au résultat, le comportement de mise en danger constitue un délit. Il s'agit là de la seule infraction non intentionnelle qui soit assortie de peine d'emprisonnement en l'absence de tout résultat.

Lors des travaux parlementaires, les discussions ont été des plus précises sur cette autonomie. Dans un but de pédagogie, de dissuasion, de prévention, le législateur a voulu que chacun puisse comprendre que la condamnation ne dépendait pas de l'existence de telle ou telle victime. Quelques parlementaires ont fait remarquer que les dispositions de l'article 223-1 manquaient de clarté. Réponse leur a été donnée que chacun des termes retenus avait été, au contraire, soigneusement pesé ; que la mise en danger suppose une obligation, une obligation connue de celui qui l'a violée ; qu'elle suppose encore que cette violation ait été manifestement délibérée. Ce qui ne sous-entend nullement que la violation ait été recherchée avec plaisir ou délectation.

On comprend aisément les doutes avancés par les parlementaires. On s'interroge en effet sur la manière dont va être apprécié le risque immédiat de mort ou de blessures imposé par le texte. En pratique, sur le terrain, on pense aux policiers, aux gendarmes, aux témoins ou encore à la victime exposée à ce risque – en définitive, un homme pouvant éprouver de réelles difficultés à analyser la réalité du risque, à interpréter ou évaluer une distance. Le doute est d'autant plus grand que la Chambre criminelle (*Cass. crim., 19 avr. 2017*) a validé le fait, dans une affaire liée à l'inhalation de fibres d'amiante, que le degré de probabilité de développer un cancer du poumon ou un cancer de la plèvre dans les 30 à 40 ans de l'inhalation de poussières d'amiante était certain.

Pour aller plus loin

La leçon de pédagogie voulue par le législateur intéresse au premier chef le domaine de la circulation routière

Encore faut-il prendre en mesure toute la philosophie de la réforme. Certes, le chauffard est particulièrement montré du doigt, mais derrière lui tous les conducteurs sont également visés. La pensée du législateur est sans retenue. Que chacun prenne conscience que l'imprudence peut tuer. On comprend la teneur du message lorsque chaque année, à l'heure du triste bilan, résonnent les milliers de morts tués sur les routes. Plus techniquement, à l'analyse, que remarque-t-on ? On constate que la quasi-totalité des règles du Code de la route constituent une obligation de prudence et de sécurité. Selon les termes mêmes de l'article 223-1 du code, le délit de mise en danger ne sera constitué qu'à la condition que la violation expose autrui à un risque direct et immédiat. Il faut donc en déduire que la violation de la règle doit, en soi, entraîner une probabilité très importante d'accident corporel. Il a été écrit que « brûler » un feu rouge à un carrefour important causait un risque immédiat de collision. Mais la nuit, lorsqu'il n'y a personne et que la visibilité est très grande, le risque s'estompe quelque peu. On peut penser dès lors que le seul dépassement de la vitesse autorisée, serait-il très excessif, ne caractérise pas davantage le délit. La Cour de Douai a d'ailleurs pu en juger ainsi en écartant le délit retenu à l'encontre d'un automobiliste chronométré à 224 km/h sur l'autoroute. Pour ces magistrats, la voie était rectiligne, la chaussée sèche, la visibilité parfaite, la circulation fluide et la voiture en parfait état de marche. Pour des faits similaires, mais commis un jour de grande circulation, la Cour d'appel d'Aix-en-Provence avait cru pouvoir entrer en condamnation. L'arrêt est censuré, le 19 avril 2000, par la Chambre criminelle, les juges du fond n'ayant pas « caractérisé », au-delà du dépassement de la vitesse autorisée, le « comportement particulier » exposant directement autrui à un risque immédiat. Le schéma reste le même, la Chambre criminelle censure à deux reprises (*Cass. crim., 16 déc. 2015 – Cass. crim., 12 janv. 2016*) les juges du fond qui ne caractérisent pas le comportement particulier de mise en danger (pour un automobiliste contrôlé à plus de 200 km/h sur l'autoroute un jour de grand trafic et pour un conducteur qui avait démarré brutalement alors qu'un agent de police tenait sa portière ouverte et procédait à un contrôle des papiers du véhicule).

Mais là encore, le discours peut facilement être renversé. Il n'est pas douteux qu'un tout petit dépassement de vitesse, lors de la traversée d'un bourg, à l'heure de sortie des classes, puisse caractériser le délit en tous ses éléments.

Quoi qu'il en soit, résonne inlassablement la question de la preuve. Il faut s'en persuader, si le caractère délibéré n'est pas démontré, le délit ne peut être constitué. Pour autant, la meilleure doctrine n'hésite pas à considérer que l'employeur, personne physique ou morale, peut difficilement nier le caractère volontaire de la violation de la règle de sécurité, dès lors que la connaissance de ce type de réglementation est exigée.

Il appartient donc à la personne poursuivie de souligner que la violation n'est pas manifestement délibérée. À l'inverse, le parquet pourra puiser, notamment dans les circonstances de fait, les indices du caractère délibéré de la faute commise. Il pourra en être ainsi en présence de violations répétées : « le prévenu s'est déporté à trois reprises sur la partie gauche de la chaussée lors du croisement de motocyclistes (...) qu'en cet état, les juges ont caractérisé en tous ses éléments l'infraction de mise en danger ». À l'identique, le raisonnement devrait se répéter devant la preuve du pari stupide de remonter une bretelle du périphérique en sens inverse ou encore devant le fait de rouler à plusieurs reprises de front avec un autre véhicule à une vitesse de 80 à 100 km/h sur une portion de route limitée à 30 km/h en raison de la proximité d'un collège à l'heure de la sortie des cours. La particularité de cette dernière affaire réside dans le fait que la Chambre criminelle énonce que l'emploi d'un cinémomètre n'est pas le seul mode de preuve d'un excès de vitesse.

b) La faute de mise en danger, circonstance aggravante des délits d'imprudence

Entendue ainsi, la mise en danger sert encore de transition entre les infractions intentionnelles et les infractions par imprudence. Si par définition l'infraction reste non intentionnelle, les circonstances dans lesquelles elle a été commise font qu'une réponse pénale plus répressive s'avère nécessaire.

Exemple

Selon les termes de l'article 221-6 alinéa 2 du code, l'homicide involontaire puni habituellement de 3 ans d'emprisonnement et de 45 000 € d'amende voit sa peine portée à 5 ans et à 75 000 € d'amende : « en cas de violation manifestement délibérée d'une obligation particulière de sécurité ou de prudence imposée par la loi ou le règlement ».

2) La faute ordinaire d'imprudence et de négligence

Après avoir tracé les contours de la notion, il est utile de préciser les principes qui encadrent aujourd'hui l'appréciation de la faute d'imprudence.

a) La notion de faute d'imprudence ou de négligence

Pour la doctrine, les notions utilisées par le législateur révèlent deux types de fautes non intentionnelles. Selon Merle et Vitu, mais la distinction est aujourd'hui reprise par tous, il faut opposer « ***l'imprévoyance consciente*** » à « ***l'imprévoyance inconsciente*** ». Consciente ou inconsciente, l'imprévoyance doit être regardée comme une faute. Mais cette faute ne peut être confondue avec une faute intentionnelle. Ici, l'agent n'a pas eu l'intention de violer la loi pénale et, par conséquent, il n'a pas pu prévoir les conséquences dommageables de son acte. S'il y a bien défaut d'intention criminelle, il n'y a pas défaut de volonté. L'acte qui est marqué d'imprudence ou de négligence peut très bien résulter d'une intention volontaire. L'automobiliste a volontairement dépassé le véhicule qui le précédait avant d'entrer en collision avec un autre arrivant en sens inverse. Le dépassement est bien volontaire. Mais à l'évidence, l'intention n'était pas de provoquer un accident. Cet automobiliste a été imprévoyant.

Parfois, l'imprévoyance peut s'assimiler à un oubli, une erreur, une erreur de fait. Mais, dans un cas comme dans l'autre, ***l'imprévoyance ou l'erreur ne saurait exonérer l'agent de sa responsabilité pénale*** puisque justement, ce qu'on lui reproche, c'est d'avoir commis cette imprudence ou cette erreur.

Au-delà de l'imprévoyance, la faute d'imprudence ou de négligence requiert également une certaine désobéissance sociale. Par son acte, l'agent a fait preuve d'indiscipline. C'est vrai lorsqu'il n'a pas respecté les règles de prudence qui s'imposaient. C'est vrai encore lorsqu'il n'a pas cru utile de s'entourer des précautions habituellement requises. Prétendre qu'un individu, par son comportement anti-social, a commis une faute – d'imprudence ou de négligence – oblige à relever l'existence de la règle sociale qui exige effectivement cette obligation de sécurité ou de prudence.

Pour aller plus loin

Des règlements au règlement : quand le pluriel s'efface au profit du singulier

Il n'est pas surprenant que les articles réprimant les atteintes involontaires à la vie ou à l'intégrité des personnes se référaient directement aux manquements « imposés par les lois et les règlements ». Par la formule retenue, la loi et le règlement (entendu au sens strict) étaient visés, mais la référence se prolongeait, sans aucun doute, vers les autres textes comme le règlement d'une activité sportive ou le règlement intérieur d'une entreprise. La loi du 10 juillet 2000 est revenue sur cette approche. Animé par un souci de rigueur et de cohérence juridique, l'article 121-3 fait aujourd'hui référence aux seuls manquements aux règles de sécurité ou de prudence prévues par la loi ou « le règlement ». C'est-à-dire, comme on l'a noté, aux seuls décrets et arrêtés. Sont donc exclues les règles émanant d'une circulaire ou du règlement intérieur d'une entreprise. En pratique, le juge a donc pour mission première de vérifier l'existence du texte « législatif » ou « réglementaire », entendu cette fois au sens strict. Le texte repéré, sa violation démontrée, le manquement à une obligation de prudence ou de sécurité pourra être constaté. Pour la révélation de la faute d'imprudence ou de négligence nul besoin de texte support, comme chacun le note, le constat d'une faute simple est suffisant. De là, il reste à définir la manière dont la faute doit être entendue.

b) L'appréciation de la faute d'imprudence ou de négligence

1. La référence classique à l'appréciation *in abstracto*

On a longtemps considéré en doctrine que la faute d'imprudence ou de négligence devait être appréciée *in abstracto* par le juge pénal. Selon cette conception, le juge devait se borner à retenir ***un comportement animé des plus hautes vertus***, sans se soucier outre mesure des circonstances extérieures ayant pu peser sur le comportement de l'agent. Que la faute ne soit pas analysée de façon subjective, chacun le comprendra. Mais retenir un critère purement objectif et s'en tenir au seul raisonnement *in abstracto* paraît tout aussi inique. On a pourtant pu croire qu'il en serait ainsi en matière d'atteintes involontaires à l'intégrité des personnes. Après la réforme du Code pénal, la lecture des articles 221-6 et 222-19 laissait à penser que la faute puisse être constituée par le seul fait de la violation d'une règle de sécurité ou de prudence prévue par la loi ou les règlements. Il est aisé de comprendre la sévérité qui se dégageait d'une telle analyse. Il faut donc se féliciter des précisions apportées par les lois du 13 mai 1996 et du 10 juillet 2000.

2. L'intervention législative en faveur de l'appréciation circonstanciée

En 1996, la nouvelle rédaction de l'article 121-3 écarte le délit d'imprudence, de négligence ou de manquement, lorsque « l'auteur des faits a accompli les diligences normales compte tenu, le cas échéant, de la nature de ses missions ou de ses fonctions, de ses compétences ainsi que du pouvoir et des moyens dont il disposait ». À chacun de s'interroger sur les repères qui peuvent servir « la normalité des diligences ». Autrement dit, de quelles diligences normales parle-t-on ici ? À chercher, il semble bien que la réponse, si réponse il y a, se cache à mi-chemin des appréciations *in abstracto* et *in concreto*.

D'aucuns n'ont pas hésité à fustiger la rédaction retenue en 1996. Que la négligence puisse être excusée par des diligences normales est une donnée qui, il est vrai, peut paraître aux premiers abords assez cocasses. D'autres ont vu dans les circonstances évoquées de simples exemples qui ne liaient pas les juges. À charge donc pour ces derniers de motiver avec soin leur décision. Mais qu'il n'y ait pas de confusion, ***la nouvelle rédaction n'invite nullement le juge à porter une appréciation subjective de la faute commise***.

Sur ce point, la circulaire d'application du 27 août 1996 est des plus précises : le terme de « compétences », entendu au sens juridique, ne renvoie pas aux aptitudes psychologiques ou techniques de la personne poursuivie. À la vérité, si l'objectif clairement affiché de la réforme de 1996 visait d'abord à limiter la responsabilité des élus et des agents publics, la réécriture aura eu le grand mérite de consacrer, avec la réserve apportée plus haut, l'appréciation *in concreto*, ou mieux vaut-il dire une appréciation circonstanciée de la faute.

La loi de juillet 2000 poursuit, si besoin était, l'analyse en s'appuyant sur le principe de la présomption d'innocence. En définitive, mais personne n'en doutait en théorie, il revient à l'accusation de démontrer le caractère fautif du comportement de la personne poursuivie. Ainsi, selon la nouvelle formulation de l'article 121-3, en cas de faute d'imprudence, de négligence ou de manquement à une obligation de prudence ou de sécurité, il y a délit « s'il est établi que l'auteur des faits n'a pas accompli les diligences normales compte tenu, le cas échéant, de la nature de ses missions ou de ses fonctions, de ses compétences ainsi que du pouvoir et des moyens dont il disposait ».

3) La faute qualifiée d'imprudence et de négligence

À l'évidence, la faute qualifiée est au cœur de la réforme opérée par la loi du 10 juillet 2000. Chacun a en mémoire l'objectif du législateur. Si la loi de 1996 avait posé les premiers jalons, cette première étape était jugée toujours insuffisante par les acteurs du monde politique. Comme si l'histoire se répétait, la loi du 10 juillet poursuivait donc l'ambition de limiter la responsabilité pénale en matière d'infraction non intentionnelle tout en répondant à l'inquiétude des décideurs publics. La loi refond pour partie les conditions juridiques de la responsabilité pénale en matière d'infraction non intentionnelle. Pour ce faire, elle revisite deux grands concepts du droit pénal, à savoir le principe de l'équivalence des conditions et celui de l'identité des fautes civile et pénale.

a) La notion de causalité indirecte

Il s'agit là de l'apport essentiel de la loi du 10 juillet. L'article 121-3 du Code pénal est réécrit et surtout complété par un quatrième alinéa exigeant une faute qualifiée en cas de lien de causalité indirecte entre la faute et le dommage. De cette nouvelle exigence il résulte qu'une personne physique ayant causé indirectement un dommage ne pourra voir sa responsabilité pénale engagée qu'à la condition que la faute reprochée présente certaines caractéristiques. Ainsi, a-t-on pu écrire, la nouvelle disposition s'analyse comme une « mise en équation législative de la théorie de la causalité adéquate. » Analyse qui pourrait se résumer ainsi : « ***la responsabilité pénale d'une personne physique nécessite une gravité de la faute inversement proportionnelle à la proximité de ses conséquences dommageables*** ». Autrement dit, plus le lien de causalité est indirect, plus grande doit être la faute reprochée. S'il flotte ici un parfum de dépénalisation (c'était l'objectif de la réforme), il faut surtout prendre toute la mesure de la réécriture législative. La nouvelle rédaction conduit impérativement à raisonner d'abord et avant tout sur la causalité avant de porter toute appréciation sur la responsabilité.

Exemples

La Cour d'appel de Grenoble, dans un arrêt du 18 novembre 2014, a pu ainsi, infirmant la décision de première instance, relever que la cause de la noyade d'une pratiquante de raft était sans lien de causalité avec l'interdiction d'exercer de l'éducateur qui encadrait la sortie. Les juges du fond ont pris soin de préciser que l'éducateur en question disposait des compétences professionnelles techniques pour encadrer un groupe de neuf personnes dont quatre enfants et qu'il avait utilisé ses compétences professionnelles acquises que ce soit avant la collision du raft avec le kayak que pendant le renversement du raft comme après celui-ci.
Autrement dit, la causalité doit être, avant tout, certaine. Comme on l'a noté, cette exigence de certitude interdit tout rapport hypothétique entre la faute et le dommage. En somme, si la faute n'avait pas été commise, le dommage ne se serait pas, en aucune façon, réalisé. Lorsque l'incertitude s'engouffre dans l'analyse et que le lien entre le comportement de la personne poursuivie et le dommage n'est pas certain, les magistrats ne peuvent entrer en condamnation. Rigueur de l'analyse qui n'est pas toujours comprise des victimes, voire des étudiants découvrant les arcanes de la discipline. La responsabilité ne saurait donc découler de la gravité de la faute ou de celle du dommage, au risque, comme le soulignait Y. Mayaud, de déroger à son principe même. Il n'en reste pas moins qu'en certaines hypothèses, le raisonnement des magistrats, sans être renversé, semble teinté de quelques subtilités.

À la suite d'une explosion de gaz ayant provoqué la mort de plusieurs personnes, l'occupante d'un appartement était poursuivie et condamnée pour homicide involontaire en raison d'une accumulation de manquements. Le pourvoi contestait le lien entre ces manquements et le dommage en reprochant aux juges du fond d'avoir statué sur des motifs hypothétiques. Les magistrats de la Chambre criminelle, dans un arrêt du 18 novembre 2008, n'ont pas entendu cette argumentation. À l'évidence, les manquements reprochés à l'occupante avaient participé, certes de manière indirecte, à la mort des victimes même s'il était difficile d'établir précisément la cause directe de l'explosion meurtrière. Comme il a été dit, « la certitude du lien *causal* ne s'attache pas exclusivement à ce qui participe d'un rapport direct avec le dommage. Il y a place pour des causalités contributives, dont l'originalité est de ne pas contenir tout le dommage ».

Article 121-3 alinéa 4 du Code pénal

« Dans le cas prévu par l'alinéa qui précède, les personnes physiques qui n'ont pas causé directement le dommage, mais qui ont créé ou contribué à créer la situation qui a permis la réalisation du dommage ou qui n'ont pas pris les mesures permettant de l'éviter, sont responsables pénalement s'il est établi qu'elles ont, soit violé de façon manifestement délibérée une obligation particulière de prudence ou de sécurité prévue par la loi ou le règlement, soit commis une faute caractérisée et qui exposait autrui à un risque d'une particulière gravité qu'elles ne pouvaient ignorer. »

b) De quel auteur parle-t-on ?

Le texte vise l'auteur « indirect » (celui qui a créé ou contribué à créer) et l'auteur « médiat » (celui qui n'a pas pris les mesures permettant d'éviter...).

La frontière n'est pas absolument imperméable, mais on redécouvre ici le partage entre les dommages résultant d'une action et ceux résultant d'une omission. Comme pour fixer quelques points de repère, la circulaire du 11 octobre 2000 a pris soin de rappeler les exemples évoqués lors des travaux parlementaires : ont été présentés comme auteurs indirects : l'automobiliste qui, ayant garé son véhicule sur le trottoir, a obligé un piéton à descendre sur la chaussée où il a été renversé ; le conducteur en état d'imprégnation alcoolique qui déséquilibre un cyclomotoriste, celui-ci se faisant écraser par un véhicule roulant à la suite ; le directeur d'usine ayant employé un ouvrier souffrant d'insuffisance respiratoire dans des ateliers empoussiérés. Ont été présentés comme auteurs médiats : la personne qui confie sa voiture à un tiers ne possédant pas le permis de conduire et provoquant un accident ; le maire qui n'ordonne pas la fermeture d'une piste de ski avant qu'une avalanche prévisible n'ensevelisse deux skieurs.

c) Les deux visages de la faute qualifiée

Le texte livre deux versions de la faute qualifiée, la faute « délibérée » et la faute « caractérisée ». Si les mots ont un sens, ces deux versions ne sont pas interchangeables et répondent à des situations que le législateur n'a pas souhaité confondre. Comme on l'a fort bien noté, « c'est donc en veillant à bien restituer ce qu'elles sanctionnent de manquements différents qu'elles doivent être retenues, avec l'avantage de trouver dans la faute caractérisée de quoi répondre à des défaillances graves, même si elles ne parviennent pas au seuil des conditions propres à la faute délibérée ». En somme, la dualité n'est en rien synonyme ici de contradiction. À l'évidence, ***les deux fautes se complètent, « ce qui est caractérisé peut servir de relève à ce qui n'est pas délibéré*** ». De là, chacun en déduit que les deux fautes révèlent un seuil de gravité différent.

Pour la majorité des auteurs, la faute délibérée « qui suppose un acte intentionnel » porte en elle un degré de gravité plus important que la faute caractérisée qui puise « sa substance dans un manquement non délibéré ».

1. La faute délibérée

Certaines présentations doctrinales de la faute délibérée peuvent quelque peu dérouter l'étudiant qui aborde l'étude des fautes non intentionnelles. Il en va ainsi lorsque la référence à la faute délibérée semble se confondre avec celle de la « mise en danger délibérée de la personne d'autrui ». En vérité, la confusion n'est qu'apparente. Comme on l'a noté, l'expression de « mise en danger délibérée de la personne d'autrui » ne correspond pas à la définition législative de la faute délibérée, elle en constitue (seulement !) « sa dénomination générique ». À suivre le premier mouvement du quatrième alinéa de l'article 121-3, la faute délibérée est un manquement « manifestement délibéré » à « une obligation particulière de prudence ou de sécurité prévue par la loi ou le règlement ». La répression d'une telle faute suppose donc l'existence d'une obligation particulière de prudence ou de sécurité prévue par la loi ou le règlement et la démonstration que la personne, qui connaissait cette obligation de prudence ou de sécurité, a de façon manifestement délibérée choisi de ne pas la respecter. Que cette volonté délibérée fasse défaut et la répression devient, sur ce fondement, impossible.

Exemple

La Cour d'appel de Poitiers, dans un arrêt de février 2001 a pu relaxer un maire poursuivi pour homicide involontaire à la suite du décès d'un jeune garçon écrasé par la chute d'une cage de but d'un terrain de football municipal. En l'espèce, il a été jugé que le maire en question s'était déplacé personnellement sur les lieux pour vérifier les installations sportives, ce qui excluait tout manquement manifestement délibéré.

2. La faute caractérisée

À l'inverse des fautes ordinaires et des fautes « aggravées » de mise en danger d'autrui ou encore des fautes délibérées, la faute caractérisée peut très bien trouver sa source dans une disposition émanant d'une circulaire, voire du règlement intérieur d'une entreprise. En somme, comme on le soutient, chacun peut y lire ici le signe de l'importance de la faute caractérisée qui comble les lacunes de la faute délibérée.

Exemple

La violation d'un texte inapplicable en l'espèce au prévenu peut néanmoins constituer une faute caractérisée. Lors d'une initiation à la voile, organisée par un enseignant d'éducation physique, un dériveur s'était retourné entraînant la noyade de son occupante. L'enseignant en question ne pouvait se voir reprocher les dispositions réglementaires imposant la présence d'un accompagnateur qualifié. Le texte était imposable en effet aux seuls centres et écoles de voile. Toutefois, en exerçant seul, avec l'assistance d'un collègue non qualifié, une surveillance insuffisante, l'enseignant d'éducation physique avait commis une faute caractérisée (*Cass. crim., 4 oct. 2005*).
De même, le non-lieu rendu à propos des infractions à la législation sur la sécurité des travailleurs, au motif que celle-ci ne s'applique pas aux collectivités territoriales, ne fait pas obstacle à ce que le comportement visé par lesdites infractions soit retenu pour établir une faute caractérisée fondant le délit d'homicide involontaire (*Cass. crim., 12 mai 2015*).

La particularité de la faute caractérisée n'est-elle pas d'ailleurs dans son aptitude, à l'inverse de la faute délibérée, à se jouer des références prédéfinies ? Pour autant, la mise en forme de ***la faute caractérisée impose trois conditions cumulatives***. La faute doit être « une faute caractérisée » qui « expose autrui à un risque d'une particulière gravité », risque que « la personne ne pouvait ignorer » :

- ***la faute doit être une faute caractérisée*** : l'adjectif a été présenté lors des débats parlementaires comme signifiant que la faute devait « présenter un certain degré de gravité », avoir « un caractère bien marqué », un caractère « affirmé », « une particulière évidence », « une particulière intensité ». Faute de véritables précisions, cette multitude de caractéristiques aura surtout le mérite d'écarter la « simple faute ordinaire », ou comme on disait hier « les poussières de faute » ;
- ***la faute doit exposer autrui à un risque d'une particulière gravité*** : en réalité, la gravité dépendra tant du risque que de son degré de probabilité. Et un commentateur de noter aussitôt : « que le dommage qui s'est effectivement produit – sinon la justice ne serait pas saisie – devait être prévisible » ;
- ***la personne ne pouvait ignorer le risque auquel elle exposait autrui*** : c'est l'une des finalités essentielles de la réforme. La dépénalisation vise et doit viser les personnes qui n'ont pas été en mesure de prendre connaissance de l'existence de la situation dangereuse.

De deux choses l'une, ou bien la connaissance du risque est exigée de la personne en raison de la nature de ses activités ou de sa fonction, ou bien, c'est l'alternative, cette connaissance va dépendre de signalements ou d'avertissements adressés à cette même personne. En pratique, il n'est pas douteux que la personne en question endosse le plus souvent les traits d'un employeur. Sauf délégation, l'employeur est en effet astreint à prendre la juste mesure des risques afin de pouvoir les évaluer. En dehors du domaine de l'hygiène et de la sécurité, la jurisprudence s'efforce de caractériser « une conscience concrète de l'existence et de la gravité du risque créé ». Si un chauffagiste ne peut ignorer les dangers d'une installation qu'il a lui-même effectuée, il est utile de relever, pour un bailleur non professionnel, que ce dernier avait loué un appartement, sans faire de réparation alors que l'installation défectueuse et dangereuse avait été préalablement signalée par un chauffagiste professionnel. De même, il est reproché à deux agents de Gaz de France de n'avoir pas pris, à la suite d'un contrôle, les initiatives qui auraient permis d'éviter l'explosion d'un immeuble. Régulièrement, la Chambre criminelle précise les contours de la faute caractérisée ayant exposé autrui à un risque d'une particulière gravité que l'intéressé ne pouvait ignorer. Ainsi est jugé le fait de remettre les clés de son automobile à une personne ivre non titulaire du permis de conduire.

Pour les élus, la jurisprudence semble en apparence plus fluctuante.

Exemple

Ici, un maire est relaxé car il pouvait ignorer la présence d'une cage mobile de gardien acquise par le club de football.

Là, un maire est condamné pour homicide involontaire à la suite du décès d'un enfant écrasé par une buse de béton. En l'espèce, l'élu avait été informé que la buse en question n'était pas stabilisée et qu'elle était utilisée comme élément de jeu : « il résulte que le prévenu, qui n'a pas pris les mesures permettant d'éviter le dommage, a commis une faute caractérisée et qui exposait autrui à un risque d'une particulière gravité qu'il ne pouvait ignorer, au sens de l'article 121-3, alinéa 4, du Code pénal ».

La nuance est également de mise pour les enseignants.

Exemple

Ici, une institutrice peut ignorer qu'un enfant qui bénéficiait de la permission de se rendre aux toilettes pendant les cours s'y livrait au jeu du foulard qui a provoqué sa mort.

Là, un instituteur ne pouvant ignorer le danger représenté par les fenêtres ouvertes de sa classe est poursuivi pour homicide involontaire en raison du décès d'une élève qui, s'étant assise sur le bord, a basculé et s'est mortellement blessée.

Enfin, une institutrice est relaxée après qu'un écolier, exclu du cours, ait été retrouvé mort pendu à un portemanteau.

3. L'apport de la chambre criminelle : la nécessaire appréciation *in concreto* de la faute

Parfois, l'esprit est mis à l'épreuve. Il faut alors lire et relire la décision des juges pour tenter d'en cerner les contours et les méandres. L'arrêt rendu le 18 juin 2002 par la Chambre criminelle illustre de bien belle manière la situation juste évoquée : « Mais attendu qu'en relevant à la charge du maire un manquement à une obligation de sécurité prévue par la loi, sans préciser la source et la nature de cette obligation et en déduisant de ce manquement prétendu qu'il avait commis une faute caractérisée exposant autrui à un risque d'une particulière gravité qu'il ne pouvait ignorer, sans rechercher en quoi les diligences du prévenu n'étaient pas normales au regard de l'article 121-3, alinéa 3 du Code pénal, et adaptées aux risques prévisibles, la cour d'appel n'a pas donné de base légale à sa décision ;

D'où il suit que la cassation est encourue. »

Une voiture roulant à vive allure avait provoqué un accident lors d'un défilé organisé dans un village. Le maire de la commune fut poursuivi et condamné pour blessures involontaires. Les juges du fond reprochaient au premier magistrat de la ville d'avoir manqué à son obligation de sécurité et d'avoir ainsi commis une faute caractérisée. L'arrêt de la Cour d'appel d'Amiens est censuré sur ces deux fondements. Si l'on comprend aisément les raisons de la cassation, la grille de lecture de l'arrêt de cassation entraîne une réelle perplexité. L'hésitation est alimentée par le raisonnement suivi. Juges du fond et juges de la Cour souveraine se plaisent en effet à disserter sur « les diligences » dont le maire aurait dû faire preuve. Naturel dans un débat sur la responsabilité directe (faute ordinaire), le sujet de la dissertation en question surprend dans un schéma sur la responsabilité indirecte. Il est en effet assez singulier de raisonner sur l'appréciation des diligences normales, critère d'une faute qui n'a pas sa place en cas de causalité indirecte, pour faire état de la faute caractérisée, la seule en l'espèce à être opérationnelle.

En vérité, la confusion des genres n'est peut-être qu'apparente et la démarche suivie acceptable. Pour s'en convaincre, il est toutefois nécessaire d'analyser ces « diligences normales » – non pas dans leur force constructrice de la faute ordinaire – mais bel et bien comme de simples relais, éléments parmi d'autres, permettant de marquer la faute caractérisée. Entre logique et subtilité, chacun cherchera son chemin. La matière revêt parfois les traits d'une discipline d'initiés, a-t-il été écrit. Un auteur soulignait récemment qu'après plus de dix années, la loi Fauchon semblait avoir atteint son objectif d'allégement du risque pénal pour les infractions non intentionnelles. À la suite de cet auteur, qui appelle « à remettre l'ouvrage sur le métier », on peut reprendre avec lui que le partage entre auteur direct et auteur indirect n'est pas toujours, n'en déplaise au principe de la légalité criminelle, d'une grande limpidité. Les conséquences de ce partage sont pourtant des plus importantes. Et que dire des imprécisions qui entourent la notion de faute caractérisée.

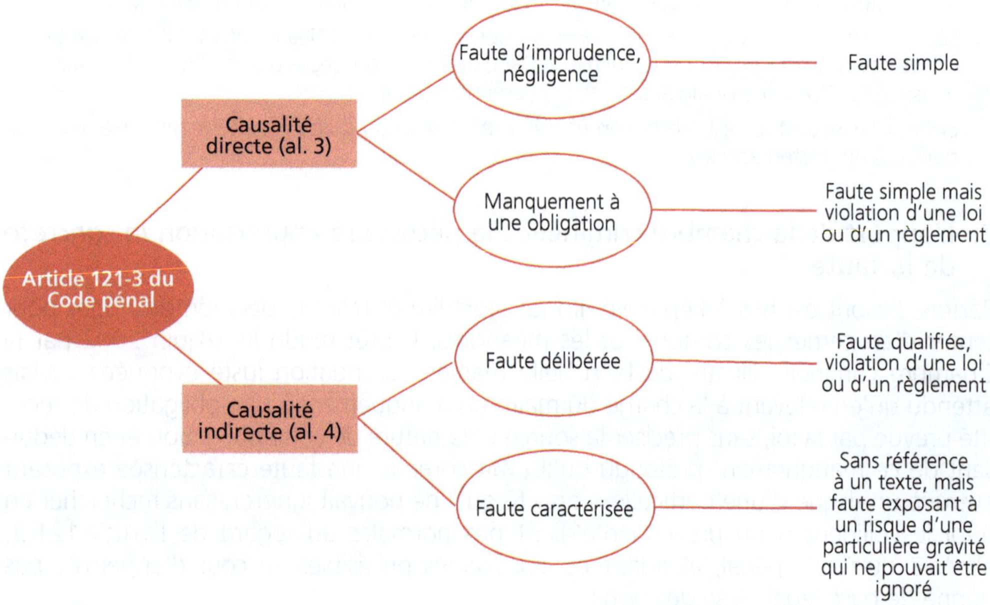

4) *Des rapports entre la faute pénale et la faute civile*

C'est là une relation qui a fait couler beaucoup d'encre. La question qui se pose ici est des plus simples. Il s'agit de savoir si les notions d'imprudence et de négligence du Code pénal ont le même sens que celles retenues par l'article 1383 du Code civil. On le sait, selon les dispositions de cet article, « chacun est responsable du dommage qu'il a causé non seulement par son propre fait, mais encore par sa négligence ou par son imprudence ». En d'autres termes, les mêmes mots peuvent-ils avoir un sens différent selon les codes ? La réponse, loin d'être de pure théorie, a des intérêts pratiques prononcés. Selon le célèbre principe « de l'autorité de la chose jugée au pénal sur le civil » et si les mots ont un sens, s'il y a identité entre la faute pénale et la faute civile, il faut en déduire nécessairement que le juge civil sera dans l'impossibilité de demander des dommages et intérêts à une personne ayant bénéficié de la relaxe devant la juridiction pénale. Et, ce, même si aujourd'hui le principe selon lequel « le criminel tient le civil en l'état » n'est plus automatique en vertu des dispositions du 3e alinéa de l'article 4 du Code de procédure pénale : « La mise en mouvement de l'action publique n'impose pas la suspension du jugement des autres actions exercées devant la juridiction civile, de quelque nature qu'elles soient, même si la décision à intervenir au pénal est susceptible d'exercer, directement ou indirectement, une influence sur la solution du procès civil. »

a) Faute pénale et faute civile, le temps de l'unité

Au début du xxe siècle, la jurisprudence, rompant avec la thèse dualiste, affirma l'identité des fautes pénale et civile. D'emblée, les critiques doctrinales n'ont pas manqué. Dans un cas comme dans l'autre, la conséquence de cette option s'avère assez inéquitable. Pour ouvrir la réparation civile, on « oblige » le juge pénal à retenir, ne serait-ce qu'une poussière de faute, là où la mesure n'était pas forcément utile. Dans l'autre hypothèse, à admettre que le juge pénal ne retienne aucune faute, la victime se trouve privée de toute indemnisation. En outre, selon le principe de la solidarité des prescriptions publiques et civiles, la victime était tenue d'agir dans les délais assez brefs de l'action publique – trois ans pour les délits, un an pour les contraventions –.

Ces dernières années les principaux inconvénients de la thèse unitaire ont été corrigés. Depuis la loi du 23 décembre 2008, l'autonomie de la prescription civile a remplacé le principe de la solidarité des prescriptions. Concrètement, cela signifie que la victime a un délai de dix ans pour engager son action devant la juridiction civile. Ensuite, sur le fondement de la présomption de faute déduite de l'article 1384 alinéa 1 du Code civil, la jurisprudence a admis qu'un individu relaxé par le juge pénal puisse être condamné, par la juridiction civile, à payer des dommages et intérêts. Surtout, depuis la loi du 8 juillet 1983, complétée par celle du 16 mai 1996, l'article 470-1 du Code de procédure pénale autorise le tribunal correctionnel, ayant prononcé une relaxe, à accorder lui-même des dommages et intérêts à la victime. En somme, les deux reproches majeurs de la thèse de l'unité sont ainsi dissipés. L'auteur n'est pas inutilement retenu responsable d'une faute pénale « subterfuge », la victime n'est pas laissée pour compte.

b) Faute pénale et faute civile, le temps de la dissociation ?

La réécriture de l'article 121-3 par la loi du 10 juillet 2000 a profondément modifié cette délicate cohabitation. Sans revenir sur les motivations qui ont animé le législateur, il résulte du nouveau texte qu'il convient de distinguer aujourd'hui selon que la causalité entre l'imprudence et le dommage est directe ou indirecte. Or, on l'a noté, en cas de causalité indirecte, le code organise une certaine « dépénalisation ». Bien que partielle et conditionnelle, cette dépénalisation pouvait heurter et contrarier singulièrement les droits des victimes. Aussi, afin que ces derniers ne soient pas écartés et ignorés, la loi du 10 juillet a inséré, dans le Code de procédure pénale, un article 4-1 dont la formulation révèle sans ambiguïté les intentions des rédacteurs.

Article 4-1 du Code de procédure pénale

« L'absence de faute pénale non intentionnelle au sens de l'article 121-3 du Code pénal ne fait pas obstacle à l'exercice d'une action devant les juridictions civiles afin d'obtenir la réparation d'un dommage sur le fondement de l'article 1383 du Code civil si l'existence de la faute civile prévue par cet article est établie. »

L'article 4-1 précise également que l'absence de faute pénale n'exclut pas que soit établie la faute inexcusable de l'employeur prévue par l'article L. 452-1 du Code de la sécurité sociale qui permet une indemnisation complémentaire au profit de la victime d'un accident du travail ou d'une maladie professionnelle. Il en résulte que le juge civil peut considérer inexcusable une faute que le juge pénal n'a pas souhaité « caractériser ».

De même, comme par ricochet, la formulation de l'article 470-1 du Code de procédure pénale a été une nouvelle fois remaniée afin que le texte puisse s'appliquer pour « une infraction non intentionnelle au sens des deuxième, troisième et quatrième alinéas de l'article 121-3 du Code pénal ». Les incidences en droit civil de ces différentes réécritures ont aussitôt été commentées en doctrine et, comme par écho du passé, les opinions furent divergentes.

D'aucuns ont estimé dans un premier temps que le principe de l'unité des fautes civile et pénale avait survécu à la réforme. Le principe de l'unité écrivait Jean Pradel, est « touché mais pas coulé ». Ainsi, selon cette conception « responsabilités pénales et civiles diffèrent non en raison de leurs fautes qui sont de même nature, mais en raison du lien de causalité qui peut être apprécié différemment ». La dualité n'apparaît alors que dans les hypothèses de causalité indirecte. En cas de causalité directe, la faute pénale ordinaire définie par le troisième alinéa de l'article 121-3 du Code pénal demeure identique à la faute civile de l'article 1383 du Code civil. Depuis, l'auteur concède que la règle de la dualité des fautes est entrée dans notre droit positif en rappelant que les deux fautes ne sont pas de même nature : « la faute pénale est subjective et centrée sur les idées de culpabilité et de punition alors que la faute civile est objective et centrée sur la réparation ».

Pour appuyer la thèse de la dualité, on peut souligner que l'article 4-1 du Code de procédure renvoie à l'article 121-3 en tous ses alinéas et non au seul alinéa 4. On a fait valoir aussi, de manière intéressante, que l'article 4-1 n'avait d'intérêts réels qu'en cas de causalité directe puisqu'en cas de causalité indirecte, le juge civil n'est pas lié par les décisions pénales s'appuyant sur une faute délibérée ou caractérisée. Il est certain en revanche que le juge pénal prononçant une relaxe ne pourra activer les dispositions de l'article 470-1 qu'à la condition d'avoir été saisi de la question sur demande de la partie civile, laquelle devant être formulée avant la clôture des débats.

C - La faute contraventionnelle ou faute présumée

Deux séries de remarques conduisent cet intitulé. La première concerne le régime des contraventions, la seconde évoque la disparition des « délits matériels ».

1) La faute contraventionnelle au sens strict

À propos des contraventions, il est d'usage de noter qu'elles sont caractérisées par la seule matérialité de l'acte prohibé par la loi pénale. La formule est trop simpliste et l'abus de langage réel. À n'en pas douter, parmi les fautes pénales, la faute contraventionnelle est celle qui se caractérise le plus facilement. ***On dit qu'elle est constituée dès le moment où le fait interdit est « matériellement constaté »***. D'origine jurisprudentielle, la formule fut d'emblée justifiée par la doctrine qui souligna la faible gravité des faits et la finalité de la sanction contraventionnelle, à savoir, faire respecter des règles de police, des règles de discipline sociale.

Pour autant, il est inexact d'affirmer que la faute contraventionnelle ne suppose ni intention de violer la loi, ni même une imprudence ou une négligence. Certaines contraventions commandent expressément une faute intentionnelle.

Exemple

C'est le cas des violences volontaires ayant entraîné une incapacité de travail d'une durée inférieure à huit jours (C. pén., art. R. 625-1). D'autres se fondent tout aussi expressément sur un acte de maladresse, d'imprudence ou de négligence. C'est le cas des atteintes involontaires à l'intégrité de la personne lorsque l'incapacité totale de travail n'aura pas excédé trois mois (C. pén., art. R. 625-2).

De manière beaucoup plus générale, l'élément moral ne peut être radicalement exclu de toute faute contraventionnnelle. À l'évidence, une telle faute sous-entend l'existence d'une volonté libre et éclairée. Chacun le souligne, la faute s'efface à l'égard de celui qui a agi sous l'emprise totale d'un trouble mental. Les causes de non-responsabilité pénale s'appliquent sans retenue aux contraventions. Dans un registre voisin, *in fine*, l'article 121-3 du code reprend ce schéma en indiquant qu'« il n'y a point de contravention en cas de force majeure ». On se demande alors quelle est ici la particularité. Comme on l'a noté, laisser entendre que les crimes et les délits ne sont pas effacés par la force majeure est inexact ; dire que les contraventions le sont est exact mais ne les caractérise nullement.

On ne peut toutefois se contenter d'une telle conclusion. Certes, chacun sera rassuré de voir que la présomption de faute n'est pas irréfragable. En vérité, il s'agit bien là d'une banale, mais importante, question de preuve (et donc de procédure pénale). Mais finalement, chacun se rend bien compte que les efforts répétés de la doctrine, pour « penser » l'existence d'une faute en matière de contravention, n'expliquent pas la réalité quotidienne des condamnations systématiques en cette matière.

2) Faute contraventionnelle et délits « matériels »

L'article 121-3 du Code pénal mérite d'être repris ici. Selon cet article, il n'y a pas de crime ou délit sans intention de le commettre. Si l'exigence est écartée pour les délits, on l'a noté, c'est à la seule condition que l'imprudence, la négligence ou encore la mise en danger délibérée d'autrui aient été caractérisées. Les principes posés sont des plus explicites pour les incriminations retenues par le Code pénal. Chacun y a vu la disparition des délits matériels.

Pour ces délits dits « matériels », « formels » ou encore « contraventionnels » selon l'appellation retenue, ***l'élément moral (à l'image de celui des contraventions) était présumé***. Si leur disparition (en vrai, une transformation) était entendue pour les infractions portées par le Code pénal, on pouvait s'interroger à propos des incriminations restées hors du Code pénal. L'interrogation était d'autant plus fondée que pour certaines de ces incriminations le législateur se contentait de la seule matérialité des faits sans véritable référence à un quelconque élément intentionnel. Comme ils poursuivaient la même finalité que les contraventions, c'est-à-dire faire respecter des règles de discipline sociale, la jurisprudence étendit à l'égard de certains délits le régime de contraventions. Sans encourir la cassation, les juges du fond étaient ainsi dispensés de rapporter toute indication d'une quelconque preuve de l'existence de l'élément moral de l'infraction.

Dès lors, il paraissait évident que l'article 121-3 allait bouleverser cette construction. La loi d'adaptation du 16 décembre 1992 précisa d'ailleurs sans retenue que tous les délits non intentionnels retenus par d'autres textes que le Code pénal ne pouvaient être constitués qu'à la condition de rapporter l'imprudence, la négligence ou la mise en danger.

Bénéficiant de la nouvelle rédaction, certains prévenus ont pu échapper à la répression lorsque la partie poursuivante était dans l'impossibilité d'apporter la preuve exigée. Pourtant, le plus souvent, et ce dans les matières les plus diverses, les magistrats n'ont pas rencontré de véritables difficultés pour satisfaire aux nouvelles exigences. Parfois les juges du fond, de manière assez singulière, ont qualifié d'intentionnelles des infractions entendues hier encore comme des infractions non intentionnelles.

BIBLIOGRAPHIE

Sur la culpabilité et l'imputabilité

Benillouche (M.), « La subjectivisation de l'élément moral de l'infraction : plaidoyer pour une nouvelle théorie de la culpabilité », RSC 2005, p. 529.

Brunet (L.), « La responsabilité non intentionnelle des élus locaux », AJ pénal 2006, Dossier, p. 153.

Buttner (Y.), « La répression de l'imprévoyance des personnels d'éducation », AJ pénal 2006, Dossier, p. 156.

Cartier (M.-E.), « La nouvelle définition des délits non intentionnels par la loi du 10 juillet 2000 », RSC 2001, p. 725.

D'Hauteville (A.), « Brèves remarques sur le nouveau principe de la dualité des fautes civile et pénale d'imprudence », in *Mélanges en l'honneur du Professeur Reynald Ottenhof, Le champ pénal*, 2006, Dalloz, p. 145.

Delage (P.-J.), « Vérité et ambiguïté autour de l'imputabilité morale – à propos de Cass. crim., 21 janvier 2009 », RSC 2009, p. 69.

Dreyer (E.), « La causalité directe de l'infraction », Dr. pén. 2007, Études n° 9.

Giudicelli (A.), « Incertitudes sur les frontières de l'intention », in *Dix ans après la réforme de 1994, Quels repères dans le Code pénal ?* Travaux de l'Institut de Sciences Criminelles de Poitiers, 2004, Cujas, p. 25.

Giudicelli-Delage (G.), « L'analyse du lien de causalité », Rev. pénit. 2004, n° 1, p. 49.

Giudicelli-Delage (G.), « La sanction de l'imprudence », in *Mélanges offerts à Pierre Couvrat*, « La sanction du droit », 2001, PUF, Publications de la Faculté de Droit et des Sciences Sociales de Poitiers, p. 523.

Malabat (V.), « Le délit de mise en danger, la lettre et l'esprit », JCP G 2000, I 208.

Maréchal (J.-Y.), « Élément moral de l'infraction », JCl. Pénal Code 2015, Art. 121-3, fasc. 20.

Rassat (M.-L.), « Du Code pénal en général et de l'article 121-3 en particulier », Dr. pén. 1996, chron. n° 28.

Varinard (A.), « Le déplacement des critères de la faute », in *Dix ans après la réforme de 1994, Quels repères dans le Code pénal ?* Travaux de l'Institut de Sciences Criminelles de Poitiers, 2004, Cujas, p. 45.

Sur les causes de non-imputabilité

Barbier (G.), « Erreur sur le droit », JCl. Pénal Code 2014, Art. 122-3, fasc. 20.

Guérin (M.-C.), « Mineur délinquant, responsabilité pénale », JCl. Pénal Code, Art. 122-8, fasc. 10-10.

Guérin (M.-C.), « Mineur délinquant, Peines, exécutions des peines », JCl. Pénal Code, Art. 122-8, fasc. 10-40.

Leturmy (L.), « La pénalisation des personnes atteintes de troubles mentaux », AJ pénal, 2018, p. 491.

Mayaud (Y.), « Les malades mentaux entre non-imputabilité et imputation », in Irresponsabilité pénale des malades mentaux : état des lieux, AJ pénal 2004, p. 303.

Mayaud (Y.), « Les droits de la défense, cause d'irresponsabilité pénale », in *Mélanges R. Gassin*, 2007, PUAM.

Mfnabe (C.), « L'irresponsabilité pénale pour cause de trouble mental », AJ pénal, 2018, p. 488.

Pin (X.), « L'irresponsabilité pénale (réflexions sur le sens des articles 122-1, 122-2, 122-3 et 122-8 du Code pénal) », *in* V. Malabat, B. de Lamy et M. Giacopelli (dir.), *La réforme du Code pénal et du Code de procédure pénale, Opinio doctorum*, 2009, Dalloz, coll. Thèmes et commentaires, p. 51.

Rassat (M.L.), « Trouble psychique ou neuropsychique. Contrainte », JCl. Pénal Code 2012, Art. 122-1 à 122-2, fasc. 20.

Vial (J.-P.), « Loi Fauchon : il faut remettre l'ouvrage sur le métier ! », AJ pénal 2012, p. 84.

CHAPITRE 7

L'élément matériel : composante interne de l'infraction

Deux mots-clés gouvernent l'analyse : l'acte et le résultat.

1 • L'ACTE

Le concept est commandé tant par son exigence que par ses modes de réalisation.

A - L'exigence de l'acte

Deux points méritent d'être développés. Le premier concerne le fondement même de cette exigence. Le second relève les variations entre les actes positifs et les abstentions.

1) *Le fondement*

Chacun le souligne, le droit pénal gouverne les comportements. L'infraction, définie comme une action, suppose donc l'accomplissement d'un acte, une réalisation, un événement manifesté par une attitude extérieure. Sur ce critère, sont donc exclues les simples pensées et les seules opinions. D'ailleurs, indépendamment de toutes questions de preuve, prétendre qu'il puisse en être autrement reviendrait à abolir du même coup toute liberté individuelle. Le droit pénal doit gouverner les conduites et non les consciences. La formule est connue : « un droit pénal démocratique est un droit pénal de l'acte ».

En ce domaine, l'article 121-1 du Code pénal est des plus expressifs : « Nul n'est responsable pénalement que de son propre fait. » La référence à la matérialité de l'infraction est ici nettement affichée. Elle l'est d'autant plus que la majeure partie des incriminations débute par l'expression « le fait de... » pour définir plus loin, peu ou prou, le comportement incriminé. Mais la précision est parfois trompeuse. Et la doctrine ne manque pas de le signaler, la référence à l'élément matériel est parfois réduite à sa plus simple expression. Lorsqu'il en est ainsi, on peut alors douter de la véritable nature que l'acte incriminé doit revêtir.

Parfois, le fondement même de la règle étudiée semble s'effacer. Face à la nécessité d'un acte matérialisé, on fait valoir que le législateur doit également intervenir pour prévenir les comportements dangereux. Dès lors, les nécessités de la prévention (qui s'adresse au futur) contrarient la limitation du droit pénal à la seule conduite (qui se rattache au passé). Il est vrai que l'immixtion de la notion criminologique de l'état dangereux a, dès l'origine, suscité les résistances de ceux qui ont craint pour le respect de la liberté individuelle. On l'a souvent reconnu en doctrine, même si le propos peut paraître excessif, les lois fondées sur les caractéristiques de l'auteur (malade mental, vagabond, récidiviste) abritaient toutes quelques tentations totalitaires. Plus juridiquement, mais dans le même ordre d'idée, on peut lire dans les « infractions-obstacles » des situations en marge du principe de l'exigence de l'acte. Le législateur incrimine alors, de manière autonome, un comportement dangereux susceptible de déboucher sur une infraction. À l'évidence, cette avancée de la répression sert l'intérêt et le bien social. Les hypothèses sont nombreuses et le plus souvent bien comprises. La prohibition du port d'arme, la conduite sous l'empire d'un état alcoolique ou sous l'emprise de stupéfiants répondent assurément de cette logique. À l'identique et à l'instar de la lutte contre la pédopornographie, on notera l'annonce d'une nouvelle incrimination faite par le président de la République au lendemain de l'issue de la tragédie de Toulouse visant à sanctionner la consultation de sites Internet faisant l'apologie du terrorisme. Ailleurs, on peut hésiter devant l'ardeur législative. La seule et unique menace de commettre un crime ou un délit à l'encontre des personnes est par exemple punissable (C. pén., art. 222-17). Mieux vaut, dès lors, bien suivre les précieux conseils de nos grands-mères et tourner sept fois la langue... avant de parler. Pour autant, il ne faut pas se méprendre, l'exigence de l'élément matériel est réelle même si celui-ci est réduit parfois à une peau de chagrin.

2) L'acte positif et l'acte négatif

Il s'agit ici de porter le regard tant sur les infractions de commission que sur les infractions d'omission.

Infraction de commission	Elle consiste à commettre positivement un acte prohibé par la loi pénale (un coup, une parole...).
Infraction d'omission	Le législateur vise l'inaction, la passivité, le fait de laisser les choses en l'état.

La question s'est posée de savoir si une telle abstention pouvait être assimilée à un acte positif. De là, l'expression assez singulière « d'infraction de commission par omission » retenue par la doctrine.

a) La commission par omission

La dialectique est ici inévitable. D'un côté, si l'abstention est incriminée, les chemins de la liberté se rétrécissent. De l'autre, si le droit pénal n'exprime pas les exigences d'une certaine solidarité, la protection des victimes et, par là même, celle de la société s'en trouvera moins bien assurée. Pour justifier cette conception « solidariste », on a souvent invoqué une vieille loi égyptienne qui aurait puni de mort celui qui, trouvant en chemin un homme maltraité, néglige de lui porter secours. On cite encore cette ordonnance de Saint Louis qui obligeait les habitants de Paris à élever une clameur lorsqu'ils étaient témoins de violences. Même philosophie dans les dispositions du Grand Coutumier de Normandie qui obligeaient les habitants de la province à crier « haro » contre les malfaiteurs ou à accourir à l'annonce de ce cri pour se saisir du coupable et le livrer à la justice. De façon plus philosophique, Saint-Ambroise disait en son temps : « celui qui ne repousse pas, lorsqu'il le peut, l'agression dirigée contre son semblable est aussi coupable que s'il la commettait lui-même ». Et le célèbre Loysel de reprendre bien plus tard « Qui peut et n'empêche, pèche. »

Malgré cet historique pressant, le Code pénal de 1810, fidèle à l'esprit révolutionnaire de la liberté individuelle, se montra assez timide sur le sujet. À chacun de bien le comprendre, cette vision individualiste ne doit pas être trop vivement combattue car elle sert aussi les garanties fondamentales de la liberté. De son côté, dans le silence de la loi, la jurisprudence se montra bien peu réceptive aux doctrines de solidarité.

Exemple

L'affaire de « la séquestrée de Poitiers » témoigne presque honteusement en ce sens. Reconnu complice, par aide et assistance, des actes de séquestration commis par sa mère à l'égard de sa jeune sœur, Marcel Monnier est condamné par le tribunal de Poitiers pour avoir ignoré volontairement les agissements de sa mère. Il est relaxé le mois suivant, le 20 novembre 1901, par la Cour d'appel : « les faits de la cause ne peuvent tomber sous le coup d'une disposition pénale ; qu'on ne saurait, en effet, comprendre un délit de violences ou de voies de fait sans violences ». Beaucoup plus récemment, la Chambre criminelle a pu rappeler (de manière quelque peu contestable, eu égard aux faits de l'espèce) que le délit de délaissement d'une personne implique un acte matériel positif exprimant de la part du prévenu une volonté d'abandonner la victime de manière définitive (*Cass. crim., 9 oct. 2012*).

b) Les infractions de pure omission

Par l'infraction d'omission, le législateur réprime un comportement, en lui-même, indépendamment des conséquences qu'il a pu engendrer. À l'exception de quelques textes disparates, on peut dire que la matière a véritablement pris son essor à partir de la Seconde Guerre mondiale parfois inspirée par les exigences de l'occupant.

Année	Incrimination	Article du Code pénal
1941	Incrimine le comportement de celui qui aurait pu empêcher certaines infractions, en vrai celles commises par la résistance, et s'était abstenu de le faire	
1945	Non-dénonciation d'un crime	article 434-1
1945	Omission volontaire d'empêcher un crime ou certains délits	article 223-6
1945	Omission de porter secours à une personne en péril	article 223-6
1945	Omission de témoigner en faveur d'un innocent	article 434-11
1992, Code pénal nouveau	Abstention de combattre un sinistre	article 223-7
1998, loi du 18 décembre	Le fait pour le directeur d'un établissement privé hors contrat de continuer, malgré une mise en demeure, à dispenser un enseignement non conforme à l'objet de l'instruction obligatoire. Le fait pour un parent ou le gardien d'un enfant, d'omettre, en dépit d'une mise en demeure, d'inscrire celui-ci dans un établissement scolaire.	article 227-17-1

Pour l'infraction de non-témoignage en faveur d'un innocent, encore faut-il que soit rapportée la preuve que la personne connaissait l'innocence d'une personne détenue ou jugée pour un crime ou un délit. À défaut, la décision des juges du fond encourt la censure. C'est en effet la connaissance évoquée qui constitue l'élément incontournable du délit. Comme on l'a rappelé, la Chambre criminelle, dans son arrêt du 22 novembre 2005, précise que les dispositions de l'article 434-11 ne sanctionnent pas une simple abstention, mais une abstention face à une situation devant laquelle la loi fait obligation d'agir ou de faire. Si en principe, l'incrimination vise à prévenir ou empêcher le renouvellement de l'infraction, l'article 434-3 n'exige pas que la dénonciation ait pu prévenir ou empêcher le renouvellement des atteintes sexuelles. Le texte incrimine : « le fait, pour quiconque ayant eu connaissance de privations, de mauvais traitements ou d'atteintes sexuelles infligés à un mineur de quinze ans ou à une personne qui n'est pas en mesure de se protéger..., de ne pas informer les autorités judiciaires ou administratives ». Tel est le message donné par la Chambre criminelle dans un arrêt du 6 septembre 2006.

B - Les modes de réalisation de l'acte

Dans la mesure où l'infraction est d'abord un événement, elle entretient nécessairement des rapports forts étroits avec le temps. Servent alors de référence tantôt le nombre d'actes commis, tantôt la durée de l'agissement.

1) Le nombre d'actes

La doctrine se plaît à faire quelques variations sur les notions d'infractions simples, d'infractions complexes ou encore d'infractions d'habitude. Loin d'être de pure théorie, les intérêts de ces variations ont une importance pratique considérable.

a) Les infractions simples, les infractions complexes et les infractions d'habitude

L'infraction simple est celle qui se réalise par l'accomplissement d'un seul acte matériel. Un seul coup de feu suffit pour commettre un meurtre. L'infraction complexe sous-entend au contraire l'accomplissement de plusieurs actes matériels. Ces actes concourent à une fin unique, la réalisation entière de l'infraction. L'escroquerie se réalise complètement par l'utilisation de moyens frauduleux et par la remise de la chose convoitée. On le comprend aisément, les actes sont ici de nature différente.

Ailleurs, la pluralité révèle des actes de même nature. Lorsque la répétition d'actes identiques est exigée, on parle d'infraction d'habitude. L'exigence conduit alors à ne retenir l'infraction qu'à partir du moment où l'acte est répété. Comme tout bon pluriel qui se respecte, l'habitude commence dès la seconde étape. L'exemple le plus classique est l'exercice illégal de la médecine retenu par les articles L. 4161-1 et suivants du Code de la santé publique.

À consulter le nouveau Code pénal, l'infraction d'habitude n'est pas tombée en désuétude et retient encore les faveurs du législateur. Tantôt le code a transformé une infraction existante en infraction d'habitude – c'est le cas du délit commis par un ministre du culte lorsqu'il célèbre un mariage religieux avant tout mariage civil (art. 433-21) –, tantôt la création est réelle – c'est le cas, si les mots ont un sens, du harcèlement sexuel (art. 222-33) ou encore des appels téléphoniques malveillants réitérées (art. 222-16) –. L'habitude est encore une condition exigée, parfois avec ambiguïté, par de nombreux textes incriminant le proxénétisme et les infractions assimilées.

b) Les intérêts de la distinction

Ces intérêts sont avant tout d'ordre procédural. La compétence territoriale est au cœur de la distinction. ***L'infraction complexe comme l'infraction d'habitude peuvent très bien être éclatées dans l'espace. Plusieurs juridictions sont alors en concurrence***. La concurrence peut aussi opposer une juridiction nationale à une juridiction étrangère. On le sait, la compétence territoriale se satisfait de la commission d'un acte matériel. Au-delà des questions de compétence territoriale, ***la question de prescription de l'action publique*** est également concernée par la distinction étudiée. Le délai commence à courir, sans référence à la date des premiers actes, à compter du dernier acte caractérisant l'infraction.

2) La durée de l'agissement

Sous ce concept de durée, la doctrine distingue (parfois de façon assez obscure) les infractions instantanées des infractions continues. Derrière la distinction apparaissent, là encore, des intérêts importants.

a) Les infractions instantanées, permanentes et continues

L'infraction instantanée se réalise en « un trait de temps ». C'est le cas du meurtre. Peu importe la durée des agissements meurtriers, le meurtre ne se réalise qu'avec la mort de la victime. La notion d'infraction instantanée est toutefois assez trompeuse car à la vérité elle est sans effet sur le temps passé à la commettre. Échelonnée sur plusieurs semaines, voir sur plusieurs mois, l'escroquerie n'en est pas moins une infraction instantanée qui se réalise pleinement par la remise de la chose. Lorsque les effets de l'infraction se prolongent dans le temps, la doctrine parle d'infraction permanente. Et chacun cite ici la bigamie ou encore la construction sans permis de construire.

Les infractions continues ou successives se prolongent dans le temps et révèlent une volonté réitérée de l'auteur. Le législateur incrimine alors, non plus un acte isolé, mais la persistance d'une situation illégale. On dit de l'infraction continue qu'elle se réalise par et dans la durée. Et le Recteur Lombois d'ajouter que l'infraction continue se renouvelle d'instant en instant.

> **Exemple**
>
> Chacun cite le port illégal de décoration ou le recel de la chose volée. On ajoutera ici l'hébergement contraire à la dignité ou encore les infractions d'omission qui se renouvellent tant que l'obligation d'agir est exigée.

b) Les intérêts de la distinction

Parmi les plus importants, on retiendra la compétence du tribunal, le délai de prescription de l'action publique, la loi applicable et la question de la chose jugée :

Sur la compétence territoriale	Face à une infraction instantanée, la juridiction compétente est celle du lieu de l'infraction. En revanche, la nature « continue » ou « successive » de l'infraction peut multiplier le nombre des juridictions compétentes, l'activité délictueuse s'étant poursuivie en des lieux différents.
Sur l'action publique	La prescription court à compter de la réalisation de l'infraction et ne pose aucun problème pour l'infraction instantanée (exception faite pour les infractions occultes ou dissimulées). Pour l'infraction continue, on retarde au contraire cette course du temps. Le point de départ de la prescription est suspendu jusqu'au moment où l'infraction a pris fin. Ainsi, tant que le receleur conserve la chose volée par-devers lui, il bloque le point de départ de la prescription et peut être poursuivi.
Sur la loi applicable	L'infraction instantanée est soumise aux dispositions de la loi en vigueur au moment où elle est commise. Le principe de la non-rétroactivité interdit donc par définition qu'une loi plus sévère, intervenue depuis les faits, puisse s'appliquer. En revanche, la règle est inversée pour l'infraction continue. Se poursuivant dans le temps, elle est « happée » par la loi nouvelle qui s'applique malgré sa plus grande sévérité.
Sur la question de la chose jugée	On retrouve le principe *non bis in idem*. On l'a étudié, la règle interdit de juger deux fois la même personne pour une même infraction. Certaine ou quasi certaine pour les infractions instantanées, la règle s'efface pour les infractions continues. Tant que le délit perdure, la personne peut être poursuivie alors même qu'elle a déjà été condamnée une ou plusieurs fois. La situation se rencontre assez souvent à propos du non-paiement des pensions alimentaires.

2. LE RÉSULTAT

Le résultat, c'est la conséquence dommageable de l'infraction. La nature de celui-ci est variée. Purement financier (un appauvrissement, conséquence d'une appropriation frauduleuse comme l'énonce parfois le Code pénal) avec un vol, une escroquerie, ou encore une destruction, le dommage peut être également corporel (à la suite des coups reçus) ou purement moral (à la suite d'injures, de diffamations, d'atteintes à la dignité).

Si le plus souvent le résultat est exigé, certaines infractions sont caractérisées avec une indifférence totale à l'égard de tout résultat. Dans un cas comme dans l'autre, la question de la tentative anime encore nombre de controverses.

A - De l'exigence à l'indifférence de résultat

Que le résultat soit exigé, et l'on parle d'infraction matérielle. La terminologie est assez maladroite car elle sert aussi à désigner les infractions, comme les contraventions, qui repoussent au plus profond toute référence à l'élément moral au profit du seul élément matériel. Que le résultat, au contraire, indiffère, on parle alors d'infraction formelle.

1) L'exigence du résultat, l'infraction matérielle

À la vérité, la plupart des infractions sont des infractions matérielles. On entend par là qu'elles se réalisent uniquement par la survenance d'un résultat. Le bon sens conduit le plus souvent la démarche. Peut-on raisonnablement parler de meurtre si la victime est encore vivante ? Le même bon sens conduit également à préciser plusieurs points.

À l'évidence tout d'abord, le seul décès de la victime ne saurait imposer autoritairement la qualification de meurtre. Seule une analyse minutieuse des faits pourra le cas échéant faire la part entre l'assassinat, le meurtre ou encore les violences ayant entraîné la mort sans l'intention de la donner.

Ensuite, sous la pression législative qui fonde la répression en fonction du résultat, il importe de connaître avec précision la conséquence réelle du dommage causé par l'activité délictueuse de l'auteur. Que plusieurs auteurs aient concouru en des temps différents au dommage et la recherche de précision s'en trouve encore plus importante.

Que plusieurs faits se succédant dans le temps aient contribué au dommage et les données de l'analyse se compliquent singulièrement ! Deux thèses doctrinales partagent les préoccupations des auteurs : celle de la causalité adéquate et celle de l'équivalence des conditions.

Pour aller plus loin

Causalité adéquate ou Équivalence des conditions

En guise d'illustration, on retiendra les faits ci-dessous rapportés et la solution retenue. Un piéton qui traversait sur un passage protégé est renversé par un automobiliste. Hospitalisé pour une fracture du calcanéum, il décède dix jours plus tard des suites d'une infection nosocomiales. Une singulière question se pose : à l'égard du conducteur doit-on retenir la commission de simples blessures involontaires ou au contraire un homicide involontaire ? La réponse est gouvernée par deux grandes propositions doctrinales.

La première est dite de « la causalité adéquate ». Seules les causes les plus directes, ayant entraîné de façon certaine le dommage, méritent d'être retenues. Il n'est pas exigé qu'elles soient très proches dans le temps. La thèse est dominée par le critère de causalité, si l'on préfère « le lien de cause à effet ». Dans les deux exemples, le conducteur imprudent semble pouvoir (devoir) échapper aux poursuites fondées sur l'homicide involontaire.

La seconde est dite de « l'équivalence des conditions ». Tous les événements ayant conduit au dommage doivent alors être analysés comme équivalents. Cela signifie que toute personne ayant concouru à la réalisation du dommage est susceptible de voir sa responsabilité engagée. À suivre le raisonnement, le conducteur imprudent peut donc être poursuivi sur le fondement d'un homicide involontaire. C'est, parfois, la voie choisie par la jurisprudence. Souvent sans retenue, les magistrats rappellent que le lien entre la faute et le dommage n'a nul besoin d'être direct, exclusif ou encore immédiat. À l'évidence, la sévérité est affichée et la thèse de la causalité repoussée au profit d'une équivalence plus ou moins fictive des conditions.

Parfois, le juge se montre parfois plus charitable. Ainsi n'a pas été reconnu coupable d'un homicide involontaire l'automobiliste ayant renversé un cyclomotoriste qui, légèrement blessé, se relève, poursuit le véhicule en invectivant le conducteur et meurt d'une crise cardiaque.

Depuis la loi du 10 juillet 2000 et la redéfinition des délits non intentionnels, les données de l'analyse ont singulièrement évolué. Ainsi, la personne physique qui n'est pas directement à l'origine du dommage échappe à toute responsabilité pénale s'il n'est pas établi :

- qu'elle a soit violé de façon manifestement délibérée une obligation particulière de prudence ou de sécurité prévue par la loi ou le règlement ;

– que soit commise une faute caractérisée et qui exposait autrui à un risque d'une particulière gravité qu'elle ne pouvait ignorer.

C'est sur le fondement de cette faute caractérisée que les juges du fond avaient condamné le conducteur imprudent visé plus haut. Pour les magistrats, en heurtant le piéton sur le passage protégé, le conducteur « a créé la situation ayant permis la réalisation du dommage commettant ainsi une faute caractérisée en relation de causalité indirecte avec le décès, exposant autrui à un danger qu'il ne pouvait ignorer ». Comme on l'a fort bien noté, ce raisonnement traduit en quoi le décès de la victime est indirectement lié à l'accident, mais il en oublie le préalable : « l'existence d'une causalité certaine entre l'accident et le décès, qu'il importe de démontrer avant d'établir son caractère direct ou indirect. » Il n'en fallait pas plus pour la Chambre criminelle pour casser la décision. En définitive, les juges du fond, après avoir fait référence à l'infection nosocomiale auraient dû s'attacher à rechercher si ladite infection n'était pas le seul fait en relation de causalité avec le décès.

2) *L'indifférence du résultat, l'infraction formelle*

À dire vrai, le concept d'infraction formelle n'a pas le monopole des infractions qui se désintéressent de tout résultat. Les notions, déjà étudiées, de délits obstacles ou de mise en danger d'autrui se matérialisent également sans référence au résultat. Mais dans ces hypothèses le législateur se borne, le plus souvent, à rendre autonome une incrimination afin de prévenir d'autres infractions aux conséquences plus graves. En revanche, ***l'infraction formelle est consommée indépendamment du résultat qu'elle pourrait éventuellement atteindre***. En somme, comme chacun le note, le législateur incrimine à titre principal une tentative.

Exemple

Les termes de l'article 221-5 du Code pénal sont des plus expressifs : « Le fait d'attenter à la vie d'autrui par l'emploi ou l'administration de substances de nature à entraîner la mort constitue un empoisonnement. » Il n'est nullement exigé que l'empoisonnement ait causé la mort. L'incrimination repose à part entière sur « le fait d'attenter à la vie d'autrui ». C'est donc bien à titre principal que la tentative est regardée comme l'infraction consommée. Malgré l'apparence, il est un peu rapide de considérer l'artifice de l'infraction formelle comme poursuivant une seule idée, celle d'une meilleure répression.

B - La tentative

Le Recteur Lombois l'a bien noté, la tentative est une action coupable, destinée à la réalisation d'une infraction, mais qui n'accomplit pas l'intégralité de ses éléments constitutifs. Elle se situe sur la trajectoire de l'infraction, ce que la doctrine nomme l'*iter criminis*. Entre le moment initial de la résolution criminelle et la réalisation complète de celle-ci, se succèdent plusieurs étapes. On le sait, la simple résolution, l'idée seule de commettre une infraction, ne peut suffire à caractériser une infraction. Que l'individu sache résister à la tentation et rester sur le droit chemin, nul Code pénal ne viendra l'inquiéter. Qu'il poursuive son entreprise délictueuse et parvienne à ses fins, il s'expose alors à toute la rigueur du droit pénal. Entre les deux se dresse la délicate question de la tentative. Toute la difficulté réside dans l'appréciation du moment qui va rendre la tentative punissable. Pour qu'il en soit ainsi, l'infraction doit réunir un certain nombre de conditions. On peut alors distinguer l'infraction tentée de l'infraction manquée.

Classification tripartite des infractions et tentative punissable

Crimes	Toujours punissable
Délits	Punissable seulement lorsqu'elle est prévue par un texte
Contraventions	Le silence du législateur semble commander qu'elle soit exclue

1) *L'infraction tentée*

Article 121-5 du Code pénal

« La tentative est constituée dès lors que, manifestée par un commencement d'exécution, elle n'a été suspendue ou n'a manqué son effet qu'en raison de circonstances indépendantes de la volonté de son auteur. »

Le commentaire est naturellement dicté par cette double condition.

a) Le commencement d'exécution

Faute de définition législative, l'expression a fait l'objet de multiples variations tant en doctrine qu'en jurisprudence.

Les deux grandes tendances doctrinales proposées

Tendance objective	Tendance subjective
Le commencement d'exécution doit être analysé d'un point de vue matériel, en fonction de faits extérieurs. La tentative ne peut être punissable que si l'individu, arrêté dans son élan, a déjà accompli un des actes entrant dans la définition légale de l'infraction. Guère efficace sur le plan de la répression, le raisonnement respecte au plus fort la liberté individuelle.	L'état d'esprit de l'agent gouverne l'analyse. De là, le commencement d'exécution est caractérisé dès que l'agent a manifesté irrévocablement l'intention de commettre l'infraction. Inutile de le dire, une telle analyse est des plus efficaces sur le plan de la répression. Force est de le constater aussitôt, elle paraît violer, sinon troubler, la lettre du code qui impose un commencement d'exécution et non une simple volonté, serait-elle irrévocablement délictuelle.

En jurisprudence, dès le début du XIXe siècle, ***les juges se sont entendus pour dire ce que n'était pas le commencement d'exécution***. La notion d'acte préparatoire fut ainsi écartée du champ de la répression.

En revanche, sur la définition même du commencement d'exécution les controverses ont longtemps perduré. Tenu d'abord comme synonyme « de commencement de l'infraction », le commencement d'exécution a été entendu ensuite comme « l'entrée dans la phase d'exécution de l'infraction ». Au fil des décisions, le commencement d'exécution deviendra l'acte qui tend directement et immédiatement au délit et qui est accompli avec l'intention de le commettre. La définition repose donc, aujourd'hui encore, sur la conjonction de deux éléments : un élément intentionnel (la volonté de commettre l'infraction) et un élément de causalité (un acte destiné à la commission de l'infraction).

L'analyse de la jurisprudence révèle une multitude de situations traduisant ce commencement d'exécution. Le plus souvent l'analyse des faits légitime la décision des juges. Constitue un commencement d'exécution de vol, le fait de suivre un encaisseur dans sa tournée ou de s'approcher cagoulés et armés près d'un bureau de poste. Constitue un commencement d'exécution d'évasion, le fait de scier les barreaux de sa cellule. Constitue un commencement d'exécution le fait de sonner à la porte d'une personne muni d'un bâton (*Cass. crim., 25 juill. 2018*).

À l'inverse de la sévérité souvent dénoncée, l'observateur peut parfois être troublé par l'indulgence ou la sévérité retenue par les magistrats. L'affaire *Lacour* (*Cass. crim., 25 oct. 1962*) traduit assez bien cette indulgence incomprise. Il fut jugé que le fait de remettre de l'argent à un individu, chargé en échange de tuer une victime désignée, n'avait pas pour « conséquence directe et immédiate » la consommation d'un crime. En l'espèce, le candidat tueur à gage n'ayant pas honoré son « contrat », le payeur (le sieur Lacour) ne pouvait être reconnu responsable d'aucune infraction. Cette solution a inspiré de profondes critiques dans les rangs de la doctrine. Les qualificatifs les plus forts ont été mis à contribution pour dénoncer « cette impunité intolérable », « cette lacune irritante ». Mais comme on l'a rappelé, la doctrine n'a pas fait que s'indigner et a proposé au fil des années bien des remèdes. Sans doute fallait-il laisser un peu de temps au temps puisque les données de la question ont été modifiées (seulement) par la loi du 9 mars 2004. La loi, dite *Perben 2*, incrimine en effet expressément « le mandat criminel ». L'article 221-5-1 du Code pénal créé pour l'occasion énonce donc aujourd'hui sans retenue « le fait de faire à une personne des offres ou des promesses ou de lui proposer des dons, présents ou avantages quelconques afin qu'elle commette un assassinat ou un empoisonnement est puni, lorsque ce crime n'a été ni commis ni tenté, de dix ans d'emprisonnement et de 150 000 euros d'amende ».

À l'opposé de l'affaire *Lacour*, quelques décisions traduisent une réelle sévérité des juges. Il est alors, chacun le comprendra, plus difficile d'admettre que l'interprétation jurisprudentielle mette à mal le principe de la légalité.

Exemple

Le fait de se faire passer pour médecin et d'attirer à son domicile une jeune femme à la recherche d'emploi sous prétexte de lui faire passer un examen médical d'embauche, est regardé comme le commencement d'exécution d'une agression sexuelle. La solution est sévère. En l'espèce, « retrouvant sa lucidité », devant les incohérences du prétendu médecin, la jeune femme avait pris la fuite. D'agression sexuelle, il n'y a point eu. De commencement d'agression sexuelle, il n'y a pas eu davantage, aucun acte ou autre attitude ambiguë n'ayant accompagné la demande faite à la jeune femme de se déshabiller. Si bien qu'en définitive, le soi-disant commencement d'exécution ressemblait étrangement à un acte préparatoire. Sur leur « conviction intime », les juges du fond, approuvés par la Cour souveraine, ne l'ont pas entendu de cette façon : « seul le refus de la jeune femme, circonstance indépendante de sa volonté (celle de l'auteur), l'a empêché au dernier moment de procéder sur elle à des attouchements impudiques ».

La transition est toute trouvée. L'absence de désistement volontaire est en effet la seconde exigence pour que la tentative soit punissable.

b) L'absence de désistement volontaire

L'exigence est posée par l'article 121-5 du code. Pour constituer une tentative punissable, le commencement d'exécution ne doit pas avoir été interrompu par des « circonstances indépendantes de la volonté de son auteur ». La précision législative est des plus simples à comprendre. En accordant l'impunité des actes d'exécution déjà accomplis, le législateur espère encourager le désistement volontaire.

Pour que l'***impunité soit de mise, plusieurs conditions*** sont toutefois requises :

– ***l'indulgence législative ne concerne pas les actes qui***, de façon autonome, ***constituent une infraction***. Animé par quelque espoir d'évasion, un détenu avait commencé à creuser le béton sous la fenêtre de sa cellule. Renonçant à son entreprise en raison du bruit occasionné, il préféra alerter lui-même les surveillants afin que ces derniers puissent venir constater la « connerie ». Si l'individu échappe bien devant la cour d'appel aux poursuites fondées sur la tentative d'évasion, il reste néanmoins poursuivi et condamné pour « dégradations volontaires d'un bien destiné à l'utilité publique » ;

– ***le désistement doit être antérieur à la consommation de l'infraction***. Intervenant trop tard, une fois l'infraction déjà consommée, le désistement se transforme en repentir actif. Laisser entendre, comme c'est parfois le cas, que le repentir actif n'est d'aucun effet en droit pénal, est une formule exagérée. Les juridictions de jugement sont en général assez sensibles à cet état de fait en punissant moins sévèrement celui qui témoigne volontairement de son repentir. Cela étant, au sens strict, à l'égard des éléments de l'infraction, le repentir reste effectivement sans effet. L'infraction demeure quels que soient les signes du repenti ;

Pour aller plus loin

Le législateur et le repentir actif

De son côté, le législateur, pour des cas très précis, fait du repentir actif une cause d'exemption ou d'atténuation de la peine. Ce traitement particulier n'est en réalité pas nouveau même si depuis le nouveau Code pénal et plus récemment avec la loi du 9 mars 2004, la matière semble en mouvement. Chacun comprendra qu'il peut être tentant pour le législateur de faire preuve d'une certaine mansuétude pour lutter plus efficacement contre certaines infractions souvent difficiles à sanctionner. Depuis la loi du 9 mars, l'article 132-78 du Code pénal expose sous forme de principe le double mouvement voulu par le législateur : le dénonciateur qui a permis d'éviter une infraction bénéficie d'une exemption de peine, alors que celui qui en a limité les conséquences bénéficie (seulement) d'une réduction de peine. Le législateur réinvente ici la leçon de nos grands-mères : « faute avouée, faute à demi pardonnée ».

– ***le désistement doit être volontaire***, à défaut, la tentative reste punissable. Dans bien des situations, les faits de l'espèce parlent d'eux-mêmes. L'individu s'est abstenu volontairement de poursuivre plus loin son périple criminel, il échappe au droit pénal. À l'inverse, arrêté dans son élan par une cause extérieure, l'arrivée de la police par exemple, l'auteur ne peut bénéficier de la même impunité. À la frontière de ces deux situations se dessine une zone d'incertitudes dans laquelle les magistrats peuvent éprouver les plus grands doutes pour qualifier le caractère réel du désistement. Sans que la règle soit absolue, on relève aisément à la lecture des décisions publiées une préférence pour la voie répressive.

Exemple

A été jugée comme une cause extérieure, donc sans effet sur le désistement, la déficience momentanée d'une personne qui s'apprêtait à commettre un viol. Sans reprendre les faits particuliers de cette affaire, les magistrats admettent ici, contrairement au pourvoi qui soutenait le contraire, que la défaillance physique puisse être d'origine extérieure.

2) *L'infraction manquée*

Il est de coutume de distinguer ici l'infraction manquée de l'infraction impossible. Au vrai les intérêts de cette distinction sont davantage théoriques que véritablement pratiques. Dans un juste souci de répression, l'article 121-5 du code considère constituée la tentative qui a « manqué son effet ». Si l'infraction a été manquée, les actes constitutifs de l'infraction ont bel et bien été accomplis. Seules des circonstances indépendantes de la volonté de l'auteur ont empêché le résultat qu'il espérait. De là, il faudrait en déduire que seules sont concernées les infractions nécessitant un résultat, autrement dit, les infractions matérielles. Pour les infractions formelles, qui se conçoivent indépendamment de tout résultat, la répression de la tentative serait écartée.

Pour aller plus loin

Infraction manquée et infraction formelle

À reprendre ici l'exemple de l'empoissonnement, on constate que le simple fait « d'attenter à la vie d'autrui » caractérise déjà, en soi, l'empoisonnement. Faut-il pour autant se convaincre que seule la tentative est punissable ? L'incertitude vient de l'ancienne terminologie de l'attentat en droit pénal. Dans l'Ancien Droit, l'attentat signifiait la tentative. Alors à imaginer qu'en matière d'empoisonnement celle-ci soit possible, il y aurait, comme l'a fort justement noté un auteur il y a quelques années, « une tentative de tentative ». La formule peut faire sourire, mais elle a le mérite de rappeler le particularisme des infractions formelles. Car bien entendu, la tentative d'empoisonnement est punissable. Seulement, en vertu de ce particularisme (l'indifférence au résultat), le fondement de l'article 121-5 du code va s'en trouver quelque peu bouleversé. Par la nature de l'infraction formelle, le crime se trouve avancé dans le temps. Encore une fois, le simple fait « d'attenter » réalise déjà le crime. Concrètement, cela signifie qu'un simple acte préparatoire (sans connotation pénale) dans une infraction matérielle va devenir, dans une infraction formelle, un commencement d'exécution. Faute de désistement volontaire, la tentative sera constituée. Ainsi, l'exemple est des plus classiques, la préparation dans son atelier d'une substance pouvant donner la mort est regardée comme un acte préparatoire. En revanche, en mélangeant cette substance à une boisson ou un produit alimentaire, le préparateur commet un commencement d'exécution. Est donc fort logiquement entendu comme tel, le seul fait de jeter du poison dans un puits.

3) *L'infraction impossible*

On utilise l'expression pour définir des situations dans lesquelles l'infraction ne pouvait aboutir. L'infraction était impossible à atteindre. La main du pickpocket « rencontre » une poche totalement vide. N'ayant trouvé article à son goût, le voleur sort de la maison visitée les poches vides.

Ces situations seraient plutôt cocasses si elles ne révélaient la dangerosité de l'auteur dont la volonté reste tournée vers la réalisation de l'infraction. Car dans chacun des deux exemples retenus, la volonté criminelle est certaine et la répression de la tentative se comprend aisément. Pourtant, par le passé, les auteurs n'ont pas hésité à alimenter quelques controverses plus ou moins généreuses à l'égard du délinquant. Ces élans de générosité ont été brisés net en 1928 par la Cour de cassation (*C. cass., 9 nov. 1928, Fleury*). Consacrant la solution la plus répressive, la Chambre criminelle rejette le pourvoi des époux Fleury condamnés pour avoir tenté, par des moyens totalement inopérants (injections d'alcool, de vinaigre et d'eau de Cologne), des manœuvres abortives sur leur employée de maison : « Que ces manœuvres étaient par elles-mêmes insuffisantes à produire le résultat auquel elles tendaient, n'a été qu'une circonstance indépendante de leur volonté, par suite de laquelle leur tentative a manqué son effet. »

Averti de cette sévérité, somme toute assez naturelle, le juriste n'en reste pas moins quelque peu perplexe devant certaines interrogations doctrinales. Témoin la note sous l'affaire *Perdereau* qui commence par cette brutale interrogation « Peut-on essayer de tuer un cadavre ? ». Si les mots s'entrechoquent au premier abord, la logique du raisonnement conduit à reformuler l'interrogation pour que les choses rentrent dans l'ordre. Et fort logiquement, il convient de répondre par l'affirmative. Oui, ici, on peut tenter de tuer un cadavre. Après tout, en présence d'un commencement d'exécution et faute de désistement, la tentative est constituée et devient donc punissable. Il n'y a aucune raison logique pour en décider autrement : « Attendu qu'à supposer établi que Y... croyant Z. encore en vie, ait exercé sur celui-ci des violences dans l'intention de lui donner la mort il n'importe, pour que soit caractérisée la tentative d'homicide volontaire, que la victime fût déjà décédée, cette circonstance étant indépendante de la volonté de l'auteur et lesdites violences caractérisant un commencement d'exécution au sens de l'article 2 du Code pénal » (*Cass. crim., 16 janv. 1986, Perdereau*).

Iter criminis (idée criminelle)
Condition de la tentative punissable

Idée criminelle	Acte préparatoire	Commencement d'exécution	Désistement	Infraction	Punissable/ non punissable
oui	non	non	non	non	non punissable
oui	oui	non	non	non	non punissable
oui	oui	oui	Volontaire	non	non punissable
oui	oui	oui	Absence	Interrompue	punissable
oui	oui	oui	Absence	Manquée (maladresse)	punissable
oui	oui	oui	Absence	Impossible	punissable

BIBLIOGRAPHIE

COMBALDIEU (R.), « Le problème de la tentative de complicité ou le hasard peut-il être un arbitre de la répression ? », RSC 1959, p. 454.

CORBOZ (B.), « Les actes préparatoires », RI crim. et pol. techn. 1982, p. 5.

DELAGE (P.-J.), « Rappel de la distinction entre le commencement d'exécution et actes préparatoires », AJ pénal 2018, p. 364.

DEVEZE (J.), « Le commencement d'exécution de l'infraction en jurisprudence », RSC 1981, p. 777.

GERTHOFFER (G.), « La tentative et la complicité », in *Mélanges Patin*, 1966, Cujas, p. 157.

GRUNVALD (S.), « À propos de l'élément matériel de l'infraction : quelques questions de frontière », in *Mélanges en l'honneur du Professeur Reynald Ottenhof, Le champ pénal*, 2006, Dalloz, p. 131.

PARTOUCHE (B.), « Tentative et violences volontaires dans la jurisprudence contemporaine », RSC 2013, p. 759.

PONSEILLE (A.), « L'incrimination du mandat criminel ou l'article 221-5-1 du Code pénal issu de la loi du 9 mars 2004 », Dr. pén. 2005, Études n° 10.

ROBERT (J.-H.), « L'histoire des éléments de l'infraction », RSC 1977, p. 269.

SAINT-PAU (C.), « Les causalités dans la théorie de l'infraction », in *Mélanges en l'honneur du Professeur Jacques-Henri Robert*, 2012, Lexis-Nexis, p. 679.

SECONDS (M.), « Tentative », JCl. Pén. 2011, Art. 121-4 et 121-5.

VARINARD (A.), « La théorie de l'infraction impossible : vers la disparition d'un mythe doctrinal », in *Mélanges Chavanne*, 1990, Litec, p. 165.

PARTIE 3

L'auteur

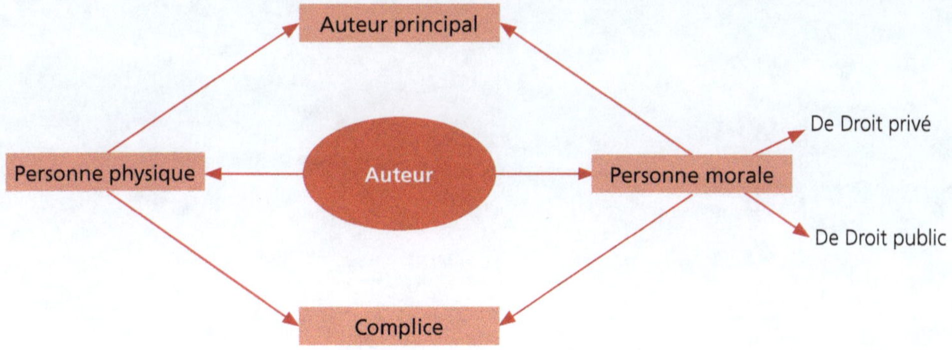

CHAPITRE

L'auteur, personne physique

En droit positif, le responsable d'une infraction ne peut revêtir que deux manteaux : celui de l'auteur principal et du complice.

Les notions parlent d'elles-mêmes. Alors que l'auteur principal est regardé comme le principal responsable du fait reproché, le complice apparaît comme un responsable de second ordre. Mais l'apparence du vocabulaire peut être trompeuse. Les mots ne signifient pas ici que le complice sera traité moins sévèrement que l'auteur principal.

1• L'AUTEUR PRINCIPAL

La responsabilité pénale de l'auteur principal d'une infraction répond du principe de la responsabilité personnelle. Ce principe signifie que l'auteur d'une infraction ne peut être poursuivi que pour ses propres agissements ou omissions. Parfois, comme par jeu, les mots s'entrechoquent et laissent apparaître une responsabilité pour le fait d'autrui.

A - Le principe de la responsabilité personnelle

1) *L'histoire du principe*

Chacun le rappelle, aux origines des civilisations le principe de la responsabilité pénale revêtait plutôt un caractère collectif. En ces temps immémoriaux, le processus pénal – c'est le temps de la vengeance privée – est une histoire de groupe. La victime et le groupe auquel elle appartient réagissent contre l'offenseur et le groupe de ce dernier. Si l'étape suivante marque le temps de la justice privée, les choses ne changent pas fondamentalement et les historiens évoquent encore une responsabilité pénale collective.

En somme, c'est avec l'apparition de la justice publique que la responsabilité pénale va devenir peu à peu individuelle. Et le fameux jurisconsulte Loysel d'annoncer : « ***en crime, il n'y a pas de garant*** ». Dès lors, il apparaît naturel que seul celui qui a commis un méfait en réponde. Au moment de la Révolution, chacun s'accorde à reconnaître l'importance d'un tel principe, mais celui-ci, peut être en raison de sa trop grande certitude, ne trouve place dans aucun texte. La rédaction du Code pénal de 1810 ne changera rien à cette situation. Mais si le code ignore le principe, il ne fait aucun doute qu'il guide le droit de la responsabilité pénale.

…nelle confirmera le principe de la responsabilité personnelle dans un arrêt … 1948, sans que personne n'en éprouve une quelconque surprise : « nul …ble qu'à raison de son fait personnel ». La surprise viendrait plutôt du fait, …i encore, les magistrats de la Cour souveraine sont parfois obligés de … principe.

2) La consécration du principe par le Code pénal

Article 121-1 du Code pénal

« Nul n'est responsable pénalement que de son propre fait. »

D'aucuns en doctrine n'ont manqué de relever aussitôt que le texte eût été plus utile s'il avait été complété des dispositions consacrées aux exceptions qu'il est susceptible de connaître. Il est vrai que le principe étudié peut se trouver mis à mal en présence d'infractions commises dans le cadre d'un groupe. Certains parlent de responsabilité collective.

Exemple

La Chambre criminelle, dans un arrêt du 2 septembre 2005, a pu, à l'occasion d'une affaire de violences volontaires en réunion, décider que « le délit de violences peut être constitué, en dehors de tout contact matériel avec le corps de la victime, par tout acte ou comportement de nature à causer sur la personne de celle-ci une atteinte à son intégrité physique ou psychique caractérisée par le choc émotif ou une perturbation psychologique ». En somme, comme on l'a noté, la simple participation à une scène collective d'intimidation ne peut être regardée comme dépourvue de tout caractère violent.

On peut comprendre les réserves énoncées par cette partie de la doctrine. On sait en effet que selon les termes de l'article 121-4 du code « Est auteur de l'infraction la personne qui : 1° Commet les faits incriminés ; 2° Tente de commettre un crime ou, dans les cas prévus par la loi, un délit. »

En définitive, l'auteur est celui qui commet ou celui qui tente de commettre.

La forme retenue par le législateur n'exclut pas évidemment que l'infraction puisse être commise par plusieurs personnes et qu'à côté de l'auteur se tiennent un ou plusieurs complices. Lors des travaux préparatoires du nouveau code, certains ont tenté de marquer avec plus de précisions les différents modes de participation à l'infraction. Autour de l'axe classique auteur/complice, ont été proposées les notions d'auteur matériel, d'auteur intellectuel, de collaborateur ou encore d'instigateur. Il fut aussi proposé d'étendre la notion d'auteur à celui qu'on désigne couramment par le terme de décideur. L'analogie visait à tenir pour auteur celui qui, devant faire respecter une obligation légale, avait néanmoins laissé une personne placée sous son autorité commettre une violation de ladite obligation.

Pour vérifier ce qu'il reste de toutes ces propositions, et avant même de retracer les formes de la complicité punissable, il convient d'étudier, ce qu'on nomme de façon fort abusive, la responsabilité du fait d'autrui.

B - La question de la responsabilité dite pour le fait d'autrui

1) Présentation

À la différence des théories civilistes qui font parfois peser la responsabilité d'un dommage sur une personne qui n'en est pas l'auteur, le droit pénal ne reconnaît pas, en principe, la responsabilité pour le fait d'autrui. On l'a dit, la jurisprudence a souvent rappelé que « ***nul n'est punissable qu'à raison de son fait personnel*** ». Aucune poursuite ne peut être engagée, *a fortiori* aucune sanction prononcée, contre un individu qui n'a en rien participé, matériellement et moralement, à une infraction.

Mais la tentation est parfois grande pour le pénaliste de « loucher » sur le grand frère civiliste. Souci de répression, solution de facilité, recherche d'équité, les arguments, bons ou mauvais, ne manquent pas. Le principe de la responsabilité pénale personnelle souffre en effet d'un certain nombre de tempéraments. Ces derniers, importants en pratique, sont fondés sur l'idée que ***pour être exonéré totalement*** de sa responsabilité, l'auteur, lorsqu'il n'a pas personnellement participé à l'infraction, ***doit être aussi, moralement irresponsable***. Il arrive que derrière l'auteur matériel de l'infraction, se trouve une personne qui, sans y avoir matériellement participé, en a facilité la commission.

2) La notion d'auteur moral de l'infraction

Cette culpabilité « morale », comme on la désigne parfois, a élu un domicile privilégié dans le cadre de l'entreprise. Il est vrai que le principe de la personnalité des peines s'avère quelque peu inadapté lorsque l'infraction se situe dans la sphère des activités menées dans le cadre de l'entreprise.

La tendance est alors d'admettre une sorte de scission des éléments constitutifs de l'infraction : « empruntant » l'élément matériel de l'infraction commise par son préposé, le chef d'entreprise est regardé comme le véritable auteur moral de l'infraction. Sans une faute de comportement du chef d'entreprise, l'infraction ne se serait pas (ou peut-être pas) réalisée. Et d'aucuns d'ajouter, « la faute du décideur englobe celle de son salarié ».

En somme, cette faute de comportement sert l'élément matériel de l'infraction reprochée au chef d'entreprise. Car au juste, ce qu'on reproche au dirigeant c'est de ne pas avoir su empêcher que l'infraction se produise. Et la Cour de cassation d'affirmer que la responsabilité pénale peut naître du fait d'autrui et qu'il en va ainsi « notamment, dans les industries soumises à des règlements édictés dans un intérêt de salubrité ou de sûreté publiques, la responsabilité pénale remonte essentiellement aux chefs d'entreprise, à qui sont personnellement imposés les conditions et le mode d'exploitation de leur industrie ».

Autrement dit, ce qu'on reproche au chef d'entreprise c'est de ne pas avoir pris toutes les précautions ou les dispositions qui s'imposaient. Somme toute, l'abstention, car le plus souvent il s'agit d'infraction d'imprudence ou de négligence, a la même vocation que l'action pour révéler la matérialité de l'infraction. Point besoin de pousser le raisonnement pour constater que ***l'expression « responsable du fait d'autrui » est trompeuse. C'est bien pour sa propre faute et uniquement pour celle-ci que le dirigeant est poursuivi***. Au-delà du seul raisonnement juridique, cette référence à « l'auteur moral », qui entraîne la matérialité, trouve sur un terrain plus sociologique des vertus intéressantes. En mettant l'accent, plus ou moins expressément, sur l'autorité morale du dirigeant, elle s'inscrit dans le souci, assez moderne, de lutter contre une certaine « déresponsabilisation » du comportement des chefs d'entreprise.

3) Les limites de l'engagement de la responsabilité pénale de l'auteur moral

a) L'exigence d'une faute personnelle

En pratique, la faute du dirigeant est tellement présumée qu'on a pu la croire un moment irréfragable. Pour freiner cette ardente jurisprudence, le législateur, par une loi du 6 décembre 1976, en modifiant l'article L. 263-2 du Code du travail, a exigé que soit constatée « la faute personnelle » du dirigeant. La formule est aujourd'hui reprise par les articles L. 4741-1 et suivants du même code.

Il n'en demeure pas moins que les magistrats ont une conception très sévère des obligations qui pèsent sur le dirigeant. Libre à celui-ci de prouver qu'il n'a commis aucune faute, mais le plus souvent la tâche sera difficile, sinon impossible. On pourrait être tenté d'analyser cette présomption de responsabilité comme une disposition contraire au principe de la présomption d'innocence. La Chambre criminelle a pu rappeler que la présomption de responsabilité n'avait pas d'autre effet que celui d'inverser la charge de la preuve.

À la vérité, la seule échappatoire pour le chef d'entreprise réside dans la délégation de pouvoirs.

b) La délégation de pouvoirs, source d'exonération

1. Le principe de la délégation

Les magistrats ont admis très tôt que le dirigeant, dans l'impossibilité de surveiller et d'organiser seul l'ensemble des activités de l'entreprise, pouvait déléguer une partie de ses attributions et par-là même une part de sa responsabilité. En pratique, les magistrats opéraient une distinction selon les domaines concernés par la délégation. Celle-ci était admise assez facilement en matière d'hygiène et de sécurité et refusée en matière d'infractions économiques.

> **Exemple**
>
> Par cinq arrêts du 11 mars 1993, la Chambre criminelle abandonne la distinction évoquée en renversant la thèse jusque-là soutenue. Non seulement elle autorise la délégation en matière d'infractions économiques, mais elle ajoute, plus largement, que « hors le cas où la loi en dispose autrement, le chef d'entreprise, qui n'a pas personnellement pris part à la réalisation de l'infraction, peut s'exonérer de sa responsabilité pénale s'il rapporte la preuve qu'il a délégué ses pouvoirs à une personne pourvue de la compétence, de l'autorité et des moyens nécessaires ».

2. Les limites des effets de la délégation

Si la nature du domaine de la délégation n'importe plus, encore faut-il pour que la délégation soit acceptée par les juges que le délégué ait effectivement les compétences et l'autorité requise pour assurer les missions qui lui sont confiées. Dès lors que leurs motifs sont exempts d'insuffisance et de contradiction, les juges du fond apprécient souverainement les conditions requises. Ce qui implique des aptitudes techniques et une certaine autonomie et à l'évidence, l'assentiment du préposé délégataire. La Chambre criminelle a pu le rappeler récemment en insistant sur le fait que la délégation de pouvoirs n'avait pas été « expressément acceptée » par le préposé. Ce qui implique également que l'entreprise soit d'une dimension suffisante pour empêcher le dirigeant d'en assurer personnellement la surveillance effective. Encore faut-il que ce dernier puisse rapporter la preuve de la compétence et de l'autorité nécessaire du délégué. À ces conditions, la délégation sera salvatrice pour le dirigeant puisque, par principe, le cumul de responsabilité sera dans cette hypothèse exclu. À l'évidence, la formule s'efface et la délégation devient sans effet lorsque le dirigeant a pris une part personnelle à la réalisation de l'infraction. Côté Droit public, le principe de la délégation est écarté pour les délégations de fait des élus locaux. Deux conseillers municipaux responsables d'un comité des fêtes avaient été condamnés du chef d'homicide involontaire sur la base d'une délégation de fait donnée par le maire de la commune. La décision est censurée. La Chambre criminelle a estimé que l'article L. 2122-18 du Code général des collectivités territoriales qui opère un transfert de la responsabilité pénale sur le fondement d'une délégation ne peut prendre que la forme que d'un arrêté municipal (*Cass. crim., 18 juin 2013*). En droit privé, la règle paraît moins certaine puisque certaines décisions laissent entendre, sans que cela puisse être tenu pour acquis, que la forme de la délégation importe peu (*Cass. crim., 17 oct. 2017*).

Exemple

La Chambre criminelle admet qu'une délégation de fait puisse servir à qualifier le « représentant » nécessaire à l'engagement de la responsabilité pénale de la personne morale (*Cass. crim., 17 oct. 2017*), « ont seules la qualité de représentant, au sens de l'article 121-2 du Code pénal, les personnes pourvues de la compétence, de l'autorité et des moyens nécessaires, ayant reçu une délégation de pouvoirs, de droit ou de fait, de la part des organes de la personne morale ».

La Chambre criminelle valide le fait qu'un salarié puisse être le représentant d'une personne morale en raison d'une délégation de fait (*Cass. crim., 27 févr. 2018*).

2. LE COMPLICE

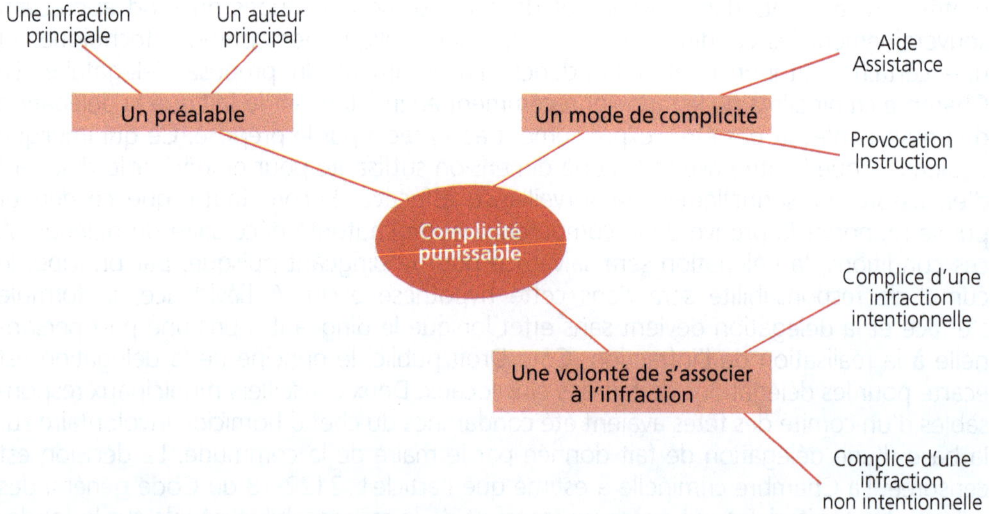

La complicité est punissable à deux conditions :
– un fait principal punissable (sorte de préalable légal) ;
– un acte de complicité (élément matériel et élément moral partagent la notion).

Article 121-6 du Code pénal

« Sera puni comme auteur le complice de l'infraction, au sens de l'article 121-7. »

Article 121-7 du Code pénal

« Est complice d'un crime ou d'un délit la personne qui sciemment, par aide ou assistance, en a facilité la préparation ou la consommation.
Est également complice la personne qui par don, promesse, menace, ordre, abus d'autorité ou de pouvoir aura provoqué à une infraction ou donné des instructions pour la commettre. »

A - La nécessité d'un fait principal punissable

Traditionnellement, deux principes permettaient de mesurer cette exigence : l'emprunt de criminalité et l'emprunt de pénalité. Le premier est toujours de mise, le second a été effacé par le législateur au profit de l'assimilation du complice à l'auteur principal.

1) Le principe de l'emprunt de criminalité

Le schéma est des plus simples à comprendre. Le complice ne commet pas une infraction autonome, il emprunte sa propre criminalité à celle de l'auteur principal. Selon la célèbre expression du Doyen Carbonnier, auteur et complice « sont cousus dans le même sac ». Mais il ne faut pas se méprendre, si une infraction est exigée pour que le complice soit poursuivi, il importe peu que l'auteur principal le soit.

a) L'exigence d'une infraction punissable

L'exigence est dictée par l'article 121-6 du Code pénal « le complice de l'infraction » et par l'article 121-7 qui évoque le « complice d'un crime ou d'un délit ».

1. Sur la nature de l'infraction reprochée

Sur la nature de l'infraction, le code vise donc tous les crimes et tous les délits.

Nature de l'infraction	Mode de complicité	Répression de la complicité
Crimes	Quel que soit le mode de complicité	Toujours punissable
Délits	Quel que soit le mode de complicité	Toujours punissable
Contraventions	Par aide ou assistance	Punissable si prévue par un texte
Contraventions	Par instigation	Punissable même en l'absence de texte spécifique

2. De la nécessité d'une infraction principale punissable

Il ne peut y avoir de complicité en présence d'un acte prescrit, amnistié ou encore justifié. Il en résulte que le principe de l'emprunt de criminalité sert parfois avantageusement le complice qui restera impuni alors qu'il ne méritait pas cette indulgence. En vertu de l'immunité familiale, le complice de l'époux qui vole sa femme ou de l'enfant qui vole ses parents échappe à la répression. Dans la célèbre affaire *Lacour*, le désistement volontaire du tueur engagé par le docteur Lacour a empêché que la complicité de celui-ci soit retenue.

On distingue la tentative de complicité de la complicité de tentative. La distinction est importante, la tentative de complicité n'est pas punissable alors la complicité dans la tentative peut l'être.

b) L'indifférence à la poursuite de l'auteur principal

L'acte de complicité étant rattaché au fait principal punissable et non à l'auteur de l'infraction, l'absence de répression de ce dernier est donc sans incidence sur la poursuite du complice. L'hypothèse n'est pas une hypothèse d'école. Elle se vérifie chaque fois que l'auteur principal échappe aux poursuites pour une cause subjective d'irresponsabilité.

Exemple

Le complice majeur répondra seul de l'infraction commise avec un mineur de moins de dix ans. Un bref instant, on retrouve le sentiment populaire qui veut que « les grands » soient responsables « des petits ».

2) Le principe de l'assimilation du complice à l'auteur principal

Le Code de 1810 copiait la répression du complice sur celle de l'auteur principal en annonçant que les complices seraient punis de « la même peine que les auteurs ». On parlait alors de l'emprunt de pénalité. La formule devait survivre à la réforme et les dispositions nouvelles reprendre les anciennes. Lors des travaux préparatoires, les sénateurs firent remarquer que la référence à l'emprunt de pénalité devenait inconciliable avec la mise en œuvre de la responsabilité des personnes morales. En s'écartant de la référence ancienne, l'article 121-6 décide aujourd'hui que le complice « sera puni comme auteur ». Clause de style ou véritable bouleversement de la répression de la complicité ? L'interrogation n'est pas fortuite, car les deux textes, en apparence similaires, n'en portent pas moins un sens assez différent. La formule de l'article 121-6 ne signifie nullement que le complice sera puni comme l'auteur principal de l'infraction mais bien qu'il sera puni comme s'il avait été lui-même cet auteur principal.

Causes d'aggravation ou d'atténuation de la peine	Conséquences sur le complice
Causes personnelles à l'auteur principal	Elles sont sans effet sur le complice. La règle vaut tant pour celles qui aggravent la peine (comme la récidive) que pour celles qui l'atténuent (troubles psychiques ou « excuse de minorité »).
Causes réelles, relatives à l'infraction	Elles touchent totalement la responsabilité du complice.

Les circonstances aggravantes inconnues du complice peuvent-elles être retenues contre lui ? La Chambre criminelle répond par l'affirmative. Ainsi, celui qui s'est rendu complice du délit de violence, quand bien même il n'aurait entendu s'associer qu'à des faits de violences légères, c'est-à-dire à des actes de nature à provoquer une sérieuse émotion à la partie civile, doit supporter l'aggravation de l'infraction dont il devait prévoir toutes les circonstances pouvant l'accompagner. Pour la chambre criminelle, le complice encourt la responsabilité de toutes les circonstances qui qualifient l'acte poursuivi sans qu'il soit nécessaire que celles-ci aient été connues de lui.

B - La nécessité d'un acte de complicité

À l'instar de l'acte commis par l'auteur, l'acte du complice se caractérise tant par son élément matériel que par son élément moral. La lecture de quelques décisions rendues par les juridictions du fond à propos de celui qui fait le guet peut susciter l'embarras. Alors qu'il est généralement enseigné que celui qui fait le guet, pendant qu'un autre commet un vol, est un complice, certains juges du fond retiennent la qualification de coauteur. L'utilité d'une telle qualification est bien délicate à justifier. On sait que le complice est sanctionné comme s'il était l'auteur de l'infraction et qu'il encourt les mêmes peines.

1) *L'élément matériel de la complicité*

L'article 121-7 souligne de façon expresse trois formes de participation :
- la complicité par aide ou assistance (al. 1) ;
- la complicité par provocation (al. 2) ;
- la complicité par instruction (al. 2).

a) L'aide ou l'assistance

« Est complice d'un crime ou d'un délit », dit l'article 121-7, « la personne qui sciemment, par aide ou assistance, en a facilité la préparation ou la consommation ».

Hier la formule était complétée par la « fourniture de moyens ». À juste titre, les rédacteurs du nouveau code ont estimé que les deux notions conservées englobent celle qui a été abandonnée. Chacun en conviendra, il est difficile d'être plus généreux et plus évasif tant est immense le champ couvert par les deux notions. À voir si malmené le principe de la légalité, on se rassurera en notant que l'aide et l'assistance ne sont répréhensibles que si la complicité s'analyse en un acte positif proposé, de surcroît, antérieurement ou concomitamment à l'infraction principale.

1. Nécessité d'un acte de complicité

Sur la nécessité d'un acte positif, il est de jurisprudence constante d'affirmer que l'utilisation effective de l'aide ou de l'assistance fournie importe peu. La répression de la complicité ne dépend donc pas des suites données par l'auteur principal. Après tout, comme chacun le note, l'aide proposée a renforcé la détermination de l'auteur et mérite d'être punie.

Dans un souci de répression, la jurisprudence considère parfois qu'une attitude passive peut caractériser un acte de complicité. Il en va ainsi toutes les fois que le complice, bien que passif, a joué un rôle important dans la commission de l'infraction. Le douanier du roman qui acceptait de « fermer les yeux » illustrait parfaitement cette situation.

À l'inverse, celui qui n'a joué aucun rôle en restant purement passif lors la commission de l'infraction n'est pas un complice. Celui qui, après avoir surpris plusieurs voleurs en flagrant délit, accepte de garder le silence moyennant rémunération ne peut être considéré comme un complice.

Toutefois, les chemins de la répression s'entrouvrent à nouveau lorsque l'abstention constitue une infraction spécifique comme par exemple en cas de non-assistance à personne en péril. Les juges n'hésitent pas à tenir pour complice, celui qui, sachant, a laissé faire alors qu'il aurait pu dénoncer : « si la complicité par aide ou assistance ne peut s'induire d'une simple inaction ou abstention, elle se trouve en revanche caractérisée lorsque, comme en l'espèce, le demandeur, membre du directoire, ayant connaissance des abus de biens sociaux auxquels se livrait son président, a laissé les commettre, alors qu'il avait les moyens que lui donne la loi de s'y opposer ».

Pour aller plus loin

« *Happy slapping* » et complicité

Parfois la répression du complice puise sa source dans de nouvelles dispositions législatives. Tel est le cas du nouvel article 222-33-3 du Code pénal. Créé par la loi du 5 mars 2007, l'article est ainsi rédigé : « Est constitutif d'un acte de complicité des atteintes volontaires à l'intégrité de la personne prévues par les articles 222-1 à 222-14-1 et 222-23 à 222-31 et est puni des peines prévues par ces articles le fait d'enregistrer sciemment, par quelque moyen que ce soit, sur tout support que ce soit, des images relatives à la commission de ces infractions. » L'alinéa second réprime, cette fois à titre autonome, comme infraction principale, « Le fait de diffuser l'enregistrement de telles images est puni de cinq ans d'emprisonnement et de 75 000 euros d'amende. »

Cet article, prenant acte de quelques faits divers assez déplaisants, vise à réprimer la pratique du « *happy slapping* ». Traduction oblige, cette pratique, née dans la rue, consiste pour des individus, souvent assez jeunes, à agresser, sans raison, des passants pendant qu'« un ami ou plusieurs amis » filment la scène avec leur téléphone portable. Sous la plume du législateur les amis en question se transforment en véritables « complices » – complice par abstention, certes, mais complice à part entière –. Les partisans du discours sécuritaires approuveront sans nul doute cette initiative législative. L'utilité sociale semble pertinente. Pour autant, l'initiative était-elle, juridiquement, nécessaire ? Les magistrats n'étaient-ils pas déjà « armés » pour retenir et qualifier de telles formes d'agissements. De là, un auteur y a vu une certaine défiance du législateur à l'égard du juge.

2. Nécessité du caractère concomitant de l'acte

L'aide ou l'assistance doit avoir pour finalité de faciliter « la préparation ou la consommation » de l'infraction. Dès lors, l'aide ou l'assistance postérieure à l'infraction principale ne peut être retenue comme un acte de complicité. Mais les choses se renversent et la répression de la complicité devient possible si l'aide ou l'assistance, fournie après la commission de l'infraction, a été promise avant la réalisation de celle-ci.

Exemple

Il en va ainsi d'une « intervention tendant à assurer la fuite de l'auteur principal, dès lors que cette protection résulte d'un accord préalable à l'infraction ».

Il n'est pas rare d'ailleurs que l'aide postérieure soit érigée en infraction spécifique. Témoins, le recel de criminel (art. 434-6) et le recel de choses (art. 321-1).

b) La complicité par provocation

C'est le second alinéa de l'article 121-7 : « Est également complice la personne qui par don, promesse, menace, ordre, abus d'autorité ou de pouvoir aura provoqué à une infraction (...) » Le provocateur est donc celui qui incite, par les procédés expressément prévus par l'alinéa 2, l'auteur à commettre une infraction.

Encore faut-il que la provocation soit assez suggestive. Ce qui exclut du champ de la complicité, la provocation faite à la foule ou aux lecteurs d'un journal.

Adressée à une personne déterminée, la provocation endosse le vêtement de la complicité à la double condition d'être suffisamment précise et d'avoir été suivie d'effets. Ont été considérés comme des exemples de provocation : la remise d'une somme d'argent,

la promesse d'une rémunération après l'exécution de l'infraction, une menace de licenciement à l'encontre d'un employé en vue d'obtenir un faux témoignage.
Dans un souci fort légitime de répression, le législateur incrimine parfois, de manière autonome, la provocation.

Exemple

La provocation au suicide ou l'incrimination du mandat criminel : la loi du 9 mars 2004 incrimine aujourd'hui expressément « le mandat criminel ». L'article 221-5-1 du Code pénal, créé pour l'occasion, énonce que « Le fait de faire à une personne des offres ou des promesses ou de lui proposer des dons, présents ou avantages quelconques afin qu'elle commette un assassinat ou un empoisonnement est puni, lorsque ce crime n'a été ni commis ni tenté, de dix ans d'emprisonnement et de 150 000 euros d'amende. »

Pour aller plus loin

Complicité du passager pour une infraction commise par un conducteur

L'étude de la jurisprudence révèle plusieurs affaires dans lesquelles le passager d'un véhicule était poursuivi comme complice d'un conducteur pour avoir donné l'ordre à ce dernier de ne pas respecter les règles de la circulation routière ou les injonctions des forces de l'ordre. En somme, dans ces affaires, les propos tenus par le passager « fonce voilà les flics », « Vas-y, ça passe », « fonce, fonce, ne t'arrête pas ! » permettaient de relever l'élément matériel de la complicité. À la lecture de certaines de ces décisions, on peut éprouver une certaine gêne à suivre le raisonnement (quelque peu répressif) conduit par les magistrats de la Chambre criminelle. Tantôt le raisonnement sur l'élément matériel semble passé aux oubliettes, tantôt le raisonnement sur l'élément moral paraît quelque peu heurté. En outre, le moins que l'on puisse dire, c'est que la Chambre criminelle n'exerce pas sur les juges du fond un contrôle bien pesant sur la réalité de l'ordre qui est donné en pareilles hypothèses. Sans imposer la présence d'un supérieur hiérarchique, la notion d'ordre donné semble, au *minima*, appeler un contrôle de l'ascendance réelle qu'exerce le donneur d'ordre sur celui qui l'exécute.

c) La complicité par instruction

Elle est visée *in fine* par l'article 121-7. Contrairement au provocateur, l'instructeur n'exerce pas de pression sur l'auteur principal. Il se contente (c'est déjà beaucoup) de lui donner des renseignements utiles à la conduite de l'infraction. Mais cette forme de complicité ne se satisfait pas de vagues renseignements et la Cour de cassation exige que les renseignements donnés soient suffisamment précis.

Exemple

Fournir à un détenu un plan d'évasion, donner l'adresse d'un logement à cambrioler, donner l'accord, pour un président de l'office public des HLM, à son subordonné d'organiser un groupe de choc chargé d'entrer par effraction au domicile des locataires endettés, d'y changer les serrures et d'y enlever les meubles, la complicité de vol se trouvant pareillement établie, dès lors qu'il savait que les meubles ainsi enlevés étaient partagés entre les membres du commando, fournir des renseignements précis sur une personne afin d'exercer sur elle des menaces et tenter d'obtenir une augmentation du prix de cession d'actions.

2) *L'élément moral de la complicité*

L'élément intellectuel de la complicité est nécessairement intentionnel. On entend par là que le complice devait :

- non seulement avoir connaissance de l'infraction envisagée ;
- mais aussi la volonté de s'y associer.

L'article 121-7 du code définit d'ailleurs sans équivoque le complice comme ***la personne qui a participé « sciemment » à l'infraction principale***. Ainsi, celui qui parle trop ou qui fournit naïvement des renseignements utiles à une infraction n'est pas considéré comme un complice. De même, celui qui prête sa voiture, en ignorant que le conducteur va l'utiliser dans un vol, reste étranger à l'infraction.

Si l'élément intentionnel de la complicité se caractérise par la connaissance de l'intention criminelle de l'auteur principal, il est sans effet que le complice ait entendu ou non partager cette même intention. L'élément moral de la complicité chemine donc près de l'élément moral de l'infraction principale sans pour autant s'y perdre et s'y confondre. La complicité de crimes contre l'humanité est retenue à l'égard d'une personne qui, sans partager la volonté exterminatrice de l'auteur, connaissait les funestes desseins de celui-ci.

a) Complicité d'une infraction principale intentionnelle

Dans la majeure partie des situations, l'infraction principale étant une infraction intentionnelle, il n'y a guère de difficultés. Il est parfois des hypothèses plus complexes qui révèlent un décalage entre l'infraction initialement projetée et celle effectivement réalisée. Face à cette discordance, sorte de complicité « praeter intentionnelle », la responsabilité du complice prend une autre dimension. À l'évidence, si l'infraction commise est de même nature que celle envisagée, la complicité demeure quelle que soit la cause d'aggravation. Ainsi, comme il emprunte la criminalité de l'auteur principal, le complice subit le cas échéant la circonstance aggravante de préméditation.

Exemple

Si l'auteur principal, en sortant une arme, transforme le vol simple en vol aggravé, le complice supporte l'aggravation alors même qu'il ignorait totalement la présence de cette arme. Doctrine et jurisprudence sont unanimes, le complice devait prévoir.

En revanche, si d'aventure l'infraction commise est sans rapport avec l'infraction envisagée, le complice (mais il ne mérite pas ce qualificatif) échappe à la répression. Le cas d'un individu qui prête une arme pour un braconnage. Que l'emprunteur utilise cette arme à d'autres fins, tuer l'amant de sa femme, et le fait ne peut rejaillir sur le prêteur imprudent. À admettre, en revanche, qu'au cours du braconnage, un garde de chasse soit tué avec cette arme et toute la question de la complicité se pose à nouveau.

b) Complicité d'une infraction principale non intentionnelle

Comme la complicité est nécessairement intentionnelle, la doctrine s'interroge sur une telle forme de complicité. L'auteur principal n'ayant pas voulu le résultat, il est en effet difficile d'imaginer qu'il ait pu recevoir une complicité consciente visant à l'atteindre. Les décisions sont rares et pas toujours très explicites. Pour le plaisir, on retiendra la complicité, quelque peu singulière, des passagers d'un bobsleigh pour l'homicide par imprudence commis par le conducteur.

La doctrine invite à faire une différence entre la simple imprudence (l'imprudence inconsciente) et l'imprudence caractérisée, presque délibérée (l'imprudence consciente). Pour cette dernière, la complicité serait possible. Certains auteurs, textes à l'appui, précisent que le législateur fait référence à l'auteur des faits, ce qui laisserait à penser que des poursuites puissent être étendues à d'autres, les complices. La nouvelle rédaction, issue de la loi du 13 mai 1996, de l'article 121-3 du code, témoigne en ce sens pour les fautes d'imprudence ou de négligence. La réécriture opérée par la loi du 10 juillet 2000 ne fait qu'ajouter à l'embarras.

Pour aller plus loin

Complicité et mise en danger d'autrui !

On peut singulièrement s'interroger sur la solution retenue par la Chambre criminelle dans un arrêt en date du 6 juin 2000. Les faits, d'une banalité affligeante, étaient les suivants. Un élu, maire et conseiller général, était poursuivi pour complicité de mise en danger d'autrui pour avoir « ordonné » à son chauffeur de « brûler » un feu rouge. À l'exposé des arguments retenus par les juges du fond, aucun doute ne subsistait sur la réalité du danger. Toutefois, si la responsabilité du chauffeur était incontestable, celle du passager – donneur de mauvais ordre ou de mauvaise instruction – semblait plus discutable. Le pourvoi reprochait à l'argumentation des juges du fond d'avoir surestimé la portée de l'élément moral de la complicité. Pour le pourvoi, l'élément moral de l'infraction reprochée faisait défaut. Le passager n'avait pu avoir la volonté d'exposer autrui à un risque de mort car, de sa place, il ne pouvait pas mesurer le flux de circulation. Les magistrats de la Cour souveraine n'ont pas cru bon entendre favorablement ce moyen de défense. Pourtant, faute d'intention dans le délit principal, il est difficile, comme on l'a noté, de dire que « le complice a pu vouloir faciliter l'imprudence ou la mise en danger ». Il paraît dès lors assez singulier de justifier la solution retenue, tant par les juges du fond que par la Chambre criminelle, en soulignant le côté intentionnel du délit de mise en danger d'autrui. Car, en vérité, chacun le sait, on ne peut être complice sans volonté de s'associer à l'action illicite d'autrui. Tel est d'ailleurs le juste rappel effectué par la Chambre criminelle à propos d'une affaire de complicité de provocation à la discrimination, à la haine et à la violence raciale. Cette décision n'est plus aujourd'hui isolée puisque la chambre criminelle a repris la solution à l'encontre d'un médecin condamné pour complicité de violences involontaires en raison de faits commis par une employée lors d'une séance d'épilation au laser (*Cass. crim., 13 sept. 2016*) et à l'encontre d'un conducteur de chantier (*Cass. crim., 27 nov. 2018*).

BIBLIOGRAPHIE

BERNARDINI (R.), « La responsabilité pénale des décideurs », RPDP 2003, p. 13.

CARBONNIER (J.), « Du sens de la répression applicable au complice selon l'article 59 du Code pénal », JCP 1952, I 1034.

DARSONVILLE (A.), « Consécration d'une complicité indirecte et par abstention », AJ pénal 2017, p. 183.

DECOCQ (A.), « Inaction, abstention et complicité par aide ou assistance », JCP 1983, I 3124.

DEFFERRARD (F.), « La provocation », RSC 2002, p. 233.

FOURNIER (A.), « La répression de la complicité et ses avatars en droit pénal international », RSC 2003, p. 13.

GIUDICELLI-DELAGE (G.), « L'appréciation de la faute du décideur : l'analyse au regard du lien de causalité », RPDP 2003, p. 49.

LASSALLE (J.-Y.), « La responsabilité civile du fait pénal d'autrui », RSC 1993, p. 19.

LEMOINE (P.), « On peut être déclaré complice d'une infraction non intentionnelle », AJ pénal 2019, p. 34.

MAISTRE DU CHAMBON (P.), « L'appréciation de la faute du décideur : l'analyse au regard du comportement », RPDP 2003, p. 39.

MARECHAL (Y.), « Réflexions sur la complicité des délits non intentionnels », Dr. pén. 2016, Études n° 27.

MAYAUD (Y.), « La complicité des délits non intentionnels : une compatibilité confirmée », RSC 2016, p. 760.

ROBERT (J.-H.), « Complicité », JCl. Pén. 2015, Art. 121-6 et 121-7, fasc. 20.

ROUSSEAU (F.), « Complice ou auteur indirect d'une infraction non intentionnelle ? », Dr. pén. 2007, Études n° 11.

SALVAGE (Ph.), « Principe de la responsabilité personnelle », JCl. Pénal Code 2008, Art. 121-1, fasc. 20.

CHAPITRE 9

L'auteur, personne morale

L'idée d'associer le droit pénal et les personnes morales n'est pas à proprement parler une idée nouvelle :

Ancien droit, ordonnance de 1670	Le titre XXI réglemente « la manière de faire le procès aux communautés des villes, bourgs et villages ».
Code pénal de 1810	Fidèle aux inspirations individualistes de l'époque révolutionnaire, le code reste étrangement silencieux sur le thème d'une telle responsabilité.
XIXe siècle	La jurisprudence et la doctrine rejettent radicalement toute idée de responsabilité pénale.
Achile Mestre, auteur d'une thèse en 1899, sur la responsabilité pénale des personnes morales	Il développe l'idée que certaines personnes morales sont suffisamment réelles pour être considérées comme des sujets de droit et encourir une responsabilité pénale.
XXe siècle	Les auteurs, de plus en plus nombreux, se sont prononcés en faveur de cette forme de responsabilité pénale.
Code pénal de 1992	Il consacre cette forme de responsabilité.

Article 121-2 du Code pénal

« Les personnes morales, à l'exclusion de l'État, sont responsables pénalement (...) »

Il n'est pas douteux que l'État possède, à l'encontre des personnes morales, des raisons légitimes d'intervenir. L'immunité d'hier était d'autant plus choquante que chacun s'accordait à reconnaître que les personnes morales, par les moyens dont elles disposent, sont souvent à l'origine d'atteintes graves à la santé publique, à l'environnement ou encore à la législation sociale. Pourtant, avant la reconnaissance législative de la responsabilité pénale des personnes morales, notre droit n'était pas si démuni qu'on veut bien, parfois, le laisser entendre. Ainsi, par le biais des peines complémentaires, l'entreprise se trouvait déjà touchée dans son « porte-monnaie ». Il suffit de penser, en outre, à l'étendue et l'importance de certaines peines complémentaires, comme l'affichage de la condamnation, la rectification d'une publicité trompeuse ou la fermeture de l'établissement, pour comprendre la portée exacte des atteintes que pouvait subir la personne morale.

En outre, dans les domaines où l'on redoutait le plus la délinquance des personnes morales, des textes spécifiques n'avaient pas manqué d'organiser la répression de ces dernières. Ce fut le cas notamment en matière boursière et en matière de concurrence. Assurément, ce n'est pas par hasard si la construction a été faite hors du Code pénal.

Le pouvoir de prononcer des sanctions (qu'on peut qualifier d'administratives/répressives) concédé hier à la Commission des opérations de bourse ou au Conseil de la concurrence témoigne volontiers de cette pensée. Par habitude, comme par calcul, la logique de la régulation des conflits en droit des affaires se concilie difficilement avec les exigences du droit pénal.

Deux points gouvernent l'étude : le domaine de la responsabilité et les conditions de la mise en œuvre de celle-ci.

1 • LE DOMAINE DE LA RESPONSABILITÉ PÉNALE DES PERSONNES MORALES

L'article 121-2 du Code pénal organisait originellement une responsabilité pénale générale des personnes morales concernées tout en limitant celle-ci à certaines infractions. Cette dernière limitation a été supprimée par la loi du 9 mars 2004.

A - Les personnes morales concernées

En visant expressément « les personnes morales », l'article 121-2 écarte de son domaine d'application toutes les formes de groupements dépourvues de la personnalité morale. Échappent donc, en tant que telles, à toute responsabilité pénale, les sociétés créées de fait ou les sociétés en participation. De même, la personne morale en cours de formation ne saurait répondre pénalement des engagements passés en son nom.

Pour aller plus loin

Responsabilité pénale de la société absorbante des infractions commises par une société absorbée

Conduite notamment par le principe constitutionnel de personnalité des délits et des peines, la Chambre criminelle a eu l'occasion de rappeler à plusieurs reprises que « l'absorption avait fait perdre son existence juridique à la société absorbée », de sorte que la société absorbante ne peut être poursuivie ni déclarée coupable du chef du délit d'homicide involontaire commis par la société absorbée. Pour autant, la pérennité de cette solution semble délicate même si la Chambre criminelle vient juste de réaffirmer sa solution (*Cass. crim., 25 oct. 2016*). Les Juges luxembourgeois de la Cour de justice de l'Union européenne (CJUE) ont en effet estimé qu'une société absorbante pourra être jugée et condamnée au titre d'infractions pénales commises avant la fusion par la société absorbée (*CJUE, 5 mars 2015, n° 343/13, Modelo Continente Hipermercados SA c/ ACT*).

La responsabilité pénale peut être recherchée à l'égard de toutes les personnes morales (à l'exclusion de l'État). La règle concerne les personnes morales de droit privé comme celles de droit public.

1) *Les personnes morales de droit privé*

C'est principalement pour ces personnes morales que la responsabilité pénale a été voulue. Qu'elles aient vocation ou non à dégager des bénéfices n'est pas une condition primordiale pour le législateur ! À l'évidence, celles qui poursuivent un but lucratif, qu'elles soient civiles ou commerciales, « attirent » plus sûrement l'œil du pénaliste. Mais s'arrêter à un tel constat serait méconnaître l'étendue des infractions pouvant être commises. Fort logiquement le législateur a donc ouvert le champ de la répression aux personnes morales qui ne poursuivent pas un tel but.

En définitive, le panel est des plus larges. Sont concernées : les sociétés commerciales, les sociétés civiles, les associations déclarées (la déclaration ouvrant la personnalité morale), les syndicats, les partis politiques (qui échappent aux sanctions les plus graves, comme la dissolution), les syndicats de copropriétaires, les institutions du personnel (c'est le cas des comités d'entreprise) ou encore les congrégations religieuses.

2) *Les personnes morales de droit public*

La responsabilité de l'État ne peut pas être recherchée et la responsabilité des collectivités territoriales connaît des limites.

Nul n'en sera surpris, contrairement à celle des personnes morales privées, la responsabilité pénale des personnes morales de droit public n'était pas une chose attendue et entendue à l'avance. Le Conseil d'État, dans un avis dévoilé au Sénat lors des travaux parlementaires du Code pénal, n'avait pas caché son hostilité à l'admission d'une telle responsabilité. Il indiquait, ce que tout le monde savait déjà, que les personnes morales de droit public sont, par nature, nécessairement dépositaires d'une part de la puissance publique et disposent des prérogatives qui y sont attachées. Il en concluait qu'elles ne sauraient être placées « sous le contrôle des juridictions répressives sans qu'il soit porté au principe de la séparation des pouvoirs une atteinte particulièrement grave ». Le discours est classique et peut être agréable aux oreilles de publicistes quelque peu conservateurs. Quant à savoir s'il est équitable, c'est une tout autre question. On sait en effet que pour ses agents, l'État est moins conciliant. La qualité de ces derniers est regardée, à juste titre, comme une circonstance aggravante et peut engendrer les foudres du droit pénal. En outre, plus grand monde ne trouve à redire devant la possibilité offerte au juge pénal d'apprécier la légalité d'un acte administratif. Là encore, dans une moindre mesure, le principe de la séparation des pouvoirs est pourtant troublé.

C'est donc un pas important que le législateur a osé franchir en consacrant la responsabilité pénale des personnes morales de droit public. Pour être importante, l'avancée n'a pas été totale.

Seules certaines personnes morales répondent pénalement de l'ensemble de leurs activités. À l'égard des collectivités territoriales et de leurs groupements, la responsabilité pénale est limitée par le second alinéa de l'article 121-2 aux « infractions commises dans l'exercice d'activités susceptibles de faire l'objet de conventions de délégation de service public ». L'invitation est implicite mais il convient donc de distinguer entre les activités qui peuvent être concédées (par exemple à des personnes morales de droit privé) et celles qui sont impérativement réalisées par l'exercice de la puissance publique. Les secondes prérogatives de puissance publique imposent, empêchent toute responsabilité pénale de la personne morale. Les premières l'autorisent.

Pour aller plus loin

Activités susceptibles de faire l'objet de conventions de délégation de service public

Les données sont simples. Toute la problématique résulte dans la limitation et la définition des activités susceptibles de délégation. Faut-il le rappeler, le législateur s'était bien gardé de définir « la délégation ». En vérité, comme on l'a noté, la véritable difficulté pour le juge pénal « n'est pas tant de savoir ce qu'est une délégation de service public, que de déterminer quelles sont les activités délégables ». En décembre 2000, dans la célèbre et triste affaire du *Drac*, la Chambre criminelle a eu l'occasion de prendre position en ce domaine. Censurant l'arrêt confirmatif de condamnation rendu à l'encontre de la ville de Grenoble, les magistrats de la Cour souveraine ont estimé que « l'exécution même du service communal d'animation des classes de découverte suivies par les enfants des écoles publiques et privées pendant le temps scolaire, qui participe du service de l'enseignement public, n'est pas, par nature, susceptible de faire l'objet de conventions de délégation de service public ». Depuis, les données ont quelque peu changé. La loi du 11 décembre 2001, dite loi « MURCEF », a introduit dans notre droit positif une définition des délégations de service public : « Une délégation de service public est un contrat par lequel une personne morale de droit public confie la gestion d'un service public dont elle a la responsabilité à un délégataire public ou privé, dont la rémunération est substantiellement liée aux résultats de l'exploitation du service... » En appuyant sa définition sur le lien existant entre l'exploitation et la rémunération, la Chambre criminelle a eu l'occasion de préciser à son tour la notion de « délégation de service public ». Et d'aucuns de s'interroger aussitôt sur l'exacte identité des deux définitions. Par une décision du 6 avril 2004, la Chambre criminelle a opéré une subtile distinction entre l'exploitation du service des transports scolaires et l'organisation de ces derniers. Alors que l'exploitation est susceptible d'une convention de délégation de service public, l'organisation ne le permet pas. La distinction est fondamentale puisque les collectivités territoriales et leurs groupements ne sont responsables pénalement que des infractions commises dans l'exercice d'activités susceptibles de faire l'objet de conventions de délégation de service public.

B - Les infractions visées

1) *La solution initialement retenue par le Code pénal, le principe de spécialité*

En énonçant que la responsabilité des personnes morales peut être recherchée dans les seules hypothèses prévues « par la loi ou le règlement », le législateur et le pouvoir réglementaire s'étaient obligés à une grande rigueur. Par la formule retenue, la poursuite était possible à la seule condition que le texte, organisant l'incrimination et la sanction, visait expressément la personne morale. C'est la logique du principe de la spécialité. Dans le silence du législateur, la personne morale n'était pas concernée et échappait à toute répression.

Assez rapidement, des retouches ont été apportées par les lois postérieures afin d'étendre la liste des infractions pouvant être reprochées aux personnes morales. Très vite, ce catalogage devenait quelque peu incongru dans la mesure où, comme on l'a dit, aucun élément rationnel autre que la fantaisie du législateur ne permettait plus de déterminer si telle ou telle infraction pouvait être ou non imputée à une personne morale. De nombreuses voix s'élevaient pour engager le législateur sur les chemins d'une réforme globale abandonnant le principe de spécialité au profit de celui de la généralité. La suite était donc prévisible. Les voix ont été entendues et le législateur a renversé le principe.

2) *L'abandon du principe de spécialité*

La loi du 9 mars 2004, dite *Perben 2*, a modifié la rédaction de l'article 121-2 du Code pénal. Les termes « dans les cas prévus par la loi et le règlement » sont supprimés. L'entrée en vigueur de cette nouvelle disposition a été reportée au 31 décembre 2005.

Depuis, les personnes morales, à l'image des personnes physiques, sont soumises à un principe général de responsabilité. Le nouveau principe, à n'en pas douter, connaîtra à son tour les soubresauts du législateur. Animée par « une sorte de principe de spécialité inversé », la liste nouvelle est ouverte. Nul doute qu'elle s'allonge. Le législateur peut, en effet, en certaines hypothèses, expressément écarter la responsabilité des personnes morales. C'est déjà chose faite pour les entreprises de presse.

En attendant, le nouveau principe a engendré quelques décisions liées à l'application de la loi dans le temps. Assez singulièrement, quelques juridictions du fond ont cru pouvoir retenir la responsabilité pénale de la personne morale alors qu'à la date des faits reprochés, le droit ne permettait pas encore d'engager ce type de responsabilité pour les infractions reprochées. En ces occasions, principe de non-rétroactivité oblige, la Chambre criminelle a censuré la solution. Parfois, le jeu est un peu plus troublé. Il en va ainsi lorsque les faits reprochés constituent simultanément une infraction générale et infraction spéciale.

Exemple

Lorsque les faits reprochés constituent simultanément une infraction générale et infraction spéciale, la doctrine relève un cumul idéal de qualification. Comme il a été noté, en application du principe qui veut que le spécial déroge au général, il est tentant de penser que la qualification spéciale doit être préférée. Autrement dit, si l'infraction spéciale ne comptait pas, au jour des faits reprochés, parmi la liste des infractions susceptibles d'être imputée, les poursuites devaient être abandonnées à l'encontre de la personne morale. La Chambre criminelle conduit ici un autre raisonnement. Il ressort de sa jurisprudence (*Cass. crim., 18 janv. 2000 – Cass. crim., 28 avril 2009*) que lorsque la qualification spéciale ne permet pas d'engager la responsabilité de la personne morale, la poursuite peut s'articuler sur la qualification générale du Code pénal qui autorise cette poursuite. Ainsi, alors que la législation spécifique ne prévoyait pas la responsabilité pénale de la personne morale sur le fondement de l'homicide involontaire dans l'enceinte d'une gare, la SNCF a pu être condamnée sur le fondement de l'article 226-1 du Code pénal.

2• LA MISE EN ŒUVRE DE LA RESPONSABILITÉ PÉNALE DES PERSONNES MORALES

Admettre qu'une personne morale puisse engager sa responsabilité pénale n'exige nullement que celle-ci ait matériellement participé à l'infraction. Raisonner autrement dépasserait les limites de l'entendement. Cela signifie seulement, qu'à certaines conditions, l'infraction commise par des personnes physiques pourra être imputée à la personne morale. La responsabilité apparaît donc comme une responsabilité « d'emprunt », s'appuyant nécessairement sur une participation humaine à l'infraction. Cette intervention humaine pose alors la question du partage des responsabilités.

A - Les conditions exigées pour la mise en œuvre de la responsabilité pénale des personnes morales

L'article 121-2 du code révèle une double condition en soumettant la responsabilité pénale des personnes morales aux infractions commises :
- pour leur compte ;
- par leurs organes ou représentants.

1) *La nécessité d'une infraction commise par des organes ou représentants de la personne morale*

Un principe et un tempérament conduisent l'analyse.

a) Le principe

C'est la traduction de la responsabilité « d'emprunt », la personne morale ne peut être pénalement engagée que par l'activité ou l'absence d'activité de ses organes ou représentants. Reste à s'entendre sur ces deux notions. La consultation de la loi, d'un texte spécifique, voire d'un statut, donne des éléments de réponse fort appréciables. Tant en droit privé qu'en droit public, les notions peuvent d'ailleurs se confondre sans que cela entraîne ici de difficulté.

Côté droit privé, sont par exemple concernés :
- pour les sociétés commerciales : le gérant, le président-directeur général, le conseil d'administration, le directoire ;
- pour les associations : l'assemblée générale.

Côté droit public, sont par exemple concernés :
- pour la région : le président du conseil régional, le conseil régional ;
- pour le département : le président du conseil départemental, le conseil départemental ;
- pour la ville : le maire, le conseil municipal.

Pour aller plus loin

Un organe de fait peut-il engager la responsabilité pénale de la personne morale ?

La doctrine est partagée. À l'appui d'une réponse affirmative, chacun se plaît à rappeler qu'il est de jurisprudence constante que le dirigeant de fait engage sa propre responsabilité pénale en matière de sécurité du travail, de protection de l'environnement ou encore de santé publique. Cette responsabilité puise d'ailleurs sa source, en certaines matières, directement dans la loi. Les mêmes causes produisant les mêmes effets, il serait quelque peu paradoxal de freiner « abusivement », dans ces cas de figure, toute recherche de la responsabilité pénale des personnes morales. Comme on l'a rappelé, l'une des toutes premières décisions rendues en matière de responsabilité pénale des personnes morales a condamné une société en raison des agissements de son dirigeant de fait. La donne est aujourd'hui fixée : « ont seules la qualité de représentant, au sens de l'article 121-2 du Code pénal, les personnes pourvues de la compétence, de l'autorité et des moyens nécessaires, ayant reçu une délégation de pouvoirs, de droit ou de fait, de la part des organes de la personne morale » (*Cass. crim., 17 oct. 2017*).

Un salarié peut-il engager la responsabilité pénale de la personne morale ?

À suivre les dispositions de l'article 121-2, il semble évident que les agissements, seraient-ils pénalement répréhensibles, d'un simple salarié ne peuvent entraîner la responsabilité d'une personne morale. Rendu à l'encontre d'une association, un arrêt de la Chambre criminelle vient semer quelques doutes. Une Cour d'appel avait retenu que des fautes simples commises par une salariée (éducatrice spécialisée) pouvaient engager la responsabilité pénale de l'association employeur. La Chambre criminelle valide cette motivation et ce alors que la salariée en question était dépourvue de toute délégation de pouvoir (*Cass. crim., 27 mai 2014*). Dans un arrêt plus récent (*Cass. crim., 13 oct. 2015*), la Chambre criminelle reproche cette fois aux juges d'appel d'avoir condamné une personne morale sans constater que le salarié était un représentant de la personne morale en vertu d'une délégation de pouvoirs, ou en raison de son statut et de ses attributions. La Chambre criminelle valide le fait qu'un salarié puisse être le représentant d'une personne morale en raison d'une délégation de fait (*Cass. crim., 27 févr. 2018*).

Assez rapidement, les observateurs ont signalé qu'en grande majorité, les juges du fond passaient passer sous silence la condition exigée par le texte de l'article 121-2. La personne morale étant le plus souvent considérée comme une personne physique, la véritable personne physique, « support » nécessaire à la responsabilité, n'était guère identifiée. Et lorsque l'identification était faite, les juges ne s'arrêtaient pas sur la réalité et l'effectivité des fonctions assurées : celles-ci étant regardées comme des points importants mais non déterminants. Un beau et long travail en perspective attendait donc la Cour de cassation. Celui-ci allait rapidement prendre forme.

En première intention, la Cour souveraine, prenant appui sur l'article 121-2, rappelait la nécessité qu'il y avait à identifier la personne physique et à reconnaître sa participation coupable. Le Tribunal correctionnel de Lyon allait donner l'exemple en refusant d'admettre, à l'égard d'une personne morale poursuivie, une responsabilité de plein droit. Autrement dit, la responsabilité de la personne morale ne saurait être le résultat automatique de celle de ses dirigeants. La Cour de cassation a reproché à une cour d'appel d'avoir retenu la responsabilité pénale de la SNCF sans rechercher si les négligences, imprudences et manquements aux obligations de sécurité avaient été commis par ses organes ou représentants.

La seconde intention fut plus troublante. La Chambre criminelle brouilla quelque peu la donne en rendant en mai et juin 2006 deux décisions en apparence contradictoires. Par la première, elle soulignait à nouveau la nécessité d'identifier la personne physique. Par la seconde, rendue le mois suivant, elle retenait que l'infraction n'avait « pu être commise, pour le compte de la société, que par ses organes ou représentants ». L'identification de la personne physique devenait ainsi superfétatoire.

Cette dernière solution, sous couvert à peine voilé, laissait entrevoir une présomption « quasi-irréfragable » de commission de l'infraction par un organe ou représentant de la personne morale. La doctrine n'a pas manqué de contester cette solution qui élargit sans conteste le champ de la responsabilité des personnes morales. La solution est pourtant confirmée. La Chambre criminelle recopie régulièrement la formule en des termes identiques : « si les juges du fond ont déclaré cette dernière coupable... sans préciser l'identité de l'auteur... cette infraction n'a pu être commise, pour le compte de la personne morale, que par ses organes ou représentants ».

À l'évidence, de telles solutions peuvent laisser le lecteur quelque peu perplexe. Le moins que l'on puisse noter, c'est que les dispositions de l'article 121-2 semblent malmenées. Ayant en mémoire le principe de certitude de l'application de la loi pénale, on pouvait se rassurer par la lecture d'un arrêt rendu par la Chambre criminelle le 11 octobre 2011. Ayant retenu la responsabilité d'EDF, une cour d'appel est censurée pour ne pas s'être suffisamment expliquée sur le statut et les attributions des agents reconnus comme des représentants de la personne morale au sens de l'article 121-2. La censure porte également sur l'existence d'une délégation de pouvoirs insuffisamment démontrée. Et un commentateur de le noter, la responsabilité de la personne morale devient « plus que jamais personnelle ». Cette jurisprudence a été confirmée par un arrêt en date du 11 avril 2012. Aux termes de cette décision, la Chambre criminelle censure une cour d'appel qui avait retenu la responsabilité pénale d'une personne morale sans avoir recherché si « les manquements relevés résultaient de l'abstention d'un des organes ou représentants de la société G. et s'ils avaient été commis pour le compte de cette société, au sens de l'article 121-2 du Code pénal. La formule a depuis été reproduite en d'autres décisions. La parenthèse, comme on l'a noté, ouverte en 2006 semble donc fermée. Les discours alarmistes d'hier n'avaient peut-être pas toute la force qu'on a bien voulu, ici et là, leur donner. Aussi, s'il convient de retravailler les principes d'une telle responsabilité, c'est bien évidemment au législateur qu'en revient la tâche. Dans l'attente, le juge pénal, principe de la légalité oblige, doit se contenter (mais c'est déjà beaucoup), d'appliquer strictement les exigences portées par l'article 121-2. Ainsi, les juges du fond sont prévenus. En dehors des hypothèses pour lesquelles les faits attestent de leur participation, les juges du fond ne peuvent faire l'économie de l'identification des organes ou représentants de la personne morale. Par trois arrêts rendus le 6 mai 2014, la Chambre criminelle a marqué le retour à une acception plus restrictive, et conforme au principe de l'interprétation stricte, de la notion de représentant de la personne morale. Ainsi, la Chambre criminelle peut rappeler aujourd'hui que la cour d'appel « était tenue, quel que soit le mode de poursuite et, au besoin, en ordonnant un supplément d'information, de rechercher si les manquements relevés résultaient de l'abstention de l'un des organes ou représentants de la société prévenue et s'ils avaient été commis pour le compte de celle-ci » (*Cass. crim., 22 mars 2016 – Cass. crim., 6 déc. 2016*).

Pour aller plus loin

La responsabilité pénale de la personne morale ne peut être recherchée que sur le fondement d'un fait personnel

La Chambre criminelle a pu rappeler, mais c'était là le droit commun de la responsabilité, que la responsabilité pénale de la personne morale ne peut être recherchée que sur le fondement d'un fait personnel – un fait matériellement commis par une personne physique mais un fait personnel tout de même. Sous couvert de l'article 121-1 du Code pénal aux termes duquel « nul n'est responsable pénalement que de son propre fait », la Chambre criminelle écarte la responsabilité pénale d'une société absorbante pour des faits commis antérieurement par une société absorbée. La solution était prévisible et déjà signalée en jurisprudence. Il peut paraître légitime d'éprouver, face à cette forme d'impunité, un certain doute. Le doute est d'autant plus permis ici que l'absorption a eu lieu au cours de la procédure pénale. Quelque esprit malveillant pourrait ainsi trouver une échappatoire à la responsabilité recherchée. En vérité, il n'en est rien. Tout d'abord, à l'évidence, la solution retenue par la Chambre criminelle est parfaitement conforme à la règle de droit. La société absorbée ayant juridiquement disparu, on ne voit pas très bien ce qui justifierait une solution différente. En somme, il n'a pas été fait autre chose que d'appliquer à la personne morale le principe porté par l'article 6 du Code de procédure pénale qui rappelle l'extinction de l'action publique en cas de décès de la personne physique. Ensuite, mais là encore personne n'en doutait, les personnes physiques poursuivies dans cette affaire ont vu leur pourvoi rejeté.

b) Le tempérament imposé par la loi du 10 juillet 2000

Depuis la loi du 10 juillet et la redéfinition de la responsabilité pénale pour faute non intentionnelle, les données de la matière ont singulièrement évolué. Il ressort clairement de la distinction – lien de causalité direct, lien de causalité indirect – que dans la seconde hypothèse, la personne morale peut être tenue pénalement responsable alors qu'aucune faute ne pourra être imputée à l'encontre d'une personne physique. Comme on l'a dit, cette sorte « de dépénalisation » portée par ***le texte de juillet 2000 ne profite qu'aux seules personnes physiques et laisse ouverte la responsabilité des personnes morales***.

Et d'aucuns d'affirmer aussitôt le caractère autonome ou indépendant de la responsabilité pénale de la personne morale. La Chambre criminelle, en refusant de renvoyer une QPC a estimé que l'article 121-3, al. 4 du Code pénal ne porte pas rupture d'égalité entre les personnes physiques et les personnes morales (*Cass. crim., 21 mars 2017*).

Exemple

La Chambre criminelle ne s'y est pas trompée en affirmant, sans aucune retenue : « il résulte des articles 121-1, 121-3 et 222-19 du Code pénal, tant dans leur rédaction antérieure à la loi du 10 juillet 2000 que dans celle issue de cette loi, que les personnes morales sont responsables pénalement de toute faute non intentionnelle de leurs organes ou représentants ayant entraîné une atteinte à l'intégrité physique constitutive du délit de blessures involontaires, alors même qu'en l'absence de faute délibérée ou caractérisée au sens de l'article 121-3 alinéa 4 nouveau, la responsabilité pénale des personnes physiques ne pourrait être recherchée ».

2) La nécessité d'une infraction commise pour le compte de la personne morale

C'est la seconde condition de l'article 121-2, pour engager la responsabilité de la personne morale, l'infraction doit avoir été commise pour le compte de celle-ci : « Attendu qu'en se prononçant ainsi, sans mieux rechercher si les faits reprochés avaient été commis, pour le compte de la personne morale poursuivie, par l'un de ses organes ou représentants. La cour d'appel n'a pas justifié sa décision » (*Cass. crim., 19 juin 2013*).

L'expression n'est pas définie par le législateur. On a même pu penser un temps que la formule était en doublon avec la nécessité que l'infraction ait été commise par un organe ou un représentant. La Chambre criminelle a eu l'occasion de préciser les infractions commises par le président directeur général d'une société « ont nécessairement été commises pour le compte de celle-ci ». Mais à l'évidence, il n'est pas nécessaire de préciser que la personne morale ait tiré (ou l'espoir de tirer) profit de l'infraction. L'existence de pratiques discriminatoires en matière d'embauche, recommandées par le dirigeant, ne procure aucun profit et intérêt et engage bien la responsabilité de la personne morale.

B - Le partage des responsabilités

Article 121-2 du Code pénal

« La responsabilité pénale des personnes morales n'exclut pas celle des personnes physiques auteurs ou complices des mêmes faits… »

1) Le principe, le cumul des responsabilités

La responsabilité de la personne morale étant une responsabilité « d'emprunt », la règle du cumul se comprend aisément. La ligne de conduite a toujours gouverné les réformateurs du code. Il fallait éviter que la responsabilité pénale des personnes morales devienne un écran pouvant masquer les responsabilités personnelles.

Auteur, coauteur ou complice, la personne physique voit donc sa propre responsabilité cheminer de concert avec celle de la personne morale – celle-ci pouvant être de la même façon, auteur, coauteur ou complice (lorsque par exemple la personne physique sera complice d'un tiers) –. Le Code de procédure pénale tire les enseignements de la double poursuite en permettant, lorsque personne physique et personne morale sont poursuivies pour les mêmes faits, la désignation d'un mandataire de justice pour représenter la personne morale (art. 706-43). Pour autant, « La poursuite et la condamnation de la personne morale ne sont pas le préalable nécessaire à la condamnation, pour les mêmes faits, de son dirigeant qui, en connaissance de cause, a participé à la commission de l'infraction » (*Cass. crim., 15 nov. 2016*).

2) Les tempéraments au principe du cumul des responsabilités

La règle du cumul ne signifie pas que personne physique et personne morale soient toutes deux effectivement poursuivies :

- faute de preuve, la personne physique peut très bien être écartée du débat répressif, alors que la personne morale « assure » seule la responsabilité recherchée ;
- pour toute faute non intentionnelle, en l'absence de faute délibérée ou caractérisée de la personne physique, la personne morale est seule pénalement responsable ;
- en indiquant que l'infraction n'a pu être commise, pour le compte de la personne morale, que par ses organes ou représentants, sans qu'il soit besoin de les identifier, les magistrats coupent le cordon du cumul des responsabilités.

Pour aller plus loin

Cumul des responsabilités et opportunité des poursuites

Les véritables tempéraments relèvent « de l'opportunité des poursuites ». L'admission de la responsabilité pénale des personnes morales devait aussi, ce n'est un secret pour personne, limiter les excès d'une jurisprudence qui considérait la responsabilité du chef d'entreprise comme capable d'absorber bon nombre d'infractions commises par des employés. Ainsi, pour les infractions d'imprudence, on attendait des parquetiers et des juges du fond qu'ils cherchent, tour à tour, la trace effective de la faute du chef d'entreprise. Celle-ci rapportée, la responsabilité de la personne physique pourra alors accompagner, le cas échéant, celle de la personne morale. À défaut, seule la responsabilité de cette dernière sera activée. L'analyse des cent premières condamnations de personnes morales a confirmé que les infractions reprochées

aux personnes morales constituaient aujourd'hui « le tout-venant » de celles qui fondaient hier les poursuites à l'égard du chef d'entreprise.
Il ne pouvait guère en être autrement. Les réactions provoquées par la condamnation de certains maires en matière de pollution, n'avaient-elles pas « obligé » le ministre de la Justice a redonné le ton. Ainsi fut-il demandé aux parquetiers de rechercher la part effective des personnes physiques afin d'engager les poursuites seulement devant la manifestation de « graves manquements » n'ayant pas permis « toutes les diligences nécessaires pour éviter la pollution ».

BIBLIOGRAPHIE

AMAR (J.), « Brèves réflexions sur les conséquences de la généralisation de la responsabilité pénale des personnes morales sur les relations de travail », Dr. pén. 2005, Études n° 13.

BOULOC (B.), « Vers une interprétation légitime de l'article 121-2 al. 1 du Code pénal », à propos de l'arrêt de la Chambre criminelle du 11 octobre 2011, AJ pénal 2012, p. 35.

CONSIGLI (J.), « La responsabilité pénale des personnes morales pour les infractions involontaires : critères d'imputation », RSC 2014, p. 297.

DELAGE (P.-J.), « Brèves propositions pour une effectivité de la responsabilité pénale des personnes morales », Dr. pén. 2005, Études n° 2.

LASSERRE CAPDEVILLE (J.), « Fusion-absorption et responsabilité pénale des personnes morales », AJ pénal 2017, p 36.

LASSERRE CAPDEVILLE (J.), « La notion d'organe ou de représentant de la personne morale », AJ pénal 2018, p. 550.

MARÉCHAL (J.-Y.), « Responsabilité pénale des personnes morales », JCl. Pénal Code 2014, Art. 121-2, fasc. 20.

MARON (A.), ROBERT (J.-H.), « Cent personnes morales pénalement condamnées », Dr. pén. 1998, chron. n° 22, 24 et 28.

MATSOPOULOU (H.), « Extension de l'imputabilité des personnes morales », in *Dix ans après la réforme de 1994, Quels repères dans le Code pénal ?*, Travaux de l'Institut de Sciences Criminelles de Poitiers, 2004, Cujas, p. 25.

MAYAUD (Y.), « L'articulation des responsabilités pénales entre personne morale et personnes physiques – une logique d'artifices », AJ pénal 2018, p. 546.

MEYER (F.), « La responsabilité pénale des personnes morales en droit public à la lumière des premières applications jurisprudentielles », RFDA 1999, p. 920.

PLANQUE (J.-C.), « Comment limiter le recours aux techniques d'évitement de la responsabilité pénale des personnes morales », Dr. pén. 2018, étude 25.

PRADEL (J.), « La responsabilité pénale des personnes morales en droit français – Quelques questions », RPDP 1998, p. 153.

ROBERT (J. H.), « La représentation devant les juridictions pénales des personnes morales poursuivies ou le syndrome de Pyrrhon », in *Apprendre à douter – Questions de droit*, questions sur le droit, Études offertes à C. Lombois, Publications de la Faculté de Droit de Limoges, 2004, Pulim, p. 539.

ROBERT (J. H.), « Vers une refondation de la responsabilité pénale des personnes morales », JCP G 2012, p. 740.

ROUSSEAU (F.), « La répartition des responsabilités dans l'entreprise », RSC 2010, p. 804.

STEINLÉ-FEUERBACH (M.-F.), « Infraction non intentionnelles et responsabilité pénale des collectivités territoriales : entre singularité et pragmatisme », JCP G 2007, I 173.

WESTER-OUISSE (V.), « Responsabilité pénale des personnes morales et dérives anthropologiques », RPDP 2009, p. 63.

PARTIE 4

Les peines

Un comportement illicite n'est une infraction que s'il est sanctionné d'une peine. Autrement dit, c'est elle qui permet de reconnaître, au sein des divers actes juridiquement interdits, ceux qui sont précisément érigés en infraction pénale.

Critère d'identification de l'infraction, elle fait évidemment la spécificité du droit pénal. Classiquement, on affirme que la peine est la deuxième composante de l'infraction puisque, pour que celle-ci soit constituée, doit se rattacher à la norme de comportement (c'est-à-dire à l'incrimination qui est la description du comportement sanctionné) la norme de répression (c'est-à-dire la pénalité, l'énoncé de la sanction spécifiquement encourue pour ce comportement interdit).

D'un point de vue chronologique, la peine rime avant tout avec répression. Elle consacre en effet une intervention post-infractionnelle des autorités étatiques pour réprimer les atteintes à l'ordre public. Longtemps associée à la notion de souffrance dans un système où l'exemplarité de la peine était primordiale, la sanction s'est d'abord attachée au corps, peine de mort, châtiments corporels, mutilations, pilori, carcan, avant de s'attacher à restreindre la liberté du condamné par la promotion, au XVIII*e* *siècle, de l'incarcération, présentée à l'époque comme une avancée considérable vers une plus grande humanité du droit répressif. Pourtant, dès l'institution de* *l'emprisonnement comme peine, un courant abolitionniste s'est développé tout au long des* XIX*e et* XX*e siècles, vouant la prison à sa propre disparition. Parallèlement, à la suite du constat d'échec de l'emprisonnement, qui se révélait être plus criminogène qu'intimidant, apparaissent de nouvelles formes de sanctions, alternatives à l'incarcération, substitutives à l'élimination sociale du condamné, davantage préoccupées de réinsertion, de resocialisation, de réadaptation.*

C'est dans cet esprit que la loi Taubira du 15 août 2014 a énoncé, à l'article 130-1 du Code pénal, les fonctions de toute peine : sanctionner l'auteur de l'infraction et favoriser son amendement, son insertion ou sa réinsertion, afin qu'elle puisse satisfaire aux trois finalités que ce même texte précise : protection de la société, prévention de nouvelles infractions et restauration de l'équilibre social, le tout dans le respect des intérêts de la victime.

On le perçoit, entre ces différents objectifs, tout est œuvre d'équilibre, confiée au juge. En la matière, un principe cardinal s'impose en effet : celui de l'individualisation judiciaire de la peine. La loi Taubira de 2014 relative, c'est son intitulé, « à l'individualisation des peines et renforçant l'efficacité des sanctions pénales » était, sur ce point, une très belle illustration des enjeux qui se nouent dans l'exercice du droit de punir, mettant en exergue qu'efficacité et individualisation, moins qu'opposées ou contradictoires, doivent être pensées dans leur complémentarité.

Depuis, l'actualité du droit de la peine a été marquée par différents rapports : le rapport Cotte « Pour une refonte du droit des peines » remis en décembre 2015 et le rapport « Sens et efficacité des peines » cosigné par M. Cotte et Me Minkowski, rendu le 15 janvier 2018 à la garde des Sceaux dans le cadre des « Chantiers de la justice ». La loi n° 2019-222 du 23 mars 2019 de programmation 2018-2022 et de réforme de la justice, dont le titre V est entièrement consacré à la question du renforcement de l'efficacité et du sens de la peine, s'en inspire. Ainsi, pour ne donner ici que quelques illustrations des modifications apportées, elle édicte une nouvelle nomenclature des peines, consacre une nouvelle peine de détention à domicile sous surveillance électronique, crée le sursis probatoire et prévoit de nouvelles règles quant aux aménagements de la peine privative de liberté. Ce faisant, cette loi de 2019 s'inscrit dans les politiques contemporaines de promotions des alternatives à l'emprisonnement.

Peines dans et hors les murs. Leur diversité conduit à parler de la peine au pluriel. Trois chapitres y sont consacrés pour traiter, tour à tour, des différentes typologies des peines (Chapitre 10), des règles qui encadrent leur choix (Chapitre 11) et leurs causes d'extinction (Chapitre 12).

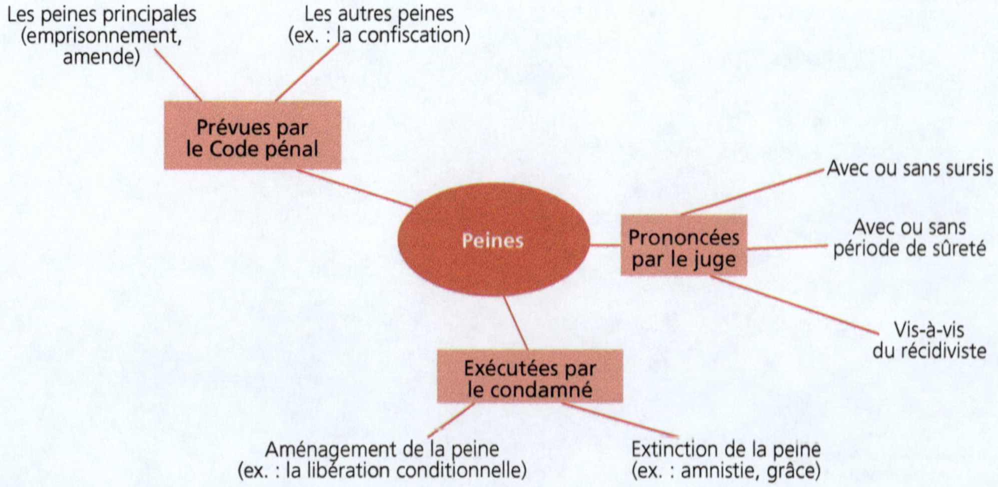
Les peines principales
(emprisonnement,
amende)
Les autres peines
(ex. : la confiscation)
Prévues par
le Code pénal
Peines
Prononcées
par le juge
Avec ou sans sursis
Avec ou sans
période de sûreté
Vis-à-vis
du récidiviste
Exécutées par
le condamné
Aménagement de la peine
(ex. : la libération conditionnelle)
Extinction de la peine
(ex. : amnistie, grâce)

CHAPITRE 10

Typologies des peines

Deux classifications fondamentales parmi l'éventail de celles qui peuvent être imaginées seront successivement présentées.

La première repose sur l'objet de la peine : vise-t-elle la liberté du condamné, ses droits, son patrimoine ou bien encore son honneur ?

La seconde, fondée sur la qualification de la peine, permet de mettre en évidence les distinctions cardinales entre les notions fondamentales de peine principale, peine complémentaire ou alternative.

Mais au préalable, il est nécessaire de revenir sur l'essentiel des traits distinctifs entre « les peines » et « les mesures de sûreté », même si cette terminologie ne transparaît qu'incidemment dans le Code pénal

1 • LES PEINES ET MESURES DE SÛRETÉ

Au sein de l'ensemble des sanctions pénales, un courant doctrinal a opposé, en considération de leurs fonctions sociales respectives, les peines et les mesures de sûreté. Cette distinction n'a toutefois que peu d'écho dans le Code pénal.

A - En doctrine

1) L'évolution des fondements du droit pénal

Dans sa définition classique, le droit pénal était uniquement présenté comme un droit sanctionnateur, auquel n'était alors assignée qu'une fonction de répression et de rétribution.

Fonction de répression d'abord, puisqu'il ne se concevait que pour punir, dans l'intérêt général, des comportements jugés dangereux pour l'ordre public et la vie sociale.

Fonction de rétribution ensuite, en ce sens que ce droit de punir était largement influencé par l'idée de vengeance sociale : infliger un mal destiné à compenser celui qui avait été causé par l'infraction.

À ces concepts de vengeance et d'expiation se sont peu à peu substituées d'autres priorités parmi lesquelles celle de l'utilité sociale du droit pénal. À ce titre, l'école néo-classique (Guizot, Rossi, Ortolan) défendait notamment l'idée que la société ne peut punir ni plus qu'il n'est juste, ni plus qu'il n'est utile.

La doctrine positiviste (Lombroso, Ferri, Garofalo), quant à elle, affirma très vite que le but du droit pénal doit être moins de sanctionner un acte grave que de protéger la société contre des individus objectivement dangereux.

En toute logique, le discours sur les fondements du droit pénal évoluant, s'ensuivit une évolution de la conception de la peine. La sanction ne devait plus être simplement rétributive. Pour les positivistes, les peines classiques devaient s'effacer devant les « mesures de défense » ou « mesures de sûreté ».

2) Les caractéristiques respectives

Idéologiquement, dans l'ensemble des sanctions pénales, l'opposition peines et mesures de sûreté transparaît à trois égards.

	Peine	Mesure de sûreté
Fondement	Suppose une infraction préalablement commise.	S'applique au seul état dangereux d'une personne, indépendamment de toute idée de faute.
Objet	Afflictive et infamante, elle repose sur les notions de châtiment, rétribution et réprobation en considération du passé pénal. Vise à punir.	Dénuée de tout jugement moral et tournée vers l'avenir, elle s'attache à éviter toute récidive pour protéger la société. Vise à prévenir.
Régime	Sa durée est fixée par la décision de jugement.	Sa durée est révisable selon la dangerosité et se prolonge aussi longtemps que l'état de dangerosité perdure.

Pour aller plus loin

Le but préventif, caractéristique première de la mesure de sûreté

La prévention recherchée peut aussi bien se réaliser par la neutralisation de l'individu, type internement, placement, que par sa rééducation grâce, par exemple, aux cures de désintoxication des toxicomanes ou aux mesures éducatives à l'adresse des mineurs.

Par ailleurs, la mesure de sûreté est soit personnelle, soit réelle. Mesure personnelle, elle s'attache au délinquant lui-même, à ses tendances criminelles révélées par l'infraction contre lesquelles un traitement s'impose. Mesure réelle, elle s'attache à la situation dangereuse, c'est-à-dire celle qui a permis ou permettrait à nouveau la commission d'une infraction. Elle s'apparente alors à la confiscation de la chose ou à la fermeture d'établissement.

B - Dans le Code pénal

En 1992, le législateur a très clairement opté pour une conception unitaire de la sanction pénale sous le seul vocable de « peines ». Ce n'est que récemment que la mesure de sûreté trouve explicitement place dans les dispositions des codes répressifs.

1) Le choix d'une conception unitaire en 1992

Toutes les sanctions pénales sont qualifiées « peines », quelle que soit la finalité, punitive ou préventive, qui les caractérisent.

Code pénal adopté en 1992

« Aux fins de simplification, toutes les sanctions pénales relèvent désormais d'une seule catégorie, celle des peines. En effet coexistent dans notre droit, à côté des peines "principales", des interdictions diverses – suspension du permis de conduire, interdictions professionnelles – qualifiées "mesures de sûreté" et soumises à un régime juridique particulier, notamment du point de vue de l'amnistie, de la grâce ou de la prescription. Désormais, toutes les sanctions pénales seront, sans distinction, des peines. »

À l'évidence, cette conception unitaire ne fait que traduire les rapprochements qui existent entre peines et mesures de sûreté.

La mesure de sûreté, comme la peine, est soumise au principe de la légalité criminelle. En conséquence, elle ne peut donc être prononcée que si elle est prévue par la loi pour un comportement érigé en infraction, le droit pénal n'admettant pas, du moins en principe, l'application d'une mesure coercitive *ante delictum*. Par ailleurs, la mesure de sûreté ne peut être prononcée que pour une durée dont le maximum est défini par la loi. De son côté, la peine s'est elle aussi rapprochée de la mesure de sûreté. Elle doit aussi contribuer à l'amendement et à la resocialisation du condamné. Moins emprunte de fixité qu'auparavant, sa durée est également révisable après la condamnation.

Pour autant, l'unicité du vocabulaire ne peut voiler totalement la réalité. En effet, même si cette distinction semble davantage historique qu'actuelle, il n'en reste pas moins que certaines des mesures de sûreté demeurent encore aujourd'hui officiellement reconnues et appliquées comme telles. Ainsi en est-il par exemple, des mesures de l'ordonnance du 2 février 1945, « mesures de protection, d'assistance, de surveillance et d'éducation », prises à l'égard des mineurs délinquants ou de celles susceptibles d'être prononcées à l'encontre des toxicomanes qui sont prévues par le Code de la santé publique. Simplement convient-il de souligner qu'elles prennent place dans des textes autres que le Code pénal lui-même.

Mais même de ce dernier les mesures de sûreté sont présentes. Elles y demeurent intégrées, dissimulées derrière le vocable technique de peines complémentaires ou peines principales alternatives. Les développements ultérieurs montreront en effet que cette double dénomination correspond à des sanctions qui, pour la plupart, s'apparentent, à raison de leur finalité préventive, à des mesures de sûreté. Surtout, la jurisprudence se sert de la distinction pour soumettre les mesures de sûreté à un régime juridique dérogatoire : au nom de la protection de la société, elles échappent aux lois d'amnistie ; elles sont soustraites à la règle du non-cumul des peines ; elles ne sont pas soumises au principe de non-rétroactivité de la loi pénale.

Pour aller plus loin

La peine de suivi socio-judiciaire

La peine de suivi socio-judiciaire a été instituée par la loi du 17 juin 1998. À cette date, son domaine d'application était restreint puisqu'elle ne visait potentiellement que les auteurs d'infractions à caractère sexuel. Depuis la liste des infractions permettant son prononcé s'est allongée pour inclure, notamment, les crimes d'atteintes volontaires à la vie, les tortures et actes de barbarie, les enlèvements et séquestrations, les violences aggravées ou encore les actes de terrorisme.

Selon l'article 131-36-1 du Code pénal, le suivi socio-judiciaire se définit comme l'obligation, pour le condamné, de se soumettre, sous le contrôle du juge de l'application des peines et pendant une durée déterminée par la juridiction de jugement à des mesures de surveillance (C. pén., art. 131-36-2) et d'assistance (art. 131-36-3) destinées à prévenir la récidive. En principe, la durée de ce suivi ne peut excéder dix ans en cas de condamnation pour délit et vingt ans s'il s'agit d'un crime. Toutefois, elle peut être respectivement portée à vingt et trente ans par décision spécialement motivée de la juridiction de jugement. La Cour d'assises peut même décider que la mesure s'applique sans limitation de durée lorsque l'intéressé est poursuivi pour un crime puni de la réclusion criminelle à perpétuité.
Depuis l'origine, le suivi socio-judiciaire peut, outre les mesures de surveillance qui l'accompagnent, comprendre une injonction de soins. Alors que son prononcé était initialement laissé à l'appréciation des juges, l'obligation de soins est, depuis la loi du 10 août 2007 renforçant la lutte contre la récidive des majeurs et des mineurs, rattachée « automatiquement » au suivi socio-judiciaire dès lors qu'une expertise médicale préalable démontre que la personne, qui doit y consentir, peut faire l'objet d'un traitement (C. pén., art. 131-36-4). La juridiction de jugement peut, toutefois, toujours en décider autrement. Ce traitement médical peut débuter pendant l'exécution de la peine privative de liberté, si elle existe, et se poursuivre après. Dans le cas contraire, les soins ne commencent qu'à compter du jour de la libération du condamné, ce qui, par voie de conséquence, augmente d'autant la durée du contrôle exercé par la justice.

2) La création explicite d'une mesure de sûreté en 2005

Avec la loi du 12 décembre 2005 relative au traitement de la récidive des infractions pénales, le législateur a introduit dans le Code pénal, au sein du titre III consacré aux peines, une sous-section 7 traitant « du placement sous surveillance électronique mobile à titre de mesure de sûreté ». Son objet est de permettre de localiser la personne à tout moment, ses allées et venues étant en permanence surveillées.

Le placement sous surveillance électronique mobile

C. pén., art. 131-36-9	Il est une nouvelle obligation possible du suivi socio-judiciaire.
C. pén., art. 131-36-10	Il concerne : – les personnes majeures condamnées à une peine privative de liberté d'une durée au moins égale à sept ans ; – les personnes condamnées pour un crime ou un délit commis une nouvelle fois en récidive à une peine privative de liberté d'une durée au moins égale à cinq ans ; – et à condition qu'une expertise ait constaté leur dangerosité, lorsque cette mesure paraît indispensable pour prévenir la récidive.
C. pén., art. 131-36-12-1	Il concerne également les personnes majeures condamnées à une peine privative de liberté d'une durée au moins égale à cinq ans pour des violences ou des menaces commises sur le conjoint, concubin ou partenaire, ou sur les enfants, à la même condition d'une expertise constatant la dangerosité.
C. pén., art. 131-36-12, al. 2	Son prononcé suppose l'accord du condamné. Toutefois si ce dernier n'y consent pas, il encourt une peine d'emprisonnement pouvant aller jusqu'à trois ans en matière délictuelle et sept en matière criminelle.
C. pén., art. 131-36-12, al. 1er	Sa durée est de deux ans, renouvelable une fois en matière délictuelle, deux fois en matière criminelle.

Au placement sous surveillance électronique mobile s'ajoutent aujourd'hui d'autres nouvelles mesures de sûreté, toutes inscrites dans le Code de procédure pénale en ce qu'elles ont pour objet non pas de punir à proprement parler mais de permettre un contrôle durable sur le condamné en raison de la dangerosité et des risques de récidive qu'il présente. La première, issue de la loi du 12 décembre 2005 est la surveillance judiciaire (CPP, art. 723-29 et s.). Elle est applicable aux condamnés à une peine égale ou supérieure à sept ans (ou à cinq s'il s'agit de multirécidivistes) qui, du fait de l'infraction commise, encourraient une peine de suivi socio-judiciaire mais que le juge n'a pas prononcée. Elle ne peut être décidée qu'à la sortie de prison de la personne et pour un temps correspondant au plus à la durée du crédit de réduction de peine et des réductions de peine supplémentaires dont elle a bénéficiées, autrement dit à l'intervalle qui sépare le jour de sa libération de celui du terme de la peine privative de liberté prononcée. À l'égal du suivi socio-judiciaire, la surveillance judiciaire emporte une injonction de soins qui, sauf exception, est systématique et un possible placement sous surveillance électronique mobile selon l'appréciation du juge.

Les deux autres ont été créées par la loi du 25 février 2008, à l'origine de la nouvelle procédure de déclaration d'irresponsabilité pénale à l'encontre des personnes dont le discernement était altéré au moment de la commission de l'infraction (CPP, art. 706-53-13 et s.). Si toutefois ni l'une ni l'autre ne sont explicitement appelées mesures de sûreté dans la loi, cette qualification pourrait découler de la décision du Conseil constitutionnel du 21 février 2008 qui, en résumé, leur dénie le caractère de peine ou de sanction à vocation punitive dans la mesure où elles ne reposent pas sur la culpabilité de l'intéressé mais sur sa dangerosité. Si la rétention de sûreté permet le placement de la personne dans un centre socio-médico-judiciaire de sûreté après sa sortie de prison, la surveillance de sûreté, quant à elle, offre la possibilité de prolonger dans le temps les obligations d'une surveillance judiciaire, d'un suivi socio-judiciaire ou d'une libération conditionnelle.

2. LA NOMENCLATURE DES PEINES

L'inventaire analytique des peines suppose de procéder à leur classification en tenant compte de deux paramètres : l'auteur de l'infraction (l'agent est-il une personne physique ou une personne morale ?) et l'objet de la peine (vise-t-elle la liberté du condamné, ses droits, son patrimoine ou sa réputation ?).

Or, si certaines peines sont susceptibles d'être prononcées à l'encontre de tout contrevenant, d'autres sont assurément propres ou aux personnes physiques, ou aux personnes morales.

A - Les sanctions communes aux personnes physiques et morales

1) Les sanctions privatives ou restrictives de droits

L'interdiction d'exercer une activité professionnelle ou sociale (C. pén., art. 131-28 et 131-48, al. 1er) peut naturellement porter sur l'activité dans l'exercice ou à l'occasion de laquelle l'infraction a été perpétrée. Mais la formulation des textes est plus large puisqu'elle permet que l'interdiction concerne toute autre activité professionnelle ou sociale expressément visée par la loi réprimant l'infraction considérée.

La fermeture d'établissement (C. pén., art. 131-33 et 131-48, al. 2) interdit que soit maintenue dans l'établissement l'activité à l'occasion de laquelle l'infraction a été commise. Il ne s'agit donc pas d'une fermeture complète de l'établissement.

L'exclusion des marchés publics (C. pén., art. 131-34 et 131-48, al. 3) se traduit par l'interdiction de contracter, directement ou non, avec des personnes publiques, État, collectivités territoriales, établissements publics, afin de leur fournir des biens ou des services.

L'interdiction d'émettre des chèques (C. pén., art. 131-19 et 131-48, al. 4) entraîne l'obligation de restituer les chéquiers à l'établissement bancaire.

L'interdiction de détenir un animal (C. pén., art. 131-21-2 et 131-39) peut être prononcée à titre définitif ou temporaire, et dans cette hypothèse, pour une durée de cinq ans au plus.

2) *Les sanctions patrimoniales*

L'amende consiste en l'obligation, pour le condamné, de payer une certaine somme d'argent au Trésor public à titre de peine. Le plus souvent, le taux de l'amende correspond à une somme déterminée à l'avance par le législateur. Mais il arrive parfois que son montant soit simplement déterminable. Dans le premier cas, l'amende est dite « fixe », dans le second « proportionnelle ».

L'amende fixe est celle dont le montant est exprimé sous la forme d'un taux fixé en référence au maximum encouru par l'auteur de l'infraction. Ces taux diffèrent selon qu'il est une personne physique ou une personne morale.

Personnes physiques	Personnes morales
Le montant maximum de l'amende encourue est précisé par le texte d'incrimination.	C. pén., art. 131-38 et 131-41 : le taux maximum de l'amende encourue est égal au quintuple de celui prévu pour les personnes physiques par la loi qui réprime l'infraction. C. pén. art. 131-38, dern. al. : s'il s'agit d'un crime pour lequel aucune peine d'amende n'est prévue à l'encontre des personnes physiques, l'amende encourue par la personne morale est alors de 1 000 000 euros.

L'amende proportionnelle est celle dont le montant est exprimé en fonction d'éléments de référence énoncés par le texte d'incrimination. Il peut s'agir, par exemple, du profit réalisé par l'infraction, également l'étendue du dommage occasionné.

Par exemple, dans le Code pénal, l'article 222-38 prévoit la possibilité d'élever la peine d'amende, dont le montant est déterminé (partie fixe) jusqu'à la moitié de la valeur des biens ou des fonds sur lesquels ont porté les opérations de blanchiment (partie proportionnelle).

La confiscation peut être définie comme une mainmise de l'État sur les biens du condamné. Elle peut être générale, lorsque la loi le prévoit (« confiscation de tout ou partie des biens » pour notamment les crimes contre l'humanité (C. pén., art. 213-1, 4°), le trafic de stupéfiants (C. pén., art. 222-49, al. 2), le terrorisme (C. pén., art. 422-6) ou spéciale selon les dispositions de l'article 131-21 du Code pénal. Quatre types d'objets sont ainsi susceptibles de confiscation :

– les choses qualifiées par la loi ou le règlement de dangereuses ou de nuisibles ou dont la détention est illicite ;
– la chose « moyen ou instrument du délit », celle ayant servi ou qui était destinée à commettre l'infraction (une arme, un véhicule) ;
– la chose, « objet ou produit du délit » (objet dérobé, la maison achetée avec de l'argent de provenance illicite) ;
– la chose définie par le texte qui réprime l'infraction.

Pour aller plus loin

Confiscation d'un animal

Depuis la loi du 5 mars 2007 relative à la prévention de la délinquance, un texte particulier, l'article 131-21-1 du Code pénal, concerne la confiscation d'un animal qui a été utilisé pour commettre ou pour tenter de commettre l'infraction ou de l'animal à l'encontre duquel l'infraction a été commise. Le législateur prévoit même la confiscation des animaux dont le condamné est le propriétaire ou dont il a la libre disposition, lorsque ceux-ci étaient susceptibles d'être utilisés pour commettre l'infraction ou lorsque l'infraction aurait pu être commise à leur encontre. La peine de confiscation s'assimile alors ici véritablement à une mesure de sûreté *ante delictum*.

3) *L'atteinte à la réputation du condamné*

Il s'agit ici de la publicité donnée à la condamnation (art. 131-35 et 131-48, der. al.) par affichage et/ou diffusion de tout ou partie de la décision, ou par un communiqué du parquet informant le public de ses motifs et dispositif. Plus précisément, l'affichage s'exécute dans les lieux et pour la durée déterminés par la juridiction de jugement, sans toutefois, sauf dispositions légales contraires, qu'il puisse excéder deux mois. Quant à la diffusion, elle s'opère par voie de presse, dont le *Journal officiel*, et/ou par voie audiovisuelle, selon la décision de la juridiction de jugement.

Dans tous les cas, l'anonymat de la victime est préservé puisque son identité n'apparaît que si elle y consent. Tous les frais sont à la charge du condamné.

4) *La réparation du dommage*

La peine de « sanction-réparation » (C. pén., art. 131-8-1) consiste en l'obligation, pour le condamné, de satisfaire, dans le délai et selon les modalités déterminées par la juridiction, à l'indemnisation du préjudice subi par la victime de l'infraction. Si l'auteur et la victime y consentent, cette peine peut être exécutée en nature (remise en l'état du bien endommagé). À l'égal de ce que l'on connaît pour la peine de travail d'intérêt général, la juridiction peut déterminer à l'avance l'emprisonnement ou l'amende encourue en cas de non-respect de l'obligation de réparation que le juge de l'application des peines pourra mettre à exécution.

B - Les sanctions concernant les seules personnes physiques

L'une a déjà été évoquée précédemment, il s'agit de la peine de suivi socio-judiciaire (v. *supra*, p. 193). L'ensemble des autres est présenté selon leur objet.

1) *Les atteintes à la liberté d'aller et venir*

a) La privation de liberté

Comme son nom l'indique, la peine privative de liberté entraîne l'incarcération du condamné dans un établissement pénitentiaire. Ainsi en est-il de l'emprisonnement, qui sanctionne les délits, de la réclusion criminelle, qui vise les crimes de droit commun, et de la détention criminelle propre aux crimes politiques.

L'incarcération décidée par la juridiction de jugement ne doit être confondue ni avec certaines mesures de sûreté déjà évoquées – hospitalisation sous contrainte des personnes atteintes de troubles mentaux, le placement du mineur – ni avec la détention provisoire qui, tout en entraînant elle aussi privation de liberté, est décidée durant la phase d'instruction préparatoire du procès pénal par le juge des libertés et de la détention (et qui comme telle relève des dispositions du Code de procédure pénale).

b) Les restrictions de liberté

1. L'interdiction de séjour

Référence doit être ici faite aux articles 131-31 et 131-32 du Code pénal. Emportant interdiction de paraître en certains lieux énumérés par la juridiction de jugement, l'interdiction de séjour est susceptible de s'accompagner de mesures de surveillance et d'assistance (C. pén., art. 131-31 et CPP, art. 762-1 et s.). D'une durée maximale de 5 ou 10 ans selon qu'elle a été prononcée au titre de condamnation d'un délit ou d'un crime, cette peine cesse en tout état de cause de plein droit lorsque le condamné atteint 65 ans, exception faite de l'hypothèse du condamné pour crime ayant prescrit sa peine puisque l'article 763 du Code de procédure pénale énonce alors expressément que l'interdiction est alors perpétuelle et sans limite d'âge.

Enfin, dernière précision découlant du premier alinéa de l'article 131-32 du Code pénal : lorsqu'elle seconde une peine privative de liberté sans sursis, l'interdiction de séjour s'applique dès le commencement de cette peine et se poursuit pour la durée fixée par la décision de condamnation à compter du jour où la privation de liberté a pris fin. D'une rédaction quelque peu maladroite, cette disposition signifie que l'interdiction de séjour s'applique en cas de permission de sortir ou de semi-liberté sans pour autant que sa durée ne soit amputée de celle de l'incarcération.

2. L'interdiction du territoire

Énoncée à l'article 131-30 du Code pénal, cette peine, qui par définition ne peut frapper que les condamnés de nationalité étrangère, à condition qu'ils aient été reconnus coupables d'un crime ou d'un délit et que la décision de condamnation ait fait l'objet, pour ceux d'entre eux qui se prévalent soit d'un certain temps de résidence en France, soit d'un lien familial avec un français, d'une motivation spéciale, emporte de plein droit reconduite à la frontière, le cas échéant à l'issue de l'incarcération. Cette interdiction peut être prononcée ou à titre définitif ou pour une durée maximale de 10 ans. Il faut noter que cette peine ne peut en soi faire obstacle à l'octroi d'une semi-liberté, d'un placement à l'extérieur, d'un placement sous surveillance électronique ou de permissions de sortir.

2) *La privation de droits*

a) *La privation des droits civiques, civils et de famille*

Cette peine, nécessairement temporaire (10 ans pour les crimes et 5 ans pour les délits), vise, à la discrétion du juge, une partie ou la totalité des droits limitativement énumérés par l'article 131-26 du Code pénal, à savoir le droit de vote, l'éligibilité, le droit d'exercer une fonction juridictionnelle ou d'être expert devant une juridiction, de représenter ou d'assister une partie devant la justice, de témoigner en justice, le droit d'être tuteur ou curateur exception faite, selon les formalités imposées, de ses propres enfants.

À noter que l'inéligibilité peut, par dérogation, être prononcée pour une durée de 10 ans au plus, quelle que soit l'infraction, lorsqu'elle vise une personne exerçant une fonction de membre du Gouvernement ou un mandat électif public au moment des faits (art. 131-26-1).

À nouveau, à l'identique de ce qui prévaut pour l'interdiction de séjour, la Chambre criminelle (*Cass. crim., 29 mars 1995 : Bull. crim., n° 136*) interprétant les dispositions de l'article 131-29, est venue préciser que si l'interdiction des droits s'applique ou continue de s'appliquer pendant l'incarcération de la personne condamnée simultanément à une peine privative de liberté sans sursis, la durée de la détention ne s'impute pas sur celle de l'interdiction prononcée par les juges.

b) *La privation d'autres droits*

Sont ici visés le droit de conduire, le droit de chasser ainsi que le port ou la détention d'une arme soumise à autorisation. Les deux derniers cas n'appellent pas de commentaires particuliers. Il suffit d'indiquer que le retrait du permis de chasse est réglementé à l'article 131-6-8° en matière correctionnelle et aux articles 131-14-4° et 131-16-4° pour le domaine contraventionnel. Quant au port et la détention d'une arme soumise à autorisation, il convient de se reporter respectivement aux articles 131-6-6° pour les délits et 131-16-2° pour les contraventions.

La privation du droit de conduite, outre la confiscation du véhicule lui-même déjà évoquée, peut résulter aussi bien de l'interdiction de conduire certains véhicules (art. 131-6-2° et 5° *bis*), que de la suspension du permis de conduire dont le condamné peut demander l'aménagement afin, par exemple, qu'elle soit limitée à la conduite en dehors de l'exercice de ses activités professionnelles (art. 131-6-1°, 131-14-1° et 131-16-1°), ou même de l'annulation du permis de conduire, laquelle entraîne alors interdiction de solliciter la délivrance d'un nouveau permis pendant un certain délai, fixé à 5 ans aux termes de l'article 131-6-3° du Code pénal.

3) *L'obligation de faire*

a) *Le travail d'intérêt général*

Le travail d'intérêt général est issu d'une loi du 10 juin 1983. Ainsi que son nom l'indique, il consiste en l'exécution d'une prestation, au profit de la collectivité et plus exactement d'une personne morale de droit public ou d'une association, d'une durée comprise entre 20 et 400 heures réparties sur une période de 18 mois au plus, ce qui offre parallèlement au condamné la possibilité de continuer l'exercice de son activité professionnelle.

S'agissant d'une peine, le travail d'intérêt général ne donne naturellement lieu à aucune rémunération. Mais, et pour ne pas se heurter à l'article 4 de la Convention de sauvegarde des droits de l'homme et des libertés fondamentales prohibant les travaux forcés, le Code pénal, article 131-8, exige que l'intéressé consente personnellement au principe de cette peine ; accord qu'il exprime à l'audience de jugement s'il y est présent ou qu'il fait connaître par écrit s'il est absent, sous réserve dans ce dernier cas, d'être représenté par son avocat. Toutefois la loi du 23 mars 2019 permet désormais qu'un travail d'intérêt général soit prononcé en l'absence du prévenu et sans son accord, à charge pour la juridiction de l'application des peines, au moment de la mise à exécution de la peine, de s'assurer que l'intéressé ne s'y oppose pas. En cas de refus opposé, la peine se substituerait alors en un emprisonnement ou une amende dont la durée et le montant auront été préalablement fixés par la juridiction de jugement.

b) L'accomplissement de stages

Le Code pénal décline plusieurs peines de stage. Dans l'ordre des textes, on trouve :

- art. 131-5-1 : le ***stage de citoyenneté*** dont l'objet est de rappeler au condamné les valeurs républicaines de tolérance et de respect de la dignité humaine sur lesquelles est fondée la société. Il présente une particularité par rapport aux autres, celle de requérir le consentement de l'intéressé à son prononcé ;
- art. 131-16-9° ter : ***le stage de lutte contre le sexisme et de sensibilisation à l'égalité entre les femmes et les hommes,*** créé par la loi du 3 août 2018 renforçant la lutte contre les violences sexuelles et sexistes ;
- art. 131-35-1 : le stage de sensibilisation à la sécurité routière, le stage de sensibilisation aux dangers de l'usage de produits stupéfiants, le stage de sensibilisation à la lutte contre l'achat d'actes sexuels dont la finalité est de rappeler les réalités de la prostitution et les conséquences de la marchandisation du corps et le stage de responsabilité parentale dont l'objet est de rappeler au condamné les obligations juridiques, économiques, sociales et morales qu'implique l'éducation d'un enfant ;
- art. 132-45, 20° et 222-44, 15° : ***le stage de responsabilisation pour la prévention et la lutte contre les violences au sein du couple et sexistes***. Il doit permettre le rappel du principe républicain d'égalité entre les femmes et les hommes et le devoir de respect mutuel qu'implique la vie en couple.

D'une manière générale, la durée des stages ne peut excéder un mois et leur coût, s'il est à la charge du condamné, ne peut être supérieur au montant de l'amende encourue pour les contraventions de la troisième classe (C. pén., art. 131-35-2 et R. 131-35 et s.).

À compter du 24 mars 2020, par effet de la loi du 23 mars 2019, le Code pénal ne comprendra plus, dans sa partie législative, qu'un seul texte, l'article 131-5-1, pour prévoir, dans un souci de simplification et d'harmonisation, un régime juridique unique à l'ensemble des peines de stage.

c) La contrainte pénale

Créée par la loi n° 2014-896 du 15 août 2014 relative à l'individualisation des peines et renforçant l'efficacité des sanctions pénales, la peine de contrainte pénale est définie à l'article 131-4-1 du Code pénal. Elle emporte pour le condamné (majeur) obligation de se soumettre, pendant une durée comprise entre six mois et cinq ans, à des mesures de contrôle (celles énumérées à l'article 132-44 et qui sont communes au sursis avec mise à l'épreuve, nous y reviendrons), mais également à des obligations et interdictions particulières. Ces dernières sont au nombre de trois :

– 1°) obligations et interdictions prévues par l'article 132-45 (lequel concerne, à nouveau, le sursis avec mise à l'épreuve) ;
– 2°) obligation d'effectuer un travail d'intérêt général ;
– et 3°) obligation de se soumettre à une injonction de soins, dès lors que, on retrouve là les conditions habituelles précédemment évoquées, le délit commis fait encourir la peine de suivi socio-judiciaire et qu'une expertise a conclu que le condamné était susceptible de faire l'objet d'un traitement.

À l'image de ce qui prévaut pour les peines de travail d'intérêt général et de réparation du dommage notamment, la juridiction de jugement fixe, par anticipation, la durée de l'emprisonnement au cas où le condamné ne respecterait pas ses obligations et interdictions. Cet emprisonnement ne peut excéder deux ans, ni le maximum de la peine d'emprisonnement encourue pour le délit commis.

Cette peine est appelée à disparaître pour être fondue dans le nouveau « sursis probatoire » résultant, plus largement, de la fusion du sursis avec mise à l'épreuve, du sursis avec obligation d'accomplir un travail d'intérêt général et de la contrainte pénale. L'incidence principale est que de peine autonome, alternative à l'emprisonnement, la contrainte pénale nouvelle formule deviendra une modalité d'exécution de la peine privative de liberté correctionnelle. Ces évolutions entreront en vigueur le 24 mars 2020.

4) *La peine de jours-amende*

Édictée à l'article 131-5 du Code pénal, la peine de jours-amende consiste à verser au Trésor une somme dont le montant total résulte d'une contribution quotidienne fixée par le juge pendant un nombre de jours également déterminé par le juge. La somme est due à terme, c'est-à-dire une fois écoulé le nombre de jours retenus.

Ce texte précise que la détermination de la peine doit résulter d'un double paramètre : la situation financière du condamné d'une part de laquelle découle le montant de chaque jour-amende sans pouvoir excéder 1 000 euros, d'autre part des circonstances de l'infraction utiles à préciser le nombre de jours-amende dans la limite légale de 360 jours.

C - Les sanctions concernant les seules personnes morales

Parmi l'ensemble des sanctions propres aux personnes morales coupables d'infraction, une division s'impose entre celles qui visent toutes les personnes morales et celles qui n'en concernent que quelques-unes.

1) *Les sanctions applicables à toutes les personnes morales*

Elles sont au nombre de trois :

– d'abord, l'interdiction de procéder à une offre au public de titres financiers ou de faire admettre ses titres financiers aux négociateurs sur un marché réglementé.

Prévue par l'article 131-47 du Code pénal, cette peine emporte prohibition, pour le placement de titres quels qu'ils soient, d'avoir recours tant à des établissements de crédit, des établissements financiers ou prestataires de services d'investissement, qu'à des procédés quelconques de publicité ;
- ensuite, ***l'interdiction de percevoir toute aide publique attribuée par l'État***, les collectivités territoriales, leurs établissements ou groupements ainsi que toute aide financière versée par une personne privée chargée d'une mission de service public. Instaurée en 2014 aux fins de lutter contre la concurrence sociale déloyale, cette sanction est encourue en cas de condamnation pour certaines infractions constitutives de travail illégal ;
- enfin, ***la peine de programme de mise en conformité***. Instituée par la loi *Sapin 2* du 9 décembre 2016, cette peine est inscrite à l'article 131-39-2 du Code pénal. Visant les personnes morales reconnues coupables de corruption ou de trafic d'influence, elle consiste en l'obligation, pendant cinq ans au plus, de mettre en place, sous le contrôle de l'agence française anticorruption, un programme de prévention et de détection de la corruption *via* un ensemble d'actions coordonnées (charte d'éthique, contrôles comptables, cartographie des risques, dispositif de formation, mécanismes d'alerte interne, etc.). Son non-respect est pénalement sanctionné par le nouveau délit, créé par cette même loi, qui incrimine l'abstention ou l'obstacle à l'exécution de la peine de mise en conformité (C. pén., art. 434-43-1).

2) Les sanctions spécifiques à certaines personnes morales

L'article 131-39 du Code pénal prévoit expressément, dans son dernier alinéa, que la dissolution de la personne morale et que son placement sous surveillance judiciaire ne sont applicables ni aux personnes morales de droit public dont la responsabilité pénale peut être engagée, ni aux partis ou groupements politiques, pas plus qu'aux syndicats professionnels. Par ailleurs, la dissolution est également exclue pour les institutions représentatives du personnel, comité d'entreprise, comité d'établissement, comité de groupe, comités centraux d'entreprise.

a) La dissolution

Sanction évidemment la plus grave de toutes celles énoncées par l'article 131-39, son prononcé se voit en conséquence affublé de conditions rigoureuses. Il faut en effet démontrer une utilisation délibérée de la personne morale pour commettre l'infraction qui lui est imputable. Dans cette mesure, deux hypothèses sont envisagées :
- soit l'utilisation intentionnelle résulte de la création même de la personne morale : la personne morale a été constituée pour commettre l'infraction ;
- soit l'utilisation intentionnelle s'est traduite par un détournement de l'objet de la personne morale dont l'origine était, cette fois, tout à fait licite. Mais encore faut-il alors que l'infraction, résultante du dévoiement d'objet, présente un degré minimal de gravité puisque le texte précise qu'il ne peut s'agir que d'un crime ou d'un délit qui serait puni pour les personnes physiques de plus de trois ans d'emprisonnement.

b) Le placement sous surveillance judiciaire

Celui-ci correspond ni plus ni moins à une mise sous contrôle de la personne morale qui perd alors autonomie et indépendance.

D'une durée maximale de cinq ans, le placement sous surveillance judiciaire implique dès lors qu'un mandataire de justice, spécialement désigné, vienne se substituer aux organes de la personne morale dont tout ou partie des pouvoirs, dans le domaine d'activités en lien avec l'infraction, leur a été retiré. Ce mandataire de justice exerce donc en lieu et place des représentants de la personne morale, à moins qu'il ait été simplement chargé de les surveiller dans l'exercice de leurs fonctions. Périodiquement, ce mandataire doit rendre compte de sa mission au juge de l'application des peines ; compte rendu sur la base duquel la juridiction de jugement, saisie à l'initiative du juge de l'application des peines, décidera du maintien ou non de la mesure de placement ou d'une autre peine (C. pén., art. 131-46).

3. LA QUALIFICATION DE LA PEINE

Qualifier la peine, c'est évidemment lui donner un nom, mais c'est avant tout lui attribuer une fonction (juridique). Aussi distingue-t-on les peines principales des peines complémentaires.

Pour aller plus loin

Les peines accessoires

Les peines accessoires sont des peines qui résultent automatiquement de la condamnation sans que le juge n'ait besoin de les prononcer expressément. Elles font ainsi corps avec la peine principale dont elle suit le sort. Aussi dit-on qu'elles y sont rattachées « de plein droit ». Ces peines accessoires ont disparu avec l'entrée en vigueur de l'actuel code, consécutivement à l'introduction d'un nouvel article 132-17 dont l'alinéa 1er énonce qu'« *aucune peine ne peut être appliquée si la juridiction ne l'a pas expressément prononcée* ». Dorénavant donc ces peines sont exclues du Code pénal, ce qui ne signifie pas que la notion même de peine accessoire a été totalement abolie. Elles demeurent en effet de droit positif, mais dans des textes hors du Code pénal.

Elles pourraient toutefois disparaître les unes après les autres. À plusieurs reprises, le Conseil constitutionnel, saisi selon la nouvelle procédure de « question prioritaire de constitutionnalité », a en effet jugé qu'elles contrevenaient au principe de l'individualisation des peines découlant de l'article 8 de la Déclaration des droits de l'homme et du citoyen. Ainsi en est-il de l'article L. 7 du Code électoral (*Cons. const., 11 juin 2010, n° 2010-6/7 QPC*), de l'article 1741 du Code général des impôts (*Cons. const., 10 déc. 2010, n° 2010-72/75/82 QPC*) ou de l'article L. 311-7 du Code de justice militaire (*Cons. const., 3 févr. 2012, n° 2011-218 QPC*).

A - La peine principale

La doctrine distingue volontiers les peines principales « de référence » ou « explicitement principales » des peines principales « alternatives » ou « implicitement principales ».

Les premières correspondent à celles qui sont encourues, à titre principal, en priorité, par le texte pour sanctionner un comportement déterminé, contraire à la loi. Ce sont, en d'autres termes, les peines énoncées en premier rang pour chaque incrimination.

Les secondes sont, en revanche, détachées des incriminations et sont énumérées dans des textes de portée générale. Le juge peut les prononcer « à la place » de la peine encourue à titre principal. Elles s'y substituent. Pour cette raison, elles sont considérées comme équivalentes, en termes de répression, aux premières.

1) Les peines principales « de référence »

Peine principale car il s'agit de la peine qui, suivant le texte d'incrimination comme pénalité propre, est encourue au premier chef par le condamné.

Exemple

L'article 221-1 du Code pénal édicte que le meurtre est puni de 30 ans de réclusion criminelle, tandis que l'article 222-16 prévoit que l'auteur d'appels téléphoniques malveillants réitérés est passible d'un an d'emprisonnement et de 15 000 euros d'amende. Réclusion criminelle, emprisonnement, amende sont des peines principales.

Peine principale de référence car c'est elle, et elle seule, qui permet de qualifier l'infraction, c'est-à-dire à déterminer sa nature criminelle, correctionnelle ou contraventionnelle. Les peines principales diffèrent, en effet, selon qu'il s'agit d'un crime, d'un délit ou d'une contravention.

a) En matière criminelle

Les deux seules peines principales sont la réclusion criminelle, propre aux crimes de droit commun, et la détention criminelle, réservée aux auteurs de crimes politiques. Mais qu'il s'agisse de l'une ou de l'autre, l'article 131-1 du Code pénal édicte une échelle générale dans un ordre décroissant de gravité : perpétuité, 30 ans au plus, 20 ans au plus, 15 ans au plus, et précise, dernier alinéa, que leur durée, à temps, est nécessairement de 10 ans au moins. En deçà de ce seuil, la peine est alors appelée peine d'emprisonnement.

En résumé, tout crime se voit nécessairement fustigé d'une peine de réclusion ou de détention criminelle dont la durée est précisée infraction par infraction dans les limites légales sus-énoncées.

b) En matière délictuelle

Il n'y a à nouveau que deux peines principales de référence : l'emprisonnement et l'amende.

Peine privative de liberté	« Emprisonnement »	L'article 131-4 du Code pénal précise l'échelle des peines d'emprisonnement comprenant 8 degrés : 10 ans, 7 ans, 5 ans, 3 ans, 2 ans, 1 an, 6 mois et 2 mois maximum.
Amende	Son minimum est fixé par l'article 381 du Code de procédure pénale relatif à la compétence du tribunal correctionnel : 3 750 euros.	La loi ne prévoit en revanche aucun maximum pour son montant.

Exemple

Lorsqu'une infraction est uniquement passible d'une peine d'amende, elle constitue un délit dès lors que le taux de l'amende encourue est égal ou supérieur à 3 750 euros. Ainsi en est-il de l'infraction « de tags » réprimée par l'article 322-1, alinéa 2, du Code pénal.

c) En matière contraventionnelle

Depuis la suppression de l'emprisonnement pour les contraventions par la loi du 19 juillet 1993, la seule peine principale qui demeure est l'amende. L'article 131-13 en présente l'échelle, les maxima variant selon les classes de contraventions, c'est-à-dire selon leur gravité. Ainsi pour les contraventions de la 1re classe, l'amende est de 38 euros au plus ; pour les contraventions de la 2e classe, 150 euros au plus ; pour les contraventions de la 3e classe, 450 euros au plus, pour les contraventions de la 4e classe, 750 euros au plus et pour celles relevant de la 5e classe 1 500 euros au plus, ce montant pouvant être doublé en cas de récidive lorsque le règlement le prévoit.

2) Les peines principales « alternatives »

Sont ainsi dénommées les peines qui, listées dans des textes de portée générale, ont vocation à se substituer (d'où l'expression parfois rencontrée de peines de substitution) à la peine principale de référence. Le juge la prononce, à titre principal, en remplacement de la peine édictée par le texte d'incrimination. Elle se trouve donc bien être alternative à cette dernière.

En matière criminelle, il n'en existe aucune, l'incarcération encourue ne pouvant jamais s'effacer devant une autre peine qui viendrait s'y substituer.

a) En matière correctionnelle

Les peines alternatives se sont développées, depuis 1975, afin de lutter contre les courtes peines d'emprisonnement.

Peine alternative	Article	Règle
Les peines privatives ou restrictives de droits	C. pén., art. 131-6, 131-7 et 131-9	– peines alternatives à l'emprisonnement – peines alternatives à l'amende également à condition que cette dernière soit seule encourue à titre principal
Le travail d'intérêt général	C. pén., art. 131-8 et 131-9	– peine alternative à l'emprisonnement
Le jour-amende	C. pén., art. 131-5	– peine alternative à l'amende
Le stage de citoyenneté	C. pén., art. 131-5-1	– peine alternative à l'emprisonnement
La peine de sanction-réparation	C. pén., art. 131-8-1	– peine alternative à l'emprisonnement – peine alternative à l'amende également à condition que cette dernière soit seule encourue à titre principal
La contrainte pénale	C. pén., art. 131-4-1	– peine alternative à l'emprisonnement

b) *En matière contraventionnelle*

Les peines principales alternatives ont été étendues, par la réforme du Code pénal, aux contraventions de 5e classe. Cette affirmation se déduit de l'article 131-15 du Code pénal aux termes duquel « la peine d'amende ne peut être prononcée cumulativement avec une des peines privatives ou restrictives de droits énumérées à l'article 131-14 ». Depuis la loi du 5 mars 2007 relative à la prévention de la délinquance, s'y ajoute la peine de sanction-réparation (C. pén., art. 131-15-1).

B - Les peines complémentaires

La peine complémentaire, ainsi que le suggère son nom, est celle qui complète, qui s'ajoute à la peine principale. Mais, pour qu'il en soit ainsi, encore faut-il qu'elle soit spécialement prévue pour l'infraction jugée (donc comme la peine principale de référence et contrairement à la peine alternative) et qu'elle soit expressément prononcée par le juge (à la différence des anciennes peines accessoires) et ce même dans les hypothèses, certes assez rares (par exemple, la confiscation obligatoire des objets dangereux, art. 131-21), où elle n'est pas laissée à sa libre appréciation.

Pour l'essentiel néanmoins, les peines complémentaires sont facultatives, la juridiction pouvant librement les écarter.

Deux précisions importantes :

- les peines complémentaires existent aussi bien en matière contraventionnelle, correctionnelle que criminelle (2e distinction avec les peines alternatives) ;
- elles peuvent toujours être prononcées cumulativement avec une peine principale (3e distinction), mais dans certains cas spécifiés par les textes elles peuvent être retenues aux lieu et place des peines principales, à l'image alors des peines alternatives (C. pén., art. 131-11, 131-18, 131-36-7, 131-44).

Matière de la peine	Peine complémentaire
Criminelle	Amende Peines de l'article 131-10 du Code pénal
Délictuelle	Peines de l'article 131-10 du Code pénal
Contraventionnelle	Pour toutes les contraventions, quelle soit leur classe : les peines listées par l'article 131-16 du Code pénal
	Pour les seules contraventions de 5e classe : les peines prévues par l'article 131-17 du Code pénal

Pour aller plus loin

S'agissant des personnes morales

Le code ne reprend pas, ou peu, la terminologie. Pour une raison simple : il n'y a pas de peines principales et il ne saurait y en avoir. Elles sont utiles à déterminer la nature de l'infraction (crime, délit ou contravention) qui est indépendante de l'auteur, personne physique ou morale. L'amende est la peine de principe, toujours prononçable. Son taux est multiplié par cinq par rapport au montant encouru par les personnes physiques pour la même infraction. Dans l'hypothèse où, pour le crime commis, aucune peine d'amende n'est prévue par le texte d'incrimination (cas très fréquent), l'article 131-38 alinéa 2 prévoit alors un montant « forfaitaire » de 1 000 000 euros.

En matière criminelle et correctionnelle, les peines des articles 131-39 et 131-39-1 s'apparentent à des peines complémentaires. Elles ne peuvent être prononcées pour l'infraction considérée, qu'à condition d'être prévues par la loi.

En matière contraventionnelle, le vocabulaire étudié réapparaît : l'article 131-42 liste les peines principales alternatives pour les seules contraventions de 5e classe auxquelles il convient d'ajouter la peine de sanction-réparation (art. 131-44-1). L'article 131-43 envisage, quant à lui, les peines complémentaires qui peuvent être seules prononcées, à l'égal d'une peine alternative (art. 131-44).

BIBLIOGRAPHIE

Bonis-Garçon (E.), « De l'application dans le temps de la contrainte pénale », Dr. pén. juin 2015, Études 13, p. 8.

Bonis-Garçon (E.) (dir.), *Pour une refonte du droit des peines. Quels changements si les préconisations de la commission Cotte étaient suivies ?*, 2016, Lexis-Nexis.

Chabat (F.) et Gio (P.), « La réforme des stages en matière pénale », AJ pénal avril 2019, *p. 201.*

Cotte (B.), « Remise du rapport sur la refonte du droit des peines : rencontre avec Bruno Cotte », Dr. pén. févr. 2016, Entretien p. 8.

Danet (J.), « La peine perpétuelle comme horizon ? », in *Mélanges en l'honneur de Christine Lazerges « Politique criminelle »*, 2014, Dalloz, p. 557.

Darbeda (P.), « La prison a-t-elle encore un avenir ? », in *Mélanges en l'honneur du Professeur Jacques-Henri Robert*, 2012, Lexis-Nexis, p. 155.

Darsonville (A.), « Les sanctions pénales », *in* O. Cahn et K. Parrot (dir.), *Le principe de nécessité en droit pénal*, 2013, Lextenso éditions, Coll. LEJEP, p. 97.

Dossier « Quelle nouvelle peine ? », AJ pénal mars 2013.

Dossier « Les longues peines », AJ pénal juin 2015.

Dossier « Actualité de la peine de confiscation », Dr. Pén. juillet-août 2017, p. 9.

Frinchaboy (J.), « Le sens et l'efficacité des peines dans la loi de programmation 2018-2022 et de réforme pour la justice », AJ pénal avril 2019, p. 198.

Gaboriau (S.), « Quand la peine est à la peine. Libre propos sur le sens de la peine », in *Mélanges en l'honneur de Christine Lazerges « Politique criminelle »*, 2014, Dalloz, p. 583.

GIACOPELLI (M.), « Renforcer l'efficacité et le sens de la peine », JCP G 2019, 386.

GRIFFON-YARZA (L.), « La contrainte pénale : premiers éléments d'analyse pratique », Dr. pén. oct. 2014, Études 18, p. 9.

HERZOG-EVANS (M.), « Les voies du droit contre la surpopulation carcérale », in *Mélanges en l'honneur du Professeur Reynald Ottenhof, Le champ pénal*, 2006, Dalloz, p. 197.

JIMENEZ DE ASUA (L.), « La mesure de sûreté, sa nature et ses rapports avec la peine », RSC 1954, p. 21.

LEBOIS-HAPPE (J.), « Y a-t-il encore une fin à la répression ? », in *Mélanges en l'honneur du Professeur Jacques-Henri Robert*, 2012, Lexis-Nexis, p. 389.

LETURMY (L.), « Constitutionnalité des peines accessoires et des peines complémentaires obligatoires. Une conception à repenser du principe d'individualisation », AJ pénal 2011, p. 280.

MALABAT (V.), « Les alternatives à la détention », Rev. pénit. 2009, p. 399.

MATSOPOULOU (H.), « Le renouveau des mesures de sûreté », D. 2007, p. 1607.

ROUSSEAU (F.), « Dangerosité et sanctions pénales », in *Peine-Dangerosité, quelles certitudes ?, Essais de philosophie pénale et de criminologie*, 2010, Dalloz, vol. 9, p. 265.

VÉRIN (J.), « Les rapports entre la peine et la mesure de sûreté », RSC 1963, p. 259.

CHAPITRE 11

Le choix de la peine

À l'évidence, le choix de la sanction infligée au coupable est opéré par la juridiction de jugement. Mais, et quelles que soient les prérogatives qui lui sont reconnues en application du principe de la personnalisation des peines, la juridiction ne peut arrêter son choix que dans les limites tracées par le législateur. Se retrouve ici un autre des principes fondamentaux du droit pénal : le principe de la légalité des délits et des peines. En conséquence, la latitude conférée au juge dans la fixation de la peine ne peut valablement s'exercer que dans les limites résultant de la détermination légale de la sanction.

1 • LA DÉTERMINATION LÉGALE DE LA PEINE

La détermination légale de la peine résulte de la prévision, par le texte d'incrimination, de la peine (ou des peines) que le juge peut prononcer pour sanctionner ***l'infraction*** considérée. Dans tous les cas, la peine énoncée correspond à un maximum au-dessus duquel le juge ne peut s'aventurer. Mais le législateur prévoit également des règles particulières en cas de ***pluralité d'infractions*** commises en « concours réel ». Nous préciserons cette terminologie au fil des développements.

Avant cela, une précision : le législateur édictait aussi, en certaines circonstances (délinquant récidiviste ou délinquant primaire auteur de faits de violence), un minimum de peine en dessous duquel le juge ne pouvait descendre qu'en motivant sa décision. Ces peines dites volontiers « peines-plancher », traduction d'une volonté répressive accrue, ont aujourd'hui disparu. Les dispositions qui en précisaient les modalités (C. pén., anciens art. 132-18-1, 132-19-1 et 132-19-2) ont en effet toutes été supprimées par la loi n° 2014-896 du 15 août 2014 relative à l'individualisation des peines et renforçant l'efficacité des sanctions pénales.

A - Le seuil maximum de la peine

Soucieux d'adapter, autant que le permettent les textes qui, par définition sont généraux et impersonnels, la peine encourue aux situations particulières, le législateur définit lui-même des causes d'aggravation ou d'atténuation des maxima.

1) *L'aggravation du maximum encouru*

C'est la gravité de l'infraction, une plus grande gravité qu'à l'ordinaire, qui justifie que le législateur rehausse le maximum normalement encouru. À ce titre, on parle de circonstances aggravantes de l'infraction. Derrière ce terme générique, deux situations sont à distinguer. L'aggravation s'explique en raison des circonstances dans lesquelles l'infraction a été commise ou de la pluralité des infractions réalisées.

a) L'aggravation due aux circonstances de l'infraction

Il s'agit ici des circonstances au sens étroit du terme, dites encore des circonstances aggravantes « spéciales » puisque, loin d'être communes à toutes les infractions, elles sont propres à telle ou telle incrimination et comme telles précisées par les textes. C'est donc le législateur qui indique, pour chaque infraction qu'il détermine, quelles sont les circonstances aggravantes qui y sont rattachées, et qui précisent, pour chacune d'entre elles, le quantum de l'aggravation.

Exemple

Le vol est puni de 3 ans d'emprisonnement et de 45 000 euros d'amende (C. pén., art. 311-3).

Il est puni de 5 ans d'emprisonnement et de 75 000 euros d'amende lorsqu'il est commis en réunion, par une personne dépositaire de l'autorité publique, sur une personne vulnérable, lorsqu'il est accompagné de détérioration… (C. pén., art. 311-4).

Il est puni de 7 ans d'emprisonnement et de 100 000 euros d'amende lorsqu'il est commis par un majeur à l'aide d'un ou plusieurs mineurs (C. pén., art. 311-4-1, al. 1er) ou qu'il est accompagné de violences ayant entraîné une incapacité totale de travail de 8 jours au plus (C. pén., art. 311-5), de 10 ans d'emprisonnement et de 150 000 euros d'amende lorsque l'ITT a été supérieure à 8 jours (C. pén., art. 311-6) ou que les mineurs agissant comme complices ou coauteurs d'un majeur étaient âgés de moins de 13 ans (C. pén., art. 311-4-1, al. 2).

Les circonstances aggravantes spéciales, diverses et variées, sont très nombreuses. Seules sept d'entre elles font l'objet d'une définition dans la partie générale du Code pénal :

- la bande organisée (art. 132-71) ;
- le guet-apens (art. 132-71-1) ;
- la préméditation (art. 132-72) ;
- l'effraction (art. 132-73) ;
- l'escalade (art. 132-74) ;
- l'arme (art. 132-75) ;
- la qualité de conjoint, de concubin ou de partenaire de l'auteur de l'infraction (art. 132-80).

À cette liste s'ajoutaient le motif raciste et le motif sexuel respectivement prévus par les articles 132-76 et 132-77. Ces textes ont toutefois été modifiés par une loi du 17 janvier 2017 qui transforme ces deux circonstances aggravantes spéciales (qui ne s'appliquaient donc qu'aux seules infractions qui le prévoyaient explicitement) en circonstances aggravantes générales. Désormais en effet ils instaurent une véritable échelle d'aggravation des peines encourues pour tout crime ou délit dès lors que les propos, écrits, images, objets ou actes de toute nature les accompagnant permettent d'établir que les faits ont été commis contre la victime en raison de « sa prétendue race », ethnie, nation ou religion (art. 132-76) ou de son sexe, « orientation sexuelle » ou « identité de genre » (art. 132-77).

Une autre circonstance aggravante générale préexistait à ces deux nouvelles. Elle vise l'utilisation d'un moyen de cryptologie. Elle permet de relever le maximum de la peine encourue selon le barème décrit par l'article 132-79 du Code pénal dès lors que ce moyen a été utilisé pour préparer ou commettre un crime ou un délit, quel qu'il soit.

Pour aller plus loin

Circonstances aggravantes réelles, personnelles, mixtes

La doctrine distingue les circonstances aggravantes réelles – liées à la matérialité même de l'acte (exemple de l'effraction ou de l'escalade) –, les circonstances aggravantes personnelles – tenant à la personne du délinquant (exemple du lien de parenté l'unissant à sa victime) – et les circonstances aggravantes mixtes – liées aussi bien à l'acte qu'à son agent, telle la préméditation –. Cette distinction, parfois subtile à mettre en œuvre, a son importance concernant la répression du complice et du coauteur.

b) L'aggravation due à l'état de récidive

Deuxième variété de circonstances aggravantes, qualifiée de générale puisqu'elle concerne l'ensemble des infractions exception faite toutefois des contraventions des quatre premières classes, il s'agit de la récidive.

Il y a récidive chaque fois qu'une personne, déjà condamnée irrévocablement pour une première infraction, en commet une seconde dans les conditions définies par les articles 132-8 à 132-15 du Code pénal. Cette notion doit être distinguée de celle de réitération d'infractions.

Récidive et réitération

	Récidive	Réitération
Textes	C. pén., art. 132-8 et s.	C. pén. art. 132-16-7
Définition	La personne, déjà condamnée irrévocablement pour une première infraction, en commet une seconde dans les conditions définies par les articles 132-8 à 132-15 du Code pénal.	La personne, déjà condamnée définitivement pour un crime ou un délit, commet une nouvelle infraction qui ne répond pas aux conditions de la récidive.
Effets	Elle emporte aggravation de la peine encourue pour la seconde infraction.	Elle conduit au cumul des peines prononcées pour la nouvelle infraction à celles infligées pour l'infraction précédente, sans limitation de quantum et sans possibilité de confusion.

Dans un souci pédagogique, l'étude de la récidive, question assez complexe, implique que soit d'abord présentée et explicitée la terminologie avant d'envisager les différents cas de récidive prévus par la loi.

1. Le vocabulaire de la récidive

La récidive suppose, selon les exigences légales, la réunion de deux éléments, qu'il est convenu d'appeler les « termes » de la récidive.

▶ ***Le premier terme de la récidive***

Il correspond à la première condamnation. Mais il ne saurait s'agir de n'importe quelle condamnation. Celle-ci doit en effet revêtir certaines ***caractéristiques*** :

- ***une condamnation*** : cette exigence conduit immédiatement à exclure toutes les hypothèses où une telle décision n'a jamais été prononcée (relaxe, acquittement, non-lieu, classement sans suite, prescription de l'action publique) ;
- ***une condamnation pénale*** : les condamnations à des sanctions administratives ou disciplinaires, ou à une mesure ou une sanction éducative sont exclues ;
- une condamnation pénale irrévocable : les voies de recours doivent avoir été épuisées ou les délais expirés ;
- ***une condamnation pénale toujours existante*** : la disparition ou l'anéantissement de la condamnation par l'effet de l'amnistie, de la réhabilitation, de son caractère non avenu du fait de l'expiration d'un sursis non révoqué interdit qu'elle puisse encore constituer le premier terme de la récidive.

▶ ***Le second terme de la récidive***

Il apparaît avec la nouvelle infraction commise. C'est elle, en effet, qui crée l'état de récidive. Mais là encore, des conditions sont posées car il ne saurait toujours s'agir de n'importe quelle nouvelle infraction. Sa nature, d'une part, et le délai dans lequel elle est réalisée après le premier terme, d'autre part, commandent une double distinction.

Selon sa nature		Selon le délai	
Récidive générale	**Récidive spéciale**	**Récidive perpétuelle**	**Récidive temporaire**
Elle est dite générale lorsqu'elle est créée par la commission d'une seconde infraction, quelle que soit sa nature.	Elle est dite spéciale lorsqu'elle n'existe que par la commission d'une nouvelle infraction identique, ou assimilée à la première. Les infractions assimilées au regard de la récidive (et donc considérées comme une même infraction) sont détaillées aux articles 132-16 à 132-16-4-1 du code.	Elle est perpétuelle lorsque la loi demeure indifférente au temps qui sépare les termes de la récidive.	Elle est temporaire lorsque la loi prescrit un délai maximum entre les deux.

2. Les situations de récidive

Puisque c'est la seconde infraction qui crée l'état de récidive, c'est à partir d'elle, selon qu'elle constitue un crime, un délit ou une contravention, qu'il faut raisonner pour présenter les dispositions inscrites dans le Code pénal.

▶ ***La récidive criminelle caractérisée par la commission d'une nouvelle infraction de nature criminelle***

L'article 132-18 du Code pénal institue ici une récidive générale et perpétuelle si la condamnation avait été prononcée pour un premier crime ou un délit puni de 10 ans d'emprisonnement.
Dans ces deux cas, le maximum encouru pour ce nouveau crime est alors porté à la réclusion criminelle à perpétuité si la peine normalement encourue était de 20 ou 30 ans, à 30 ans de réclusion criminelle si la peine normalement encourue était de 15 ans de réclusion.

▶ ***La récidive correctionnelle caractérisée par la commission d'une nouvelle infraction de nature délictuelle***

Si la première condamnation avait été prononcée pour crime (C. pén., art. 132-9), la récidive est générale mais temporaire. La durée du délai varie en fonction du deuxième terme : délai de 10 ans si le délit est puni de 10 ans d'emprisonnement, délai de 5 ans s'il est puni d'un emprisonnement supérieur à un an. Dans l'un et l'autre cas, le maximum des peines encourues (emprisonnement et amende) est doublé.

Si la première condamnation concernait un délit (C. pén., art. 132-9), l'hypothèse est alors une récidive de délit à délit. Elle est toujours temporaire mais peut être générale ou spéciale :

- elle est générale si le premier terme était relatif à un délit puni par les textes de 10 ans d'emprisonnement. Le délai varie : de 10 ans si le second délit est puni comme le premier, de 5 ans s'il est puni d'un emprisonnement de plus d'un an ;
- elle est spéciale si les deux termes recouvrent les mêmes délits ou des délits assimilés et à condition que le second ait été commis dans un délai de 5 ans (C. pén., art. 132-10).

L'aggravation du maximum est identique puisqu'il est doublé.

▶ ***La récidive contraventionnelle caractérisée par la commission d'une nouvelle infraction de nature contraventionnelle***

Limitée aux contraventions de 5e classe et à condition qu'il y ait une incrimination spéciale de la récidive, elle est toujours spéciale et temporaire, le délai étant alors d'un an. Le maximum de l'amende est alors multiplié par deux (C. pén., art. 132-11).

Il faut toutefois préciser que le délai précité n'est plus d'un an mais de trois ans dans les cas où la loi prévoit que la récidive d'une contravention de 5e classe constitue un délit (C. pén., art. 132-11, al. 2).

Pour aller plus loin

La récidive des personnes morales

Les situations de récidive des personnes morales, régies aux articles 132-12 à 132-15 du Code pénal, sont très exactement superposables à celles des personnes physiques. Les mécanismes sont en effet identiques à ceci près :

- que les délits ne sont plus distingués selon qu'ils font encourir dix ans d'emprisonnement ou plus mais qu'ils exposent leurs auteurs à une amende de 500 000 euros ou d'au moins 75 000 euros ;
- que l'aggravation de l'amende est de dix fois le maximum défini au texte de pénalité. Mais il ne faut pas s'y laisser tromper. L'aggravation est en réalité similaire à celle des personnes physiques puisqu'il ne s'agit là encore que d'un doublement dès lors que l'on se souvient que l'amende encourue par les personnes morales est égale au quintuple de celle des personnes physiques (C. pén., art. 131-38).

2) *L'atténuation du maximum encouru*

L'abaissement du maximum encouru, qu'il se caractérise par l'atténuation de la peine ou par – *a fortiori* – la suppression de celle-ci, traduit toujours à l'évidence une certaine forme d'indulgence législative.

a) La minoration de la peine

Il convient ici simplement de les envisager tour à tour.

1. La minoration en raison de la minorité de l'auteur de l'infraction

Le texte de référence est ici l'ordonnance du 2 février 1945 à laquelle renvoie l'article 122-8 du Code pénal. Le principe est en effet que les mineurs de plus de 13 ans, à l'encontre desquels une condamnation à une peine peut être prononcée, bénéficient d'une pénalité atténuée. Se retrouve ici ce que l'ancien Code pénal dénommait « l'excuse atténuante de minorité ».

L'atténuation de peines opère dans les termes suivants :

- pour les peines privatives de liberté : lorsque le texte de pénalité prévoit la perpétuité, le maximum est alors ramené à 20 ans de réclusion criminelle. Dans tous les autres cas, réclusion criminelle à temps et emprisonnement, le maximum encouru par le mineur est égal à la moitié du maximum édicté au texte ;
- pour la peine d'amende, exception faite des contraventions des quatre premières classes pour lesquelles il n'existe aucun aménagement (art. 21, al. 2), la réduction est égale à la moitié, sans que le montant de l'amende ne puisse excéder, en matière criminelle et correctionnelle, 7 500 euros.

De droit pour les mineurs de 13 à 16 ans, l'excuse de minorité reste facultative pour leurs aînés. Les juges peuvent ainsi ne pas l'appliquer en considération des circonstances de l'espèce, de la personnalité du mineur et de sa situation (art. 20-2, al. 2). Une telle décision ne devant toutefois être prise qu'à titre exceptionnel, elle suppose, exception faite de la cour d'assises des mineurs, une décision spécialement motivée. Mais même si l'atténuation n'est pas retenue, le mineur encourant la perpétuité pour le crime commis ne peut être condamné qu'à une peine maximale de trente ans.

2. La minoration comme contrepartie de la dénonciation

La minoration légale joue ici comme salaire de la délation, comme une récompense offerte à ceux des auteurs ou complices d'une infraction qui renseignent la justice sur la commission de celle-ci ou sur l'identité de ceux qui s'y trouvent compromis.

Depuis la loi du 9 mars 2004 relative à la lutte contre la criminalité organisée, le Code pénal contient une disposition générale posant le principe d'une minoration de la peine en cas de dénonciation. Ainsi, selon l'alinéa 2 de l'article 132-78, « dans les cas prévus par la loi, la durée de la peine privative de liberté encourue par une personne ayant commis un crime ou un délit est réduite si, ayant averti l'autorité administrative ou judiciaire, elle a permis de faire cesser l'infraction, d'éviter que l'infraction ne produise un dommage ou d'identifier les autres auteurs ou complices ». Seulement, comme le texte l'énonce, cette réduction de peine ne vaut que pour les infractions pour lesquelles le législateur le prévoit expressément. Ainsi en est-il, par exemple, en matière de tortures (C. pén., art. 222-6-2, al. 2), de trafic de stupéfiants (C. pén., art. 222-43), de terrorisme (C. pén., art. 442-2), ou de fausse monnaie (C. pén., art. 442-10). Dans toutes ces hypothèses, la peine encourue est réduite de moitié, et s'il s'agit de la peine de réclusion criminelle à perpétuité, celle-ci est ramenée à vingt ans de réclusion.

b) L'exemption de peine

L'exemption de peine, ou excuse absolutoire selon les termes de l'ancien Code pénal, est une autre forme de récompense, cette fois beaucoup plus conséquente dans la mesure où l'agent, par sa délation, aura permis, non plus seulement d'interrompre le cours d'une infraction, mais d'en éviter la commission.

L'alinéa premier de l'article 132-78 du Code pénal édicte en effet que « la personne qui a tenté de commettre un crime ou un délit est, dans les cas prévus par la loi, exempte de peine si, ayant averti l'autorité administrative ou judiciaire, elle a permis d'éviter la réalisation de l'infraction et, le cas échéant, d'identifier les autres auteurs ou complices. » L'exemption de peine opère en quelque sorte comme une forme radicale, absolue de minoration légale puisqu'elle exclut tout simplement le prononcé de toute peine contre son bénéficiaire pourtant déclaré coupable. Mais, comme précédemment, cette clémence ne s'applique qu'à une liste limitative d'infractions inventoriées par le législateur. Relèvent de cette liste, notamment, l'assassinat et l'empoisonnement (C. pén., art. 221-5-3), le proxénétisme (C. pén., art. 225-11-1), les tortures (C. pén., art. 222-6-2, al. 1er), l'extorsion en bande organisée (C. pén., art. 312-6-1, al. 1er), l'association de malfaiteurs (C. pén., art. 450-2)...

B - Le cumul limité des peines en cas de concours réel d'infractions

Distinct de la récidive et de la réitération, le concours réel d'infractions se singularise par la commission d'une pluralité d'infractions sans que l'auteur n'ait encore fait l'objet d'une condamnation pénale pour la ou les premières d'entre elles. Faute d'un précédent avertissement solennel par le biais d'une peine définitive, l'aggravation de la sanction, légitime en cas de récidive, ne vaut plus ici. Les peines encourues ne sont donc pas aggravées. Mieux, raisonnant comme si une seule infraction avait été réalisée, le législateur instaure des règles qui, sans proclamer en tant que tel le principe du non-cumul des peines, prohibent néanmoins le cumul pur et simple de toutes les peines afférentes aux diverses infractions en concours.

Ces règles divergent selon que ces infractions font l'objet d'une même procédure ou de procédures séparées.

1) Le cas de l'unité de procédure

L'article 132-3 du Code pénal dispose : « Lorsque, à l'occasion d'une même procédure, la personne poursuivie est reconnue coupable de plusieurs infractions en concours, chacune des peines encourues peut être prononcée. Toutefois, lorsque plusieurs peines de même nature sont encourues, il ne peut être prononcé qu'une seule peine de cette nature dans la limite du maximum légal le plus élevé (...) ».

Que retenir de cette disposition ? Que le législateur pose un principe, celui du cumul des peines encourues, qu'il assortit d'un tempérament essentiel, celui du non-cumul des peines de même nature.

Le texte, se référant au terme générique de peine, semble ne faire aucune distinction selon la catégorie de sanction, englobant donc tout à la fois les peines principales et les peines complémentaires.

En revanche, plus délicate est l'interprétation à donner à l'expression « peines de même nature ». La circulaire d'application du 14 mai 1993 et la doctrine d'une manière générale les définissent identiquement comme étant celles qui ont le même contenu et les mêmes effets. Pourtant, de cette définition similaire, elles en déduisent à l'opposé que l'amende, l'interdiction bancaire et la confiscation sont, pour la première, de même nature, pour la seconde, de nature différente... Il appartiendra donc à la jurisprudence de se prononcer, au cas par cas. Les seules véritables certitudes déjà acquises sont que les peines complémentaires rédigées en des termes identiques constituent indéniablement des peines de même nature, comme le sont également les peines privatives de liberté entre elles, ainsi que l'énonce expressément l'article 132-5, alinéa 1 du Code pénal. Dès lors que les peines sont de même nature, elles doivent être prononcées sous la forme d'une peine unique dont le quantum est au plus égal au maximum prévu pour l'infraction la plus sévèrement réprimée de toutes celles en concours.

2) Le cas de procédures séparées

La situation est ici celle où chacune des infractions en concours donne lieu à une procédure distincte, et donc à une déclaration de culpabilité séparée, chaque juridiction prononçant la ou les peines prévues pour l'infraction dont elle est saisie. La difficulté survient alors non plus au moment du prononcé mais à l'heure de l'exécution des peines. Celle-ci trouve résolution à l'article 132-4 du Code pénal : « Lorsqu'à l'occasion de poursuites séparées, la personne poursuivie a été reconnue coupable de plusieurs infractions en concours, les peines prononcées s'exécutent cumulativement dans la limite du maximum légal le plus élevé. Toutefois la confusion totale ou partielle des peines de même nature peut être ordonnée soit par la dernière juridiction appelée à statuer, soit dans les conditions prévues par le Code de procédure pénale. »

Cet article postule clairement une réduction du maximum légal puisque, si les peines prononcées s'additionnent, ce cumul n'est admis qu'autant qu'il ne dépasse pas le maximum le plus haut. On retrouve donc ici le même seuil que précédemment, ce qui est, somme toute, très cohérent : on ne saurait en effet légitimement faire dépendre la sévérité de la répression de l'unité ou de la pluralité de procédure.

C'est donc ainsi qu'à la règle du non-cumul des peines de même nature applicable en cas d'unité de poursuites correspond, en cas de pluralité de poursuites, la règle du « cumul plafonné » des peines de même nature.

L'application de ce principe soulève deux difficultés :

- la première apparaît lorsqu'une des infractions en concours est assortie d'une réclusion à perpétuité. Faute d'un maximum légal déterminé, la perpétuité encourue, mais non prononcée, devrait autoriser, en application de la règle du cumul, l'addition de l'ensemble des peines privatives de liberté sans aucune limite. C'est pourquoi, afin d'éviter l'exécution d'une sanction qui n'aurait plus aucun sens (imaginez 60, 100 ou même 150 ans d'incarcération), l'article 132-5, alinéa 3 précise que le maximum légal est alors fixé à 30 ans de réclusion criminelle ;
- la seconde est liée au prononcé de la réclusion criminelle à perpétuité pour l'un des crimes en concours. Dans un tel cas, exiger le cumul des peines prononcées reviendrait à l'absurde. Aussi le législateur prévoit-il (art. 132-5, al. 1er), que toute peine privative de liberté à temps est alors confondue avec la peine perpétuelle qui seule sera exécutée. La confusion des peines, ici incontournable, s'impose au juge.

Dans d'autres cas, le cumul, bien que possible, sera évincé au profit d'une confusion partielle ou totale, laissée à la discrétion du magistrat. La dernière juridiction de jugement statuant peut, en effet, ordonner la confusion des peines qu'elle prononce avec celles antérieurement infligées en sorte qu'elles sont considérées s'effectuer en même temps. Il faut ici préciser que la confusion s'effectue séparément pour chaque catégorie de peines, ce qui laisse au juge une grande liberté d'individualisation des mesures. Il peut, à sa guise, restreindre la confusion à certaines peines uniquement, l'admettre pour toutes ou la rejeter totalement.

Exemples

Confusion totale ou partielle laissée à l'appréciation du juge :

– exemple n° 1 : la première condamnation emporte une réclusion de 15 ans (maximum légal encouru : 20 ans), la seconde un emprisonnement de 5 ans. La deuxième juridiction peut décider du cumul des peines (20 ans) ou d'une confusion totale de l'emprisonnement avec la réclusion (durée totale de l'incarcération = 15 ans) ou d'une confusion partielle de deux ans par exemple (le total de 20 étant ramené à 18 ans) ;

– exemple n° 2 : deux infractions identiques avec pour maximum légal 10 ans d'emprisonnement. La première condamnation inflige 7 ans, la seconde 5 ans. Il y a alors une confusion obligatoire de 2 ans afin que le total ne soit pas supérieur au maximum légal (7 + 3), mais la confusion peut aussi être plus importante, de 4 ans par exemple (7 + 1), voire être totale (7 + 0).

2. LA PERSONNALISATION JUDICIAIRE DE LA PEINE

Deux textes portent directement sur la personnalisation judiciaire de la peine. Le premier, l'article 132-1 commande, après avoir énoncé que « toute peine prononcée par la juridiction doit être individualisée », que sa nature, son *quantum* et son régime d'exécution soient déterminés « en fonction des circonstances de l'infraction et de la personnalité de son auteur ainsi que de sa situation matérielle, familiale et sociale ». Il est complété par l'article 132-20 qui, s'agissant des peines d'amende, précise que leur montant doit « être déterminé en tenant compte des ressources et des charges de l'auteur de l'infraction ». Le second, l'article 707, II, al. 2 du Code de procédure pénale prévoit que le régime d'exécution des peines privatives et restrictives de liberté « est adapté au fur et à mesure de l'exécution de la peine, en fonction de l'évolution de la personnalité et de la situation matérielle, familiale et sociale du condamné » ; autant d'impératifs qui expliquent et justifient non seulement que la peine prononcée ne soit pas purement et simplement le décalque de la peine encourue mais aussi que la peine effectivement exécutée ne soit pas toujours exactement la peine infligée.

A - La personnalisation judiciaire au moment du prononcé de la peine

Naturellement, la première manifestation de l'individualisation des peines par le juge, celle à laquelle chacun pense spontanément, réside dans son pouvoir de choisir, dans les limites imposées par la loi, le nombre, la nature et le quantum de la ou des peines. Longtemps, le choix de la peine par le juge a été discrétionnaire. Ainsi que le soulignait la Chambre criminelle, « les juges répressifs disposent quant à l'application de la peine dans les limites fixées par la loi, d'une faculté discrétionnaire dont ils ne doivent aucun compte » (*Cass. crim., 3 nov. 1955 ; 26 déc. 1962 ; 5 oct. 1977 ; 9 févr. 1987 ; 5 sept. 1989*). La seule exception, imposée par l'article 132-19, concernait la peine d'emprisonnement ferme en matière correctionnelle. L'évolution, en ce domaine, est particulièrement importante puisque, sous l'impulsion de la Chambre criminelle de la Cour de cassation pour la matière correctionnelle (v. notamment *n° 15-83984 : peine d'amende ; n° 15-84511 : peine d'inéligibilité ; n° 15-85199 : peine d'interdiction de gérer ; n° 16-87469 : emprisonnement avec sursis et mise à l'épreuve ; n° 15-87422 : peine de confiscation ; n° 16-81797 : peine d'interdiction de séjour ; ...*) et du Conseil constitutionnel, saisi par la voie de la QPC (*Cons. const., 2 mars 2018, n° 2017-694 QPC*), pour le domaine criminel, une obligation légale de motivation est désormais imposée. Elle est énoncée respectivement aux articles 485-1 et 365-1 du Code de procédure pénale. Seules y font exception les peines complémentaires obligatoires, la peine de confiscation du produit ou de l'objet de l'infraction et les obligations particulières du (futur) sursis probatoire

Mais la personnalisation de la sanction s'exprime à travers bien d'autres modalités, avec cette précision, bien qu'on ait tendance à l'oublier peut-être trop facilement, que personnalisation ne rime pas nécessairement avec faveurs accordées au condamné. À l'indulgence du juge s'oppose aussi parfois sa plus grande sévérité.

1) L'indulgence judiciaire

L'indulgence judiciaire peut s'exprimer d'une triple façon : ou il ne prononce aucune peine, ou il dispense le condamné d'exécuter la peine prononcée, ou encore, il en détermine des modalités d'exécution plus douces.

a) Le choix de ne pas prononcer de peine

Cette faculté, toujours réservée aux domaines correctionnel et contraventionnel, correspond à la dispense de peine. Cette dernière, loin d'être discrétionnaire, ne peut être décidée que si les conditions définies par la loi sont remplies.

Conditions de la dispense de peine

C. pén., art. 132-58	C. pén., art. 132-59
La personne doit être reconnue coupable de l'infraction.	Le reclassement du coupable est acquis.
	Le dommage causé est réparé.
	Le trouble résultant de l'infraction a cessé.

Lorsque ces conditions sont satisfaites, le juge peut décider de ne prononcer aucune peine, ni principale, ni complémentaire.

Dans le cas où les conditions posées par l'article 132-59 ne sont pas encore remplies au jour de l'audience, mais qu'elles lui paraissent en bonne voie de l'être, le juge peut alors décider d'ajourner le prononcé de la peine en fixant la date de la prochaine audience durant laquelle il statuera à nouveau sur la peine.

Les différents ajournements de peine

	Ajournement simple	Ajournement avec mise à l'épreuve	Ajournement avec injonction
Textes	C. pén., art. 132-60 et s.	C. pén., art. 132-63 et s.	C. pén., art. 132-66 et s.
Domaines	Délictuel et contraventionnel	Délictuel	Délictuel et contraventionnel, dans les seuls cas où la loi le prévoit
Bénéficiaires	Personnes physiques et morales, sous condition de leur présence à l'audience	Personnes physiques, sous condition de leur présence à l'audience	Personnes physiques et morales
Conditions	– le reclassement du coupable est en voie d'être acquis – le dommage causé est en voie d'être réparé – le trouble résultant de l'infraction va cesser	– le reclassement du coupable est en voie d'être acquis – le dommage causé est en voie d'être réparé – le trouble résultant de l'infraction va cesser	Ne pas avoir respecté des obligations imposées par la loi ou le règlement
Obligations attachées à l'ajournement		Se soumettre aux mesures de contrôle et aux obligations définies par les articles 132-43 à 132-46 au titre de la mise à l'épreuve	Exécuter, éventuellement sous la menace d'une astreinte, la ou les prescriptions qui avaient été méconnues
Délai pour la seconde audience	Un an au plus après la décision d'ajournement	Un an au plus après la décision d'ajournement	Fixé par la juridiction lors de l'audience décidant de l'ajournement
Décision possible lors de la seconde audience	– prononcer la peine – dispenser de peine – ajourner une seconde (mais dernière) fois	– prononcer la peine – dispenser de peine – ajourner une seconde (mais dernière) fois	– prononcer la peine – dispenser de peine

La loi n° 2014-896 du 15 août 2014 relative à l'individualisation des peines et renforçant l'efficacité des sanctions pénales, ajoute deux autres formes d'ajournements à ces trois premières bien connues. Leur objet est tout autre.

	Ajournement aux fins d'investigations sur la personnalité ou la situation matérielle, familiale et sociale	Ajournement aux fins de consignation d'une somme d'argent
Textes	C. pén., art. 132-70-1 et 2 (et CPP, art. 397-3-1)	C. pén., art. 132-70-3
Domaine	Délictuel	Délictuel et contraventionnel
Objet	Permettre d'ordonner des investigations complémentaires sur la personnalité ou la situation matérielle, familiale et sociale	Obligation de consigner une somme d'argent en vue de garantir le paiement d'une éventuelle peine d'amende
Délai pour la seconde audience	Principe : quatre mois au plus après la décision d'ajournement, délai prolongeable pour une nouvelle durée maximale de quatre mois. Exception : durée inférieure quand la personne est placée en détention provisoire (CPP, art. 397-3, al. 3)	Un an au plus après la décision d'ajournement

b) Le choix de dispenser le condamné de l'exécution de sa peine

Tout en étant reconnu coupable et effectivement condamné, l'auteur de l'infraction est dispensé de l'exécution de sa peine. On dit alors que la condamnation est assortie d'un sursis.

Introduit pour la première en France par une loi du 26 mars 1891, dite loi *Béranger*, le sursis connaît aujourd'hui diverses modalités : au sursis originel qualifié de sursis simple s'ajoutent le sursis avec mise à l'épreuve (créé en 1958) et le sursis avec travail d'intérêt général (introduit en 1983), ces deux dernières modalités ayant pour point commun d'imposer au sursitaire un régime d'obligations surveillées. Il convient de noter qu'à compter du 24 mars 2020, par effet de la loi du 23 mars 2019, le sursis ne connaîtra plus que deux formes : le sursis simple et le sursis probatoire. La probation se déclinera entre un suivi « ordinaire », correspondant aux actuels sursis avec mise à l'épreuve et sursis TIG, et un suivi renforcé, pluridisciplinaire et évolutif, qui n'est rien d'autre, pour l'essentiel, que la reprise de l'actuelle contrainte pénale.

1. Le sursis simple

▶ ***Conditions d'octroi***

Elles sont énumérées aux articles 132-30 et suivants du Code pénal :

– les premières tiennent au passé pénal du délinquant :

Personne physique	Ne pas avoir été condamné dans les cinq ans précédant les faits à une peine de réclusion ou d'emprisonnement, avec ou sans sursis, pour un crime ou un délit de droit commun.	*A contrario* les condamnations précédentes pour infractions militaires, politiques ou pour contraventions n'interdisent pas l'octroi du sursis.

Personne morale	Ne pas avoir été condamné dans le même délai, pour un crime ou un délit de droit commun, à une amende supérieure à 60 000 euros si la personne morale est poursuivie pour un crime ou un délit, ou à 15 000 euros si elle est poursuivie pour une contravention.	

– les secondes ont trait à la peine prononcée :

	Condamnation pour un crime ou un délit	**Condamnation pour une contravention**
Personne physique	Le sursis peut être accordé pour toute condamnation à un emprisonnement au plus égal à 5 ans, à une amende, à la peine de jour-amende, aux peines prévues par les articles 131-6 et 131-10 (sauf exceptions qu'ils prévoient).	Le sursis peut être accordé pour certaines peines prévues par les articles 131-14, 131-16 et 131-17. Il peut l'être également pour la peine d'amende mais uniquement pour les contraventions de 5e classe.
Personne morale	Le sursis peut être accordé pour toute condamnation à l'amende et pour certaines peines prévues par l'article 131-39.	Le sursis peut être accordé pour toute condamnation à une peine d'interdiction bancaire. Il peut l'être également pour la peine d'amende mais uniquement pour les contraventions de 5e classe.

▶ *Les effets de l'octroi*

Dès qu'il est prononcé, le sursis emporte dispense d'exécuter la peine prononcée. Elle se trouve donc suspendue, elle n'est donc pas exigible, du moins pour la partie assortie du sursis puisque le juge a également la possibilité, concernant les peines d'emprisonnement, de n'accorder qu'un sursis partiel (C. pén., art. 132-31, al. 3).

La dispense n'est pas définitivement acquise. Durant un certain délai, fixé par la loi, elle n'est encore que conditionnelle, subordonnée à la « bonne conduite » du condamné. Si tel est le cas, la condamnation est réputée non avenue. En revanche, une nouvelle condamnation pénale est susceptible d'entraîner la révocation du sursis.

Sur ce point, deux précisions :

– aux termes de la loi, la nouvelle condamnation entraîne de plein droites révocations du sursis. Ceci signifie que la peine jusqu'alors suspendue devient exigible. Le condamné doit l'exécuter, sans confusion possible avec la nouvelle peine prononcée. Néanmoins, à cette révocation de plein droit du sursis, le législateur apporte un tempérament. La juridiction qui prononce la peine révocatoire peut en effet, individualisation commande, par une décision spéciale et motivée, décider de l'écarter en tout ou partie. À compter du 1er janvier 2015, la règle sera modifiée. Conséquence de la loi n° 2014-896 du 15 août 2014 relative à l'individualisation des peines et renforçant l'efficacité des sanctions pénales, il appartiendra librement à la juridiction de jugement de décider si révocation, il y a ou non, toute décision de révocation, qu'elle soit partielle ou totale, impliquant une motivation spéciale (C. pén., art. 132-29 et 132-36) ;

– la révocation, que ce soit dans l'actuel ou le futur système, ne peut être le fait de toute nouvelle condamnation. Là encore, des distinctions s'imposent :
  - le sursitaire pour crime ou délit commet, dans un délai de 5 ans un crime ou un délit de droit commun pour lequel il est condamné sans sursis. Si cette nouvelle condamnation est une condamnation à une peine privative de liberté, elle entraîne (ou pourra entraîner) révocation de tout sursis précédemment accordé et ce, quelle que soit la peine à laquelle il se rattachait. S'il s'agit d'une autre peine qu'une peine privative de liberté, la révocation n'affecte que le sursis afférent à une peine de même nature (art. 132-36),
  - le sursitaire pour contravention commet, dans un délai de 2 ans, un crime ou un délit de droit commun ou une contravention de 5e classe pour lequel il est condamné sans sursis. La révocation opère (pourra opérer) de la même façon, selon que la nouvelle peine est ou non privative de liberté (art. 132-37).

Pour aller plus loin

Les conséquences d'une condamnation pénale réputée non avenue

Non seulement les peines infligées n'auront jamais été exécutées, mais au surplus, la condamnation cesse d'être un obstacle au bénéfice d'un éventuel nouveau sursis à l'avenir. Elle est effacée du bulletin n° 2 du casier judiciaire (CPP, art. 775, 4°) mais demeure au bulletin n° 1 (CPP, art. 769). Par ailleurs, l'article 132-39 du Code pénal précise que, en cas de sursis partiel, la partie de la peine d'amende ou de jours-amende qui n'en était pas assortie reste due, et ce, alors même que la condamnation est réputée non avenue dans tous ses éléments. À ceci il faut ajouter que le paiement des dommages et intérêts au profit de la victime naturellement demeure également à la charge du condamné (CPP, art. 736). Une telle mesure ne saurait évidemment en effet nuire aux droits des tiers.

2. Le sursis avec mise à l'épreuve

Réglementé aux articles 132-40 à 132-53 du Code pénal, le sursis avec mise à l'épreuve est un sursis probation dans la mesure où le condamné, personne physique, est soumis à une épreuve, autrement dit au devoir de respecter un certain nombre de prescriptions. L'effacement de la condamnation suppose donc non seulement qu'il ne commette pas de nouvelles infractions, mais en plus qu'il se plie aux mesures et obligations particulières imposées par l'autorité judiciaire.

Octroi du sursis	Conditions tenant au passé	**Principe** : le passé pénal est indifférent. **Exceptions** depuis la loi du 12 décembre 2005 : précisées à l'article 132-41, dernier alinéa, elles interdisent l'octroi d'un nouveau sursis avec mise à l'épreuve vis-à-vis de certains auteurs récidivistes ou multirécidivistes qui avaient déjà bénéficié d'un tel régime. Ces interdictions sont écartées en cas de sursis partiel.
	Conditions tenant à la peine prononcée	Ce sursis n'est applicable qu'à l'emprisonnement prononcé pour un crime ou un délit de droit commun ; un emprisonnement de 5 ans au plus pour le délinquant primaire, 10 ans au plus pour le récidiviste.
Régime du sursis	Durée	Le délai d'épreuve, fixé par la juridiction de jugement, est compris entre 12 mois et 3 ans ; maximum porté à 5 ans pour le récidiviste et même 7 ans pour le multirécidiviste. En cas de sursis partiel, l'épreuve est suspendue pendant le temps où le condamné est incarcéré.

	Mise à l'épreuve	1) Elle comporte d'abord des mesures de contrôle. Celles-ci fonctionnent comme un tout indivisible, rattaché de plein droit par la loi à ce sursis. Ces mesures sont au nombre de six, énumérées par l'article 132-44 du Code pénal : répondre aux convocations du juge de l'application des peines ou de l'agent de probation désigné, recevoir les visites de ce dernier ou le prévenir des changements d'emploi, de résidence et des déplacements de plus de quinze jours, obtenir l'autorisation du juge de l'application des peines pour tout changement (emploi, résidence) susceptible de faire obstacle à l'exécution des obligations et l'informer de tout déplacement à l'étranger. 2) Elle peut ensuite comprendre des obligations particulières. Liberté d'appréciation est ici laissée à la juridiction d'imposer au sursitaire une ou plusieurs des obligations ou interdictions parmi les 22 énumérées à l'article 132-45 du Code pénal (par exemple, exercer une activité professionnelle, se soumettre à des traitements médicaux, ne pas conduire certains véhicules, s'abstenir de paraître en certains lieux ou de fréquenter certaines personnes, se présenter aux épreuves du permis de conduire, ne pas prendre part à des jeux d'argent...).
	Issue de l'épreuve	1) Révocation du sursis : – lorsque le probationnaire n'a pas satisfait aux mesures de contrôle ou aux obligations particulières qui lui étaient imposées ; – lorsque, au cours du délai d'épreuve, il est condamné, sans sursis, pour un crime ou un délit de droit commun. En toutes hypothèses, la révocation est toujours facultative. C'est à la juridiction de la prononcer expressément. Et encore peut-elle ne la prononcer que partiellement, mais une seule fois. 2) La condamnation est réputée non avenue lorsque le sursis n'a pas été révoqué, mais aussi lorsqu'il ne l'a été que partiellement.

3. Le sursis avec travail d'intérêt général

Le sursis avec obligation d'accomplir un travail d'intérêt général n'est autre qu'une forme de sursis avec mise à l'épreuve, le travail d'intérêt général faisant figure d'obligation de l'épreuve. Cette parenté explique que les articles 132-54 à 132-57 du Code pénal qui l'organisent, renvoient, pour une large part, aux textes applicables pour le sursis avec mise à l'épreuve. Seules quelques particularités méritent donc d'être soulignées.

Octroi	Il nécessite le consentement du condamné. Son accord est recueilli à l'audience s'il y est présent. Dans le cas contraire, à condition d'être représenté par un avocat, il peut le faire connaître par écrit. Le sursis partiel n'est pas possible.
Épreuve	Outre les mesures de contrôle et les éventuelles obligations ou interdictions particulières, le condamné doit accomplir un travail d'intérêt général, d'une durée comprise entre 20 et 280 heures dans un délai qui ne peut dépasser 18 mois.
Issue	Avant même l'expiration de ce délai d'épreuve, la condamnation est réputée non avenue dès l'accomplissement de la totalité du travail, sauf si le condamné est soumis à des obligations particulières. Celles-ci peuvent d'ailleurs perdurer, sur décision de la juridiction, au-delà de l'accomplissement du travail d'intérêt général, pendant 12 mois au plus.

c) Le choix de modalités d'exécution de la peine plus douces

Dans un souci d'individualisation optimal, le législateur confie à la juridiction de jugement, et ce indépendamment des aménagements qui peuvent être décidés au cours du déroulement de la peine, d'importantes prérogatives quant au choix des modalités de son exécution à venir. À ce titre, il lui appartient d'apprécier l'opportunité d'octroyer au condamné l'une ou l'autre des quatre mesures ici présentées.

En l'état actuel de la législation, issue de la loi pénitentiaire du 24 novembre 2009, les seuils des peines d'emprisonnement ferme en deçà desquels un aménagement de la peine doit être envisagé sont respectivement de deux ans pour les primo-délinquants et un an pour les récidivistes. À compter du 24 mars 2020, un seuil unique, fixé à un an, vaudra toutefois pour tous. La loi n° 2019-222 du 23 mars 2019 de programmation 2018-2022 et de réforme de la justice réécrit en effet l'article 132-19 du Code pénal pour prévoir que : 1. la juridiction de jugement ne peut prononcer aucune peine d'emprisonnement ferme inférieure à 1 mois ; 2. la peine d'emprisonnement comprise entre 1 mois et 6 mois au plus doit être aménagée, à moins que la personnalité ou la situation du condamné ne le permettent et 3. la peine d'emprisonnement comprise entre 6 mois et 1 an est aménagée si la personnalité et la situation du condamné le permettent.

1. La semi-liberté

Réservée à ceux qui ont à purger un emprisonnement sans sursis d'une durée maximale de deux ans pour le délinquant primaire, d'un an pour le récidiviste, la semi-liberté (C. pén., art. 132-25) leur permet de ne pas interrompre l'exercice d'une activité professionnelle, un traitement médical en cours, de ne pas faire obstacle au suivi d'un enseignement, d'une formation professionnelle, d'un stage ou d'un emploi temporaire, de pouvoir continuer à participer de manière effective à leur vie de famille, de pouvoir rechercher un emploi, ou plus largement de s'investir dans tout autre projet d'insertion sociale.

Pour ce faire, le condamné est autorisé à quitter l'établissement pénitentiaire pour le temps nécessaire à la réalisation de ces diverses activités en respectant naturellement les modalités de la liberté telles que définies par le juge de l'application des peines, notamment les jours et heures de sortie et de retour. Pour le reste, le condamné doit demeurer dans l'établissement.

Celui-ci peut être astreint à une ou plusieurs des obligations ou interdictions des articles 132-44 et 132-45 du Code pénal (celles du sursis avec mise à l'épreuve) ou à celles résultat du suivi socio-judiciaire.

L'irrespect de l'une des obligations imposées, et plus généralement la mauvaise conduite du condamné, ou encore la disparition de l'intérêt légitime de la mesure, sont autant de facteurs susceptibles d'emporter le retrait du bénéfice de la semi-liberté par décision du juge de l'application des peines (CPP, art. 723-2).

2. Le fractionnement de la peine

Comme son nom l'indique, le fractionnement de la peine permet une exécution par fractions de certaines peines, autrement dit de répartir dans le temps leur exécution. C'est avant tout l'avantage bien compris du condamné qui commande le choix pour une telle modalité d'exécution puisque le Code pénal précise qu'il peut être ordonné pour un motif d'ordre médical, familial, professionnel ou social. La finalité est donc à nouveau de tempérer les conséquences fâcheuses de la peine sur la situation personnelle du condamné, qu'elles tiennent à la perte d'un emploi, à l'interruption d'un traitement médical adéquat, etc.

Exclu en matière criminelle, le fractionnement ne peut concerner que l'emprisonnement d'une durée maximum d'un an ou de deux ans selon que l'intéressé est récidiviste ou non (art. 132-27), la peine d'amende, quels que soient son montant, la peine de jours-amende et la peine de suspension du permis de conduire (C. pén., art. 132-28). Dans tous les cas, afin d'éviter que l'exécution intégrale de la peine ne se prolonge indéfiniment dans le temps, les textes exigent que celle-ci s'effectue sur une période de trois ans maximum, voire quatre s'il s'agit d'une peine d'emprisonnement, en précisant que pour cette dernière chaque fraction est nécessairement au moins égale à deux jours (C. pén., art. 132-27).

3. Le placement à l'extérieur

Jusqu'en 2004, seul le juge de l'application des peines avait le pouvoir de décider d'un placement à l'extérieur au cours de l'exécution de la peine privative de liberté. La loi du 9 mars 2004 octroie dorénavant à la juridiction de jugement une semblable prérogative, au moment du prononcé de la peine. Sous un tel régime, le condamné est employé en dehors de l'établissement pénitentiaire.

Régi lui aussi par les articles 132-25 et 132-26 du Code pénal, le placement à l'extérieur répond aux deux mêmes conditions que la semi-liberté. Et de la même manière, le condamné peut être soumis, par la juridiction de jugement, aux mesures et obligations du sursis avec mise à l'épreuve (C. pén., art. 132-26, dern. al.), ainsi qu'à celles issues d'un éventuel suivi socio-judiciaire (CPP, art. 763-7).

À l'égal encore de la semi-liberté, le juge de l'application des peines peut retirer le bénéfice de cette mesure lorsque le condamné n'en remplit plus les conditions d'octroi, s'il fait preuve de mauvaise conduite ou s'il ne satisfait pas aux obligations imposées (CPP, art. 723-2).

4. Le placement sous surveillance électronique

C'est à nouveau la loi du 9 mars 2004 qui a conféré à la juridiction de jugement cette nouvelle compétence antérieurement réservée au juge de l'application des peines. Aujourd'hui, le tribunal correctionnel a donc la faculté de proposer au condamné un placement sous surveillance électronique le jour même de l'audience. Il ne peut s'agir en effet que d'une proposition puisque ce placement suppose, outre les deux mêmes conditions que la semi-liberté et le placement extérieur, l'accord de l'intéressé (C. pén., art. 132-26-1, al. 7). Ce consentement préalable nécessaire s'explique pour la simple raison que ce placement présente un caractère contraignant qui ne doit pas être méconnu, et qui transparaît d'ailleurs fort bien de la métaphore de « prison à domicile ». La privation de liberté telle qu'entendue classiquement est ici remplacée par une surveillance continue grâce à un bracelet électronique qui permet de contrôler à distance le respect, par l'intéressé, de l'interdiction de s'absenter de son domicile ou de tout autre lieu désigné par ce juge en dehors des périodes que celui-ci a fixées en fonction de l'activité professionnelle, de sa vie de famille ou d'un traitement médical. Par ailleurs, le condamné peut être soumis aux mesures ou obligations particulières du sursis avec mise à l'épreuve (C. pén., art. 132-26-3). L'inobservation des obligations imposées, la commission d'une nouvelle infraction, l'inconduite notoire du condamné ou son opposition à la poursuite du placement sont autant de facteurs susceptibles d'entraîner le retrait de la mesure par décision du juge de l'application des peines (CPP, art. 723-13).

Le placement sous surveillance électronique a vocation à disparaître pour laisser place, à compter du 24 mars 2020, à une nouvelle peine de détention à domicile sous surveillance électronique, dont la durée sera comprise entre 15 jours et 1 mois, sans pouvoir excéder la durée de l'emprisonnement encouru (C. pén., art. 131-4-1 nouv.). Elle comportera, elle aussi, l'obligation pour le condamné de demeurer, en dehors des périodes de sorties autorisées, dans son domicile ou tout autre lieu désigné par la juridiction. La différence essentielle est que là où le placement n'est qu'un aménagement de la peine privative de liberté, la future détention à domicile sera tout à la fois peine autonome, alternative à l'emprisonnement, et mesure d'aménagement des courtes peines d'emprisonnement.

2) La sévérité judiciaire

L'individualisation peut aussi être le signe d'une rigueur accrue. Plusieurs mécanismes témoignent de ce même dessein. L'un concerne les peines d'amende. Depuis la loi du 3 juin 2016 renforçant la lutte contre la criminalité organisée, le terrorisme et leur financement, et améliorant l'efficacité et les garanties de la procédure pénale, le juge se voit en effet reconnaître la possibilité de majorer, dans la limite de 10 % de leur montant, les amendes prononcées en matière contraventionnelle, délictuelle et criminelle. Cette majoration, destinée à financer l'aide aux victimes (C. pén., art. 132-20), est déterminée au regard des circonstances de l'infraction, de la personnalité de son auteur ainsi que de sa situation matérielle, familiale et sociale (CPP, art. 707-6). Les deux autres, plus anciens, visent la peine privative de liberté aux fins d'assurer une incarcération effective du condamné pour un temps donné.

a) La période de sûreté

En prononçant une peine privative de liberté assortie d'une période de sûreté, la juridiction de jugement prive le condamné, durant toute cette période, de la possibilité d'obtenir ultérieurement certaines mesures telles un placement à l'extérieur, une semi-liberté, une libération conditionnelle. L'optique sécuritaire joue donc ici à plein.

L'article 132-23 du Code pénal consacre deux types de période de sûreté, l'une obligatoire, l'autre facultative. À la vérité, seule la seconde illustre véritablement le pouvoir de personnalisation de la peine au moment de son prononcé. La première en effet se rattache de plein droit à la condamnation, sans que le juge ne puisse décider de son opportunité. La concernant, il s'agit donc davantage d'une détermination légale que d'une appréciation judiciaire. Néanmoins le juge conserve malgré tout quelques attributions pour en déterminer la durée.

	Période de sûreté obligatoire	Période de sûreté facultative
Cas d'application	C. pén., art. 132-23, al. 1er Condamnation à une peine privative de liberté, sans sursis, d'une durée au moins égale à 10 ans prononcée pour l'une des infractions pour lesquelles le législateur le prévoit expressément (par ex. crimes contre l'humanité, meurtres aggravés, emprisonnement, tortures, terrorisme, enlèvement...).	C. pén., art. 132-23, al. 3 Condamnation à une peine privative de liberté, sans sursis, d'une durée supérieure à cinq ans, quelle que soit l'infraction qu'elle concerne.

Durée	Égale à la moitié de la peine prononcée, et s'il s'agit d'une réclusion à perpétuité, égale à 18 ans.	Librement déterminée par la juridiction dans la limite des deux tiers de la peine prononcée ou de 22 ans s'il s'agit d'une réclusion à perpétuité.
	La juridiction peut moduler cette durée, soit en l'abrégeant, soit en l'augmentant dans la limite des deux tiers de la peine prononcée et s'il s'agit d'une réclusion à perpétuité, de 22 ans.	

b) La peine incompressible

La peine incompressible, variante de la première, permet d'appliquer la période de sûreté à la durée totale de la peine prononcée de sorte que le condamné ne puisse jamais bénéficier d'une quelconque mesure d'individualisation de sa peine au cours de son exécution. Cette fermeté n'est toutefois pas totale puisque le tribunal de l'application des peines, peut, sous certaines conditions très strictes, mettre fin à ce régime.

Cas d'application	La peine incompressible concerne ceux qui ont été condamnés : 1er cas – pour meurtre ou assassinat d'un mineur de 15 ans précédé ou accompagné d'un viol, de tortures ou d'actes de barbarie (C. pén., art. 221-3 et art. 221-4), 2e cas – pour assassinat d'un magistrat, d'un fonctionnaire de la police nationale, d'un militaire de la gendarmerie, d'un membre du personnel de l'administration pénitentiaire ou de toute autre personne dépositaire de l'autorité publique, à l'occasion de l'exercice ou en raison de ses fonctions (C. pén., art. 221-3), 3e cas – pour meurtre, commis en bande organisée, sur un magistrat, un fonctionnaire de la police nationale, un militaire de la gendarmerie, un membre du personnel de l'administration pénitentiaire ou toute autre personne dépositaire de l'autorité publique, à l'occasion de l'exercice ou en raison de ses fonctions (C. pén., art. 221-4), 4e cas – pour faits de terrorisme (infractions criminelles ou délits punis de dix ans d'emprisonnement) (art. 421-7)
Durées	30 ans, permettant de couvrir la totalité de la peine privative de liberté à temps ou perpétuité lorsque la réclusion criminelle est elle-même prononcée à perpétuité.
Formellement	Son prononcé suppose une « décision spéciale » de la cour d'assises.
Réductions possibles	**Compétence** : tribunal de l'application des peines (CPP, art. 720-4). **Conditions valant pour les trois premiers cas** : – commune : que le condamné présente des gages sérieux de réadaptation sociale ; – spécifiques : • si condamnation à 30 ans, le condamné doit purger au moins 20 ans, • si condamnation à perpétuité, le condamné doit purger au moins 30 ans et un collège de trois experts médicaux doit se prononcer sur l'état de dangerosité du condamné. **Conditions valant pour le 4e cas** : la juridiction, après avis d'une commission de cinq magistrats de la Cour de cassation, ne peut réduire la durée de la période de sûreté qu'après que le condamné ait purgé au moins 30 ans, qu'il présente des gages sérieux de réadaptation sociale, que la réduction ne soit pas susceptible de causer un trouble grave à l'ordre public, que l'avis des parties civiles ait été recueilli et qu'un collège de trois experts ait procédé à une évaluation de la dangerosité du condamné (CPP, art. 720-5).

B - La personnalisation judiciaire au cours de l'exécution de la sanction

La peine subie par le condamné n'est que très rarement le reflet de la peine prononcée. Soucieux d'encourager l'individualisation de la peine même après son prononcé, le législateur commande une adaptation de la peine, au cours de son exécution, afin qu'elle suive l'évolution de la situation et de la personnalité de celui qu'elle atteint.

La « cheville ouvrière » en la matière est le juge de l'application des peines. Magistrat du siège du tribunal de grande instance, le juge de l'application des peines est né, après la Seconde Guerre mondiale, de l'idée selon laquelle l'autorité judiciaire devait avoir la direction entière de l'exécution morale, juridique et sociale de la peine, ce qui devait permettre notamment que toute décision en la matière soit précédée d'un débat offrant au condamné la possibilité de présenter requêtes, explications et moyens de défense.

Au vrai, ce vœu n'a été exaucé qu'avec les lois du 15 juin 2000 et du 9 mars 2004 qui l'ont érigé au rang de premier degré de juridiction à part entière alors qu'il était demeuré jusqu'ici confiné dans un « statut » d'administrateur judiciaire. La conséquence directe de cette première nouveauté est que dorénavant toutes les décisions du juge de l'application des peines ont une nature juridictionnelle et, comme telles, sont susceptibles de faire l'objet de voies de recours. L'autre nouveauté, issue de la loi du 9 mars 2004, résulte de la création de deux nouvelles juridictions : le tribunal et la chambre de l'application des peines. L'architecture se présente aujourd'hui de la façon suivante :

– deux juridictions de premier degré :
  - ***le juge de l'application des peines*** compétent pour fixer les principales modalités de l'exécution des peines privatives de liberté et en contrôler les conditions d'application. Ses décisions en matière de réduction de peines, de permission de sortir et d'autorisation de sortie sous escorte sont appelées « ordonnances », les autres, relatives notamment au fractionnement de la peine, à la libération conditionnelle... constituent des « jugements »,
  - ***le tribunal de l'application des peines***, juridiction collégiale, dont le rôle est limité aux décisions les plus graves concernant les « longues peines » (par exemple relèvement de la période de sûreté mais aussi libération conditionnelle ou suspension de peine qui restent en dehors de la compétence du juge de l'application des peines) ;

– au second degré, à nouveau deux juridictions :
  - ***la chambre de l'application des peines***, juridiction collégiale, amenée à connaître des appels interjetés contre les décisions du tribunal et les jugements rendus par le juge de l'application des peines,
  - ***le président de la chambre***, seul compétent pour connaître des appels formés à l'encontre des ordonnances du juge de l'application des peines. Les arrêts de la chambre de l'application des peines comme les ordonnances rendues par son président sont susceptibles de faire l'objet d'un pourvoi en cassation devant la chambre criminelle.

Les missions dévolues à ces juridictions, au premier rang desquelles le juge de l'application des peines, sont indirectement définies par l'article 707, II du Code de procédure pénale. Celui-ci énonce en effet que « le régime d'exécution des peines privatives et restrictives de liberté vise à préparer l'insertion ou la réinsertion de la personne condamnée afin de lui permettre d'agir en personne responsable, respectueuse des règles et des intérêts de la société et d'éviter la commission de nouvelles infractions. » Le III poursuit « toute personne condamnée incarcérée (...) bénéficie, chaque fois que cela est possible, d'un retour progressif à la liberté (...) ».

Préparer le retour à la liberté afin d'éviter les « sorties sèches de prison ». Telle est l'une des préoccupations majeures du législateur qui développe les mesures d'aménagement de la peine privative de liberté. Le dernier dispositif nouvellement mis en œuvre est la libération sous contrainte. Elle peut être définie comme l'examen obligatoire de la situation de toutes personnes exécutant une ou plusieurs peines privatives de liberté d'une durée totale inférieure ou égale à cinq ans et ayant atteint les deux tiers de leur peine sans encore avoir bénéficié d'aménagement. Sur la base de cet examen, le juge de l'application apprécie si une mesure de sortie encadrée dite de libération sous contrainte peut être octroyée (CPP, art. 720) et à condition que le détenu ne s'y oppose pas. Accordée, cette libération entraîne l'exécution du reliquat de peine sous le régime, selon la décision du magistrat, de la semi-liberté, du placement à l'extérieur, du placement sous surveillance électronique ou de la libération conditionnelle. Les trois premières mesures constituent un aménagement, la dernière un abrégement, du temps de l'incarcération.

1) *L'aménagement du temps de l'incarcération*

Certaines des mesures le permettant sont communes à la phase décisoire du procès pénal, d'autres sont propres au stade de l'exécution de la peine.

a) Semi-liberté, placement à l'extérieur, fractionnement de la peine et placement sous surveillance électronique

Pour l'essentiel, ces mesures obéissent au même régime que lorsqu'elles sont décidées lors de l'audience de jugement. En revanche, leurs conditions d'octroi, définies par le Code de procédure pénale, sont plus larges : ***la semi-liberté et le placement sous surveillance électronique*** bénéficient ainsi également aux condamnés qui pourraient être admis au régime de la libération conditionnelle (CPP, art. 723-1 et 723-7) ; ***le placement à l'extérieur***, accompagné d'une surveillance exercée par le personnel pénitentiaire, concerne ici plus largement les détenus ayant à subir une durée d'incarcération au plus égale à cinq ans et qui n'ont pas été condamnés auparavant à une peine privative de liberté supérieure à six mois, mais également les condamnés pouvant bénéficier d'une semi-liberté ou d'une libération conditionnelle (CPP, art. D. 128), dès lors que les uns et les autres présentent des garanties suffisantes pour la sécurité et l'ordre public.

b) Les permissions de sortir

Selon l'article 723-3 du Code de procédure pénale, la permission de sortir autorise un condamné à s'absenter de l'établissement pénitentiaire pendant une période de temps déterminée qui s'impute sur la durée de la peine en cours. Cette période varie en fonction de la durée de la peine privative de liberté prononcée ou restant à courir et des motifs pour lesquels la permission est accordée (CPP, art. D. 142 et s.).

Durée de la permission	Condamnés concernés		Motifs de la permission
	Délinquants primaires	**Récidivistes**	
Un jour	– condamnés à une peine privative de liberté au plus égale à cinq ans – condamnés ayant exécuté la moitié de leur peine, quelle que soit sa durée	– les deux tiers de la peine doivent avoir été exécutés	Recherche d'emploi, passage d'un examen, suivi de soins, exercice du droit de vote, activités culturelles ou sportives organisées
Trois jours	– condamnés à une peine privative de liberté au plus égale à cinq ans – condamnés ayant exécuté la moitié de leur peine, quelle que soit sa durée	– les deux tiers de la peine doivent avoir été exécutés	À l'occasion de circonstances familiales graves
	– condamnés ayant exécuté la moitié de leur peine, si le temps restant à subir est inférieur à trois ans	– les deux tiers de la peine doivent avoir été exécutés	Maintien des liens familiaux, préparation de la réinsertion sociale
Cinq jours	– condamnés incarcérés dans des centres pour peines aménagées		Maintien des liens familiaux, préparation de la réinsertion sociale
Dix jours, une fois par an	– condamnés incarcérés dans des centres de détention s'ils ont exécuté le tiers de leur peine.	– les deux tiers de la peine doivent avoir été exécutés	
Week-end et jours fériés	– condamnés sous le régime de la semi-liberté, du placement à l'extérieur sans surveillance ou du placement sous surveillance électronique		

2) *L'abrégement du temps d'incarcération*

Il s'agit ici de l'octroi de dispenses partielles d'exécution de la peine privative de liberté. Autrement dit, c'est le temps passé en prison qui se trouve amputé d'une partie.

a) *Les réductions de peine*

Depuis la loi du 9 mars 2004, qui a modifié le système des réductions de peine, le condamné bénéficie d'un crédit de peine auquel peuvent s'adjoindre des réductions supplémentaires et exceptionnelles.

1. Le crédit de réduction peine (CPP, art. 721)

Le bénéfice de ce crédit de réduction peine, calculé sur la durée de la condamnation, est octroyé de plein droit à tout condamné (exception faite de ceux qui le sont pour actes de terrorisme – CPP, nouvel art. 721-1-1, introduit par la loi du 21 juillet 2016 portant mesures de renforcement de la lutte antiterrorisme), lui permettant ainsi, au jour où il entre en prison, de connaître la date prévisible de sa libération.

Mesures du crédit

En cas de condamnation à un an ou plus	Crédit de trois mois pour la 1re année
	Crédit de deux mois pour les années suivantes
En cas de condamnation inférieure à un an ou pour la partie de la peine inférieure à une année entière	Crédit de sept jours par mois

Le retrait, partiel ou total, du crédit peut toutefois être décidé :

– par le juge de l'application des peines, en cas de mauvaise conduite en détention (hypothèse générale), de refus, opposé par le condamné, de se soumettre à un traitement ou de suivi irrégulier du traitement accepté (hypothèses qui dépendent de l'infraction pour laquelle la condamnation a été prononcée) ;
– par la juridiction de jugement dans l'hypothèse où l'intéressé commet un nouveau crime ou délit après sa libération, pendant la période correspondant à la réduction.

2. Les réductions de peine supplémentaires (CPP, art. 721-1)

Elles viennent s'ajouter au crédit de peine au profit des condamnés qui manifestent des efforts sérieux de réadaptation sociale « notamment en passant avec succès un examen scolaire, universitaire ou professionnel traduisant l'acquisition de connaissances nouvelles, en justifiant de réels progrès dans le cadre d'un enseignement ou d'une formation, en s'investissant dans l'apprentissage de la lecture, de l'écriture et du calcul, ou en participant à des activités culturelles, et notamment de la lecture, en suivant une thérapie destinée à limiter les risques de récidive ou en s'efforçant d'indemniser leurs victimes ».

Mesure des réductions supplémentaires

En cas de condamnation à un an ou plus	Crédit de trois mois par année d'incarcération
En cas de condamnation inférieure à un an ou pour la partie de la peine inférieure à une année entière	Crédit de sept jours par mois
Condamnation prononcée pour un crime ou un délit sur mineur (meurtre, assassinat, tortures, actes de barbarie, viol, agressions ou atteintes sexuelles) et si refus des soins proposés	Crédit de deux mois par année d'incarcération et de quatre jours par mois
Condamnation prononcée pour un crime ou un délit pour lequel le suivi socio-judiciaire est encouru et si refus du traitement proposé ou si suivi non-régulier du traitement	Pas de réductions supplémentaires sauf décision contraire du juge de l'application des peines

3. Les réductions de peine exceptionnelles

Depuis le 1er janvier 2005, une réduction de peine exceptionnelle, dont le quantum peut aller jusqu'au tiers de la peine, peut être prononcée en faveur des condamnés repentis dont les déclarations ont permis de faire cesser ou d'éviter la commission d'une infraction relevant de la criminalité organisée (CPP, art. 721-3). Lorsque le repenti est condamné à la réclusion criminelle à perpétuité, une réduction exceptionnelle du temps d'épreuve lui permettant d'accéder au bénéfice de la libération peut lui être accordée dans la limite de cinq années. Ces réductions sont accordées par le tribunal de l'application des peines.

b) La libération conditionnelle

Le condamné à une peine privative de liberté quelle qu'elle soit, réclusion, détention, emprisonnement, sous réserve d'une période de sûreté, peut bénéficier d'une libération anticipée lui permettant de finir sous le régime de la liberté son temps d'incarcération. Instituée par une loi du 14 août 1885, la libération fut l'une des toutes premières mesures d'individualisation de la peine privative de liberté, réservée alors aux « condamnés qui en auront été dignes ». Depuis lors, elle a fait l'objet de nombreuses réformes.

1. Les conditions de la libération conditionnelle

Celle-ci est doublement conditionnée, dans son octroi et son maintien.

Concernant son octroi d'abord, l'article 729 alinéas 2 et suivants du Code de procédure pénale réserve cette mesure au condamné qui manifeste des efforts sérieux de réadaptation sociale, ***notamment*** lorsqu'il justifie soit de l'exercice d'une activité professionnelle, d'une formation professionnelle, d'un stage ou d'un emploi temporaire, soit de sa participation essentielle à la vie de la famille, soit de la nécessité de subir un traitement, soit de ses efforts pour indemniser la victime, soit encore de son implication dans tout autre projet sérieux d'insertion ou de réinsertion. Ces conditions suffisent à comprendre que la libération conditionnelle n'est pas une mesure automatique. Mais, pour en favoriser le prononcé, la loi n° 2014-896 du 15 août 2014 relative à l'individualisation des peines et renforçant l'efficacité des sanctions pénales, prévoit nouvellement que la situation de tout condamné doit être examinée une fois les deux tiers de la peine accomplie (art. 720 et 730-3).

Le condamné doit ensuite, alinéa 8 du même texte, avoir déjà purgé une partie de sa peine, autrement appelée « temps d'épreuve ».

Les temps d'épreuve

	Condamnation à une peine à temps	Condamnation à la réclusion criminelle à perpétuité
Les non récidivistes	la moitié de la peine prononcée, dans la limite de 15 ans	18 ans
Les récidivistes	La moitié de la peine prononcée, dans la limite de 20 ans	22 ans

Plusieurs dispositions particulières suppriment toute exigence liée au temps d'épreuve. La première concerne le (la) condamné(e) qui exerce l'autorité parentale sur un enfant de moins de 10 ans ayant sa résidence habituelle chez lui ainsi que la condamnée enceinte de plus de douze semaines. La libération conditionnelle peut être accordée dès lors que la peine prononcée ou restant à subir est au plus égale à quatre ans (CPP, art. 729-3). Cette disposition, toutefois, ne bénéficie pas aux personnes condamnées pour un crime ou un délit commis sur mineur. La deuxième vise les condamnés de plus de soixante-dix ans pour lesquels la mesure est octroyée dès lors que leur réinsertion est assurée (prise en charge adaptée ou hébergement assuré à la sortie), à moins qu'il n'y ait un risque grave de renouvellement de l'infraction ou que leur libération soit susceptible de causer un trouble grave à l'ordre public (CPP, art. 729, avant-dern. al.). La dernière, introduite par la loi n° 2014-896 du 15 août 2014 relative à l'individualisation des peines et renforçant l'efficacité des sanctions pénales, s'adresse aux personnes bénéficiant d'une mesure de suspension de peine pour raisons médicales graves. Pour ces personnes, le temps d'épreuve disparaît dès lors que leur état de santé, malgré une prise en charge médicale adaptée, ne s'est pas amélioré alors que la mesure de suspension dure depuis un an (CPP, art. 729, dern. al.).

Signalons simplement que d'autres conditions s'ajoutent pour des condamnés spécifiquement désignés : les condamnés pour un crime ou un délit pour lequel le suivi socio-judiciaire est encouru (art. 729, al. 10), les condamnés de nationalité étrangère (art. 729-2), les condamnés pour actes de terrorisme (art. 730-2-1) et les condamnés à perpétuité, ou à une peine d'emprisonnement ou de réclusion criminelle égale ou supérieure à quinze ans pour une infraction pour laquelle le suivi socio-judiciaire est encouru, ou encore à une peine d'emprisonnement ou de réclusion criminelle égale ou supérieure à dix ans pour une infraction mentionnée à l'article 706-53-13 (infractions qui font encourir la rétention de sûreté) (art. 730-2).

Dans tous les cas, le condamné doit donner son consentement à la libération conditionnelle (CPP, art. D. 531), notamment parce qu'elle comporte, à l'image du régime du probationnaire, des mesures d'assistance et de contrôle ainsi, éventuellement, que des obligations particulières et des mesures de surveillance.

Mesures d'assistance	Mesures de contrôle		Obligations particulières		Mesures de surveillance
CPP, art. D. 532	CPP, art. D. 534	CPP, art. 132-44	CPP, art. D. 535 et D. 536	CPP, art. 132-45	CPP, art. 731-1
Aide psychologique et/ou matérielle afin de seconder le condamné dans ses efforts de réadaptation familiale et professionnelle	Autorisation préalable du juge requise avant des changements de résidence ou des déplacements	Ce sont celles du sursis avec mise à l'épreuve	Par exemple, avoir satisfait à une épreuve de semi-liberté, de placement à l'extérieur ou au bracelet électronique Il peut aussi s'agir des interdictions prévues par l'article 131-36-2 du Code pénal relatif au suivi socio-judiciaire	Ce sont celles du sursis avec mise à l'épreuve	Visent ceux qui ont été condamnés pour une infraction faisant encourir le suivi socio-judiciaire : injonction de soins et surveillance électronique mobile

Quant à son maintien ensuite, il suppose, outre l'accomplissement des obligations et mesures susmentionnées, que le condamné libéré n'ait ni fait preuve « d'inconduite notoire », ni commis une nouvelle infraction. Dans le cas contraire, la libération conditionnelle peut être révoquée, sans qu'il n'y ait d'automaticité en la matière, par l'autorité qui l'avait octroyée, c'est-à-dire, selon les distinctions établies par l'article 730 du Code de procédure pénale, le juge de l'application des peines ou le tribunal de l'application des peines.

L'articulation de leurs compétences respectives est posée en ces termes :

– lorsque la peine prononcée est égale ou inférieure à 10 ans, ou lorsque, quelle que soit la peine initialement prononcée, la peine restant à subir est égale ou inférieure

à 3 ans, la libération est accordée par le juge de l'application des peines dont la décision est susceptible d'un appel devant la Chambre de l'application des peines ;
- dans les autres cas, compétence revient au tribunal de l'application des peines dont les décisions peuvent également être contestées devant la chambre précitée ;
- dans tous les cas, la révocation, possiblement limitée à une partie seulement de la peine restant à subir, oblige le condamné à effectuer tout ou partie de la fraction de la peine non exécutée sans qu'il puisse y avoir de confusion permise avec la sanction nouvellement prononcée pour l'infraction commise pendant son temps de liberté.

2. L'issue triomphante de la période de libération conditionnelle

En l'absence de révocation, la libération, de conditionnelle, devient définitive. Le condamné est définitivement libéré et sa peine est réputée terminée depuis le jour de sa libération, lequel est, en conséquence, le seul à devoir être pris en compte comme point de départ de la récidive temporaire ou du délai de réhabilitation. Il faut en effet se souvenir que, contrairement au sursis couronné de succès, une libération conditionnelle réussie n'entraîne pas l'effacement de la condamnation pour l'avenir : elle compte ainsi comme premier terme de la récidive, comme elle peut être un obstacle à l'octroi d'un sursis.

c) La suspension de peine pour les détenus gravement malades

L'article 720-1-1 du Code de procédure pénale, issu de la loi du 4 mars 2002 relative aux droits des malades et à la qualité du système de santé, prévoit qu'une suspension de la peine peut être accordée aux condamnés dont il est établi qu'ils sont atteints d'une pathologie engageant leur pronostic vital ou que leur état de santé, physique ou mentale, est durablement incompatible avec le maintien en détention.

Cette suspension ne peut être accordée qu'après qu'une expertise médicale ait établi que le condamné se trouve effectivement dans l'une ou l'autre de ces situations. En cas d'urgence, toutefois, un simple certificat médical établi par le médecin de l'établissement suffit.

Les modifications apportées au texte d'origine ont toutefois durci le régime de cet aménagement :
- une limite d'abord a été introduite dans l'octroi de cette mesure puisque, dorénavant, même si les conditions médicales précitées sont réunies, la suspension de la peine est exclue « s'il existe un risque grave de renouvellement de l'infraction » ;
- une exigence ensuite a été ajoutée dans le suivi de la personne bénéficiaire de la mesure : si, à l'origine, la loi laissait le juge de l'application des peines libre d'apprécier l'opportunité ou non d'une nouvelle expertise médicale afin de vérifier que les conditions de la suspension étaient toujours satisfaites, elle impose désormais une nouvelle expertise, à intervalles de six mois, toutes les fois que la suspension de peine a été ordonnée pour une condamnation prononcée en matière criminelle.

La décision appartient au juge de l'application des peines ou au tribunal de l'application des peines selon les mêmes distinctions que celles qui prévalent pour l'octroi et la révocation de la libération conditionnelle. La compétence est toutefois réservée au juge en cas d'urgence à se prononcer.

La personne bénéficiant d'une telle suspension peut être soumise aux mesures de contrôle et obligations ou interdictions particulières qui assortissent le sursis avec mise à l'épreuve (l'article 720-1-1 du Code de procédure pénale renvoie aux articles 132-44- et 132-45 du Code pénal). Leur non-respect peut conduire à ce qu'il soit mis fin à la mesure. Il en est de même, naturellement, si les conditions de la suspension ne sont plus présentes ; raison pour laquelle, au-delà de l'obligation susvisée, le juge peut à tout moment ordonner une nouvelle expertise médicale.

BIBLIOGRAPHIE

Blanc (A), Les longues peines, au risque de l'oubli, RSC 2016, p. 47.

Beaussonie (G.), « Loi n° 2014-896 du 15 août 2014 relative à l'individualisation des peines et renforçant l'efficacité des sanctions pénales », RSC 2014, p. 809.

Becheraoui (D.), « Le cumul illimité des amendes contraventionnelles », RPDP 2009, p. 551.

Bonfils (P.), « La primauté de l'éducation sur la répression », in *Mélanges en l'honneur du Professeur Jacques-Henri Robert*, 2012, Lexis-Nexis, p. 55.

Bonfils (P.), « L'autonomie du droit pénal des mineurs, entre consécration et affaiblissement », AJ pénal 2012, n° 6, p. 312.

Bourgais (J.), « Détention à domicile sous surveillance électronique », Dr. pén. 2018, Études 27.

Collectif, « Punir dehors », Archives de politique criminelle, 2013, Ed. Pedone, n° 35.

Danti-Juan (M.), « Réflexions sur l'individualisation de l'exécution des peines », in *Mélanges en l'honneur du Professeur Jacques-Henri Robert*, 2012, Lexis-Nexis, p. 145.

Dossier « Les acteurs méconnus de l'exécution des peines », AJ pénal juin 2014.

Dossier « La loi du 15 août 2014 », AJ pénal octobre 2014.

Dreyer (E.), « L'objet de la sanction pénale », D. 2016, p. 2583.

Fournier (S.), « La peine de sanction-réparation : un hybride disgracieux (ou les dangers du mélange des genres) », in *Mélanges en l'honneur du Professeur Jacques-Henri Robert*, 2012, Lexis-Nexis, p. 285.

Gallois (A.), « Retour sur la perpétuité « réelle » », in *Mélanges en l'honneur de Geneviève Giudicelli-Delage, Humanisme et Justice*, 2016, Dalloz, p. 543.

Gassin (R.), « Les fondements juridiques de la réinsertion des délinquants en droit positif français », RSC 1996, p. 443.

Griffon (L.), « La réduction au maximum légal », Dr. pén. 2013, Études n° 17, p. 7.

Griffon-Yarza (L.), « La libération sous contrainte, nouvel oxymore juridique », AJ pénal févr. 2015, p. 80.

Lazerges (C.), « La mutation du modèle protectionniste de justice des mineurs », RSC 2008, p. 200.

Leturmy (L.), « Nouvelles confusions dans les sanctions éducatives », Dr. pén. juillet-août 2007, Études n° 10, p. 5.

Margaine (C.), « L'atténuation de la responsabilité pénale des mineurs », AJ pénal 2012, n° 9, Études, p. 17.

Pin (X.), « Les âges du mineur : réflexions sur l'imputabilité et la capacité pénale du mineur », Gaz. Pal. 2012, n° 193 à 194, p. 5.

PIN (X.), « L'irresponsabilité pénale (réflexions sur le sens des articles 122-1, 122-2, 122-3 et 122-8 du Code pénal) », *in* V. Malabat, B. de Lamy et M. Giacopelli (dir.), *La réforme du Code pénal et du Code de procédure pénale, Opinio doctorum*, 2009, Dalloz, coll. Thèmes et commentaires, p. 51.

PONCELA (P.), « Les peines extensibles de la loi du 15 août 2014 », RSC 2014, p. 611.

ROBERT (J.-H.), « Punir dehors. Commentaire de la loi n° 2014-896 du 15 août 2014 », Dr. pén. sept. 2014, Études 16, p. 6.

TELLIER-CAYROL (V.), « La récidive : de quelques paradoxes et incohérences », AJ pénal 2012, p. 64.

CHAPITRE 12

Extinction de la peine et effacement de la condamnation

A priori, seule l'exécution effective de la peine devrait conduire à son extinction. Dans la mesure où, en effet, la sanction a été prononcée pour être subie, la seule situation « normale » est celle où la peine disparaît parce qu'elle a été exécutée.

À cela, il faut néanmoins immédiatement ajouter, mais sans que la logique n'ait à en souffrir, que la peine s'éteint également par le décès du condamné. Conséquence évidente du principe de personnalité des peines, qui s'oppose à ce que l'exécution de la peine puisse être poursuivie à l'encontre des héritiers de l'auteur de l'infraction, la disparition du condamné – décès de la personne physique ou disparition de la personne morale – emporte extinction de la peine (sous réserve toutefois du recouvrement des amendes et de l'exécution de la confiscation : C. pén., art. 133-1) et effacement de la condamnation.

Plus étonnantes sont les situations où la peine s'éteint en dépit de son inexécution. Elles sont au nombre de quatre. La première résulte de l'article 112-4, al. 2 du Code pénal précédemment évoqué dans le cadre des développements relatifs à l'application de la loi pénale dans le temps. Pour mémoire, rappelons que ce texte prévoit que « la peine cesse de recevoir application quand elle a été prononcée pour un fait qui, en vertu d'une loi postérieure au jugement, n'a plus le caractère d'une infraction pénale ». Les trois autres causes sont énumérées à l'article 133-1 du Code pénal : la grâce, l'amnistie et la prescription. Reste la réhabilitation, également visée par cette disposition. Son étude fera cependant l'objet de développements distincts dans la mesure où, sans être elle-même cause d'extinction de la peine, elle permet d'en compléter les effets par l'effacement de la condamnation, une fois alors que la peine a été exécutée.

1 • LES CAUSES D'EXTINCTION DE LA PEINE INEXÉCUTÉE

L'article 133-1 du code propose, les concernant, une première distinction tenant aux conséquences qu'elles emportent. La grâce et l'amnistie ont ainsi pour effets communs, selon leur moment d'intervention, soit d'empêcher intégralement l'exécution de la peine, soit, plus modestement, d'en interrompre le cours. La prescription, quant à elle, fait toujours nécessairement obstacle à l'exigibilité de la sanction. Mais une autre distinction les oppose selon que ces causes d'extinction anticipées de la peine entraînent ou non au surplus effacement de la condamnation.

A - Extinction de la peine sans effacement de la condamnation

1) La prescription

Traitée aux articles 133-2 et suivants du Code pénal, la prescription, qui s'opère par l'écoulement d'un certain délai, fait obstacle à l'exécution de la peine prononcée. C'est donc, en d'autres termes, et aussi surprenant que cela puisse paraître, l'inexécution de la sanction pendant un certain temps qui entraîne son extinction.

Assez naturellement, parce qu'elle peut se révéler un redoutable allié des délinquants les plus astucieux pour échapper aux recherches policières, la prescription est loin de faire l'unanimité même si, par ailleurs, elle se prévaut de multiples arguments en sa faveur dont la valeur ne peut être niée (au moins pour certains d'entre eux). Ainsi, à l'égal des fondements de la prescription des poursuites avec laquelle il importe cependant de ne faire aucune confusion, la prescription de la peine se justifie pour trois raisons essentielles :

- d'abord, comme sanction de l'inertie et de la carence des autorités chargées de l'exécution ;
- ensuite, comme facteur d'apaisement de l'opinion publique, apaisement que contrarierait une mise à exécution tardive de la peine pour une infraction dont le souvenir s'est déjà le plus souvent estompé ;
- enfin, comme instrument de politique criminelle puisque la prescription suppose que le délinquant, soucieux de se faire oublier, ait eu pendant des années une conduite irréprochable.

De ces fondements découlent fort logiquement ses limites : bâtie sur l'œuvre du temps et sa force d'oubli, la prescription disparaît pour les infractions gravées à jamais dans la mémoire collective. Ainsi en est-il par exemple des crimes contre l'humanité pour lesquels l'imprescriptibilité concerne aussi bien l'action publique que les peines prononcées (C. pén., art. 133-2, dern. al.).

a) Les délais de prescription de la peine

La durée du délai varie en fonction de la nature de l'infraction commise sans que la durée de la peine prononcée n'ait d'influence. Ainsi la prescription est respectivement de 20 ans, 6 ans et 3 ans pour les crimes, délits et contraventions (C. pén., art. 133-2 à 133-4). Et la peine infligée au criminel se prescrit toujours par 20 ans quand bien même c'est une peine d'emprisonnement et non de réclusion qui aurait été retenue.

Le point de départ du délai, quelle que soit sa durée, se situe, selon la loi, au jour où la décision de condamnation est devenue définitive, c'est-à-dire insusceptible de recours.

Les causes d'interruption et de suspension du délai de prescription sont précisées par la jurisprudence, le code se contentant, dans une formule très large, d'indiquer que « la prescription de la peine est interrompue par les actes ou décisions du ministère public, des juridictions de l'application des peines et, pour les peines d'amende ou de confiscation relevant de leur compétence, du Trésor ou de l'Agence de gestion et de recouvrement des avoirs saisis et confisqués, qui tendent à son exécution. » Dans cette mesure produisent un effet interruptif tous les actes d'exécution forcée démontrant la velléité des autorités compétentes à ce que la peine soit mise à exécution comme l'arrestation du condamné, la contrainte par corps ou encore les saisies. Quant aux causes de suspension, il peut s'agir d'un obstacle de fait empêchant l'exécution telle une guerre ou une catastrophe naturelle, mais le plus souvent l'obstacle sera de droit, résultant de l'octroi d'un sursis ou de l'exécution d'une autre peine.

Pour mémoire, il convient de rappeler que l'interruption du délai, remettant « le compteur à zéro », fait courir un nouveau délai, de même durée que le précédent tandis que, par opposition, la suspension permet uniquement que le cours du délai soit arrêté, celui-ci reprenant là où il avait été stoppé une fois la cause de suspension disparue.

Pour aller plus loin

Les peines susceptibles de prescription

Comme le suggère le plan du Code pénal lui-même, dont le chapitre dans lequel prennent place les dispositions relatives à la prescription s'intitule « extinction des peines », son domaine est très large puisque toutes les peines sont susceptibles de se prescrire quels que soient leur nature (peines ou mesures de sûreté), leur qualification (peines principales et peines complémentaires) ou leur objet (peines privatives de liberté ou peines pécuniaires). Pourtant, certaines d'entre elles y échappent. Il s'agit des peines dont l'exécution résulte automatiquement de la condamnation, sans nécessité de recourir à un acte positif de l'autorité pour être amenées à exécution. Ainsi en est-il des peines privatives ou restrictives de droits. Une interdiction professionnelle, par exemple, qui doit s'exécuter de plein droit sans intervention judiciaire, ne saurait se prescrire.

b) Les effets attachés à la prescription

Les effets de la prescription peuvent ainsi se résumer : extinction de la peine mais maintien de la condamnation.

Sur le premier point, il n'est nul besoin d'insister davantage. La prescription est une cause d'extinction bien comprise de la peine en sorte qu'elle ne peut être ramenée à exécution. La prescription y est un obstacle absolu puisque, étant d'ordre public, elle doit être relevée d'office par les juges sans que le condamné, quand bien même il y aurait intérêt (le bénéfice d'une amnistie est parfois subordonné à l'exécution de la peine) ne puisse y renoncer.

En revanche, le maintien de la condamnation, second point, suffit à comprendre que les effets de la prescription ne sont pas absolus. Sur le plan pénal, la condamnation demeure inscrite au casier judiciaire de l'intéressé, elle compte comme premier terme de la récidive, elle peut faire obstacle au bénéfice d'un sursis. Par ailleurs, sur les obligations de nature civile résultant de la condamnation, l'article 133-6 du Code pénal précise que la prescription est sans incidence, ces obligations ne souffrant que de la prescription régie par les règles du Code civil.

2) La grâce

La grâce est un moyen dont dispose le pouvoir exécutif pour dispenser un condamné d'exécuter tout ou partie de la peine prononcée par le juge ou pour y substituer une peine moins lourde. Plus précisément, suivant l'article 17 de la Constitution, cette prérogative relève du pouvoir exécutif du président de la République, après qu'un recours en grâce ait été introduit par le condamné lui-même ou par tout intéressé (conjoint, descendant...), à moins que cette mesure de faveur ne soit accordée de l'initiative du chef de l'État lui-même (grâces collectives accordées à l'occasion de divers événements, fête nationale, élection présidentielle).

a) Le domaine de la grâce

Le droit de faire grâce se caractérise autant par sa généralité que par son arbitraire.

Droit général, il bénéficie à tout condamné et peut s'appliquer à toutes les peines. Le droit de grâce ne comporte en effet aucune limite quant aux personnes et concerne toutes les peines sans distinction, de la plus légère amende contraventionnelle à la réclusion criminelle à perpétuité, de la peine principale à la peine complémentaire.

Droit discrétionnaire, il l'est à la fois dans son principe et dans sa mesure.

Dans son principe d'abord, puisque la décision du président de la République, non motivée, ne peut faire l'objet d'aucun recours.

Dans sa mesure ensuite, puisque la grâce peut être totale, partielle (réduction gracieuse de la peine) ou substitutive lorsque son auteur remplace la peine prononcée par une autre (« commutation de peine »). Elle peut aussi être pure et simple, ou conditionnelle lorsque son bénéfice est subordonné à certaines exigences (indemnisation de la victime, paiement d'une amende par ex.). En revanche, depuis la loi constitutionnelle du 23 juillet 2008, le droit de grâce ne peut plus être exercé qu'« à titre individuel », précision qui met donc fin à la pratique de la grâce collective qui était accordée indistinctement à tous les condamnés frappés d'un certain type de peine.

En réalité, il n'y a qu'une seule condition de fond qui restreigne cette mesure de clémence, celle de la nécessité d'une condamnation irrévocable et exécutive, ce qui exclut les condamnations assorties du sursis, les condamnations amnistiées, et celles prescrites.

b) Les effets de la grâce

Se retrouve ici, comme pour la prescription, un double effet. Le premier, positif, est la dispense d'exécution de la peine. Le second, négatif, résulte du maintien de la condamnation comme en témoigne l'article 133-7 du Code pénal : « la grâce emporte seulement dispense d'exécuter la peine ». La condamnation, non effacée, demeure donc inscrite au casier judiciaire, compte toujours pour la récidive et constitue un obstacle potentiel pour le sursis. En outre, et toujours à l'égal de ce qui a été dit à propos de la prescription, la grâce ne saurait nuire au droit de la victime d'obtenir réparation du préjudice causé par l'infraction (C. pén., art. 133-8). C'est là une des caractéristiques communes avec l'amnistie alors même que cette dernière emporte, par opposition à la grâce, effacement de la condamnation.

3) Le relèvement

Le relèvement est une décision par laquelle la juridiction peut effacer les mesures d'interdictions, de déchéance, d'incapacité et de publication résultant de la condamnation. Ce mécanisme, qui ne peut jamais viser la peine principale et qui laisse intacte la condamnation, concerne : les peines accessoires (C. pén., art. 132-21), les peines complémentaires (CPP, art. 702-1 et 703) ainsi que la peine de suivi socio-judiciaire (CPP, art. 763-6).

Deux modalités possibles : un ***relèvement immédiat***, c'est-à-dire accordé au moment même de la condamnation par la juridiction de jugement (cas des peines accessoires) ;

un ***relèvement différé***, lorsque le tribunal fait droit à une demande en ce sens présentée par le condamné après la condamnation (tous les cas). Dans cette dernière hypothèse, la demande n'est recevable qu'à l'issue d'un délai de six mois après la condamnation et ne peut être réitérée, en cas de refus, que tous les six mois. Ces délais ne s'imposent toutefois pas si la mesure dont il est demandé relèvement est une peine accessoire.

La juridiction compétente est celle qui a prononcé la condamnation, la dernière qui a statué en cas de pluralité de condamnations ou la chambre de l'instruction si la condamnation émane d'une cour d'assises.

Pour conclure sur ce point, il faut noter que la compétence nouvellement reconnue aux juridictions de l'application des peines saisies d'une demande d'aménagement : elles peuvent accorder relèvement d'une interdiction d'exercer une profession ou une activité, que cette interdiction résulte de plein droit de la condamnation ou qu'elle ait été prononcée à titre de peine complémentaire (CPP, art. 712-22).

B - Extinction de la peine et effacement de la condamnation : l'amnistie

Très exactement, deux événements correspondent à cette situation : le décès du délinquant et l'amnistie. Cependant, seule celle-ci fait ici l'objet de commentaire, celui-là ayant été brièvement abordé précédemment.

En guise de définition, l'amnistie peut être présentée comme une mesure d'oubli, une manifestation d'un pardon, consistant à retirer le caractère d'infraction à certains faits commis par le passé. Ce qui était infractionnel ne l'est plus, comme si l'élément légal de l'infraction venait à disparaître, en sorte que la peine qui s'y attachait cesse de recevoir exécution et la condamnation qui lui servait d'assises est réputée n'avoir jamais existé.

Alors que longtemps, la matière est restée ignorée du Code pénal, chaque loi d'amnistie déterminant individuellement ses régime et champ d'application, l'amnistie, depuis la réforme de 1992, trouve dorénavant place aux articles 133-9 à 133-11. Mais ces trois dispositions qui, pour l'essentiel, reprennent quelques-uns des principes progressivement dégagés par les lois d'amnistie successives sans plus d'innovation, ne régissent que les effets produits par la mesure. Il convient donc, afin de mieux apprivoiser cette notion, d'en préciser préalablement les différents mécanismes, le seul vocable d'amnistie en dissimulant en réalité plusieurs variantes.

1) Les variantes de l'amnistie

La règle, dictée par l'article 34 de la Constitution, veut que l'amnistie soit en principe d'origine parlementaire. C'est à la loi, au sens strict, qu'est conféré le pouvoir d'accorder amnistie en même temps qu'elle en précise le champ d'application.

Amnistie dite « réelle »	Amnistie dite « personnelle »
Il en est ainsi quand le législateur, pour en déterminer le domaine, s'attache soit à la nature des infractions, soit à leur gravité. Dans le premier cas, la loi d'amnistie se résume alors à dresser	L'amnistie dépend ou d'une qualité de son bénéficiaire, son âge (mineur de 18 ans), son « titre » (ancien combattant, déporté), ou du comportement du délinquant après l'infraction

l'inventaire des infractions qu'elle vise et leurs auteurs s'en trouvent automatiquement amnistiés. Dans le second cas, la loi réserve le bénéfice de l'amnistie à celles qui, au regard de la peine encourue et non prononcée, sont sanctionnées d'une peine inférieure à un certain taux précisément énoncé par la loi. Opérant « *in rem* », l'amnistie, parce qu'elle impose l'oubli des faits eux-mêmes, bénéficie alors à tous les participants de l'infraction, qu'ils soient auteurs, coauteurs ou complices.	lorsque, par exemple, la mesure est subordonnée à l'accomplissement de certaines obligations particulières, tel le paiement de l'amende prononcée. L'amnistie personnelle est alors conditionnelle. Opérant cette fois « *in personam* », l'amnistie conserve aux faits leur nature délictueuse, de sorte que, par exemple, le complice reste punissable s'il ne jouit pas de la qualité de laquelle dépend la faveur du législateur.

Cependant, à côté de l'amnistie proprement législative, cohabitent d'autres variantes d'amnistie où sont alors associés au pouvoir législatif l'autorité judiciaire (amnistie judiciaire) ou le pouvoir exécutif (grâce amnistiante).

Amnistie judiciaire	Grâce amnistiante
La loi, en subordonnant le pardon à la peine prononcée, laisse au juge le soin de désigner ceux qui profiteront de l'amnistie. Ainsi en est-il lorsque la loi d'amnistie édicte que sont amnistiées les infractions commises avant telle date déterminée ou celles qui sont ou seront punies de peines d'emprisonnement inférieures ou égales à X mois sans sursis.	Le législateur réserve l'amnistie aux seuls délinquants qui ont obtenu un décret de grâce du président de la République pour une infraction déterminée. Sous cette variante, c'est donc cette fois au pouvoir exécutif qu'est transféré le soin de désigner les seuls bénéficiaires de la mesure d'oubli.

2) *Les conséquences de l'amnistie*

a) Les manifestations de l'effet extinctif de l'amnistie

Le principe est énoncé par l'article 133-9 du Code pénal : « l'amnistie efface les condamnations prononcées. Elle entraîne, sans qu'elle puisse donner lieu à restitution, la remise de toutes les peines. Elle rétablit l'auteur et le complice de l'infraction dans le bénéfice du sursis qui avait pu lui être accordé lors d'une condamnation antérieure ». L'effet est donc radical puisque non seulement les peines prononcées, principales comme complémentaires, cessent de recevoir application, mais encore la condamnation disparaît rétroactivement. Tout se passe donc comme si l'infraction n'avait jamais été commise, comme si la condamnation n'avait jamais été rendue.

Dans le prolongement de ce principe, et très exactement pour en garantir l'effectivité, l'article 133-11 « interdit à toute personne qui, dans l'exercice de ses fonctions a connaissance de condamnations pénales, de sanctions disciplinaires ou professionnelles ou d'interdictions, déchéances ou incapacités effacées par l'amnistie, d'en rappeler l'existence sous quelque forme que ce soit ou d'en laisser subsister la mention dans un document quelconque (...) ». Il en résulte en particulier que la condamnation amnistiée doit être effacée du casier judiciaire, qu'elle ne compte plus comme premier terme de la récidive et qu'elle ne fait plus obstacle, en cas de nouvelle condamnation, à l'octroi du sursis.

b) Les limites à l'effet extinctif de l'amnistie

La première limite découle de l'article 133-9 du Code pénal aux termes duquel l'amnistie ne peut donner lieu à restitution. Certes, la peine est censée n'avoir jamais été prononcée. Pour autant, l'amnistie ne saurait permettre à un condamné de prétendre au remboursement de l'amende honorée, ni même à la réparation des mois de privation de liberté. L'amnistie est, et demeure, une simple mesure de clémence sans jamais s'apparenter à une mesure de réparation telle qu'il en existe pour ceux qui, à tort, ont été détenus provisoirement. Aussi faut-il admettre que l'amnistie reste sans effet sur l'exécution d'une peine déjà subie alors même qu'elle a trait à un fait censé n'avoir jamais existé sous un aspect pénal.

La seconde limite émane de l'article 133-10 du Code pénal en application duquel « l'amnistie ne préjudicie pas aux droits des tiers ». Se trouve ici consacrée la survivance du droit à réparation fondé sur le fait que la matérialité des faits n'a pas disparu avec la condamnation. Sur le plan pénal, les conséquences juridiques des faits se sont évaporées, mais les faits matériellement commis, et qui constituaient l'infraction, ne peuvent, eux, être anéantis.

Notons pour finir qu'il est de tradition que les lois d'amnistie réservent la possibilité, pour le condamné, de former un pourvoi en révision. Cette faculté laissée d'exercer cette voie de recours propre à corriger des erreurs judiciaires démontre, s'il en est besoin, que l'absence de caractère délictueux des faits n'est que pure fiction et qu'elle ne saurait jamais être assimilée à la proclamation de l'innocence, laquelle demeure naturellement plus essentielle pour celui condamné à tort.

Pour aller plus loin

Effacement des mesures de sûreté ?

Bien que l'article 133-9 du Code pénal énonce que l'amnistie « entraîne la remise de toutes les peines », il est de principe jurisprudentiel que les mesures de sûreté sont exclues du domaine de l'amnistie au motif qu'elles ne constituent pas un châtiment infligé au condamné mais s'analysent en un instrument destiné à protéger la société contre d'éventuelles futures infractions. Et, en dépit de la réforme du Code pénal, laquelle, rappelons-le, se proposait d'unifier le régime des peines et des mesures de sûreté, il semble que cette jurisprudence reste, au moins partiellement, au goût du jour, puisque la loi d'amnistie du 3 août 1995, comme celle du 6 août 2002, tout en rappelant que l'amnistie entraîne, sans qu'elle puisse donner lieu à restitution, la remise des mesures de police et de sûreté, écartent ensuite de leurs prévisions certaines d'entre elles dont le nombre a d'ailleurs augmenté par la loi d'amnistie de 2002.

2. EFFACEMENT DE LA CONDAMNATION APRÈS EXTINCTION DE LA PEINE

Extinction de la peine ne signifie pas effacement de la condamnation. Que la peine ait été exécutée, totalement ou partiellement, ou qu'elle soit réputée exécutée par l'effet de la prescription ou d'une mesure de grâce n'interfère pas sur l'existence de la condamnation. Celle-ci reste accrochée au passé du délinquant, entraînant dans son sillon des conséquences pénales, en matière de récidive ou d'aptitude au sursis.

Aussi, pour parachever l'extinction de la peine, est-il opportun de faire disparaître la condamnation elle-même, son effacement étant le seul à même de dissiper toute trace du passé pénal de l'intéressé.

Tel est précisément l'objet de la réhabilitation dont deux formes sont consacrées en droit positif.

A - Les formes de la réhabilitation

L'une est judiciaire, l'autre est légale.

1) La réhabilitation judiciaire

a) Au profit des condamnés personnes physiques

Réglementée aux articles 785 et suivants du Code de procédure pénale, la réhabilitation judiciaire est celle qui, comme son nom l'indique, doit faire l'objet d'une demande à l'autorité judiciaire par le condamné lui-même ou son représentant légal, mais aussi, en cas de décès du condamné, par son conjoint, ses ascendants et descendants dès lors qu'ils agissent dans l'année qui suit la date du décès.

Pour être recevable, cette demande doit satisfaire à un certain nombre de conditions :

- la peine doit avoir été exécutée, qu'elle l'ait été effectivement ou qu'elle soit réputée l'être ;
- un délai de 5 ans, 3 ans ou 1 an selon que la peine subie était criminelle, correctionnelle ou contraventionnelle doit s'être écoulé depuis le jour où la condamnation est devenue irrévocable s'il s'agissait d'une peine d'amende, depuis le jour de sa libération définitive s'il s'agissait d'une peine privative de liberté, à partir de l'expiration de la sanction effectuée s'il s'agissait de toutes autres peines ;
- les récidivistes, les personnes condamnées après une réhabilitation antérieure et ceux qui ont prescrit leur peine sont contraints par des délais plus longs selon les distinctions suivantes : un délai de 6 ans pour les récidivistes n'ayant subi aucune peine criminelle, sinon le délai passe à 10 ans ; un délai de 6 ans pour les réhabilités ayant encouru une nouvelle condamnation correctionnelle et 10 ans si elle était criminelle ; un délai de 6 ans si la peine prescrite était correctionnelle, 10 ans si elle était criminelle. Par ailleurs, mais pour ces derniers seulement, la réhabilitation suppose que, pendant le délai de prescription, le demandeur n'ait encouru aucune condamnation pour la commission d'un délit ou d'un crime et qu'il ait eu une conduite irréprochable ;
- enfin, en toute hypothèse, exception faite de celle de la prescription de la peine, le condamné doit justifier du paiement de l'amende et des dommages et intérêts ou, à défaut, démontrer qu'il a subi la contrainte par corps ;
- reste à signaler que l'ensemble de ces conditions s'évanouit lorsque le condamné, depuis l'infraction, a rendu des services éminents au pays (CPP, art. 789) sans que le texte ne soit plus prolixe sur ce qu'il faut entendre par services éminents...

b) Au profit des condamnés personnes morales

Pour l'essentiel les règles précédemment énoncées sont similaires et transposables. Mais, plus simplement, un délai unique de deux ans est prévu, quelles que soient la peine et la cause de son extinction (exécution effective, prescription, grâce), qui court à l'expiration de la peine (CPP, art. 798-1).

2) La réhabilitation légale

Autrement dénommée « réhabilitation de plein droit », la réhabilitation légale s'acquiert automatiquement par l'effet du temps, lorsque la personne concernée peut se prévaloir de l'absence d'une nouvelle condamnation criminelle ou correctionnelle dans un délai qui varie en fonction de la gravité de la peine prononcée (C. pén., art. 133-13 et 133-14).

a) Au profit des condamnés personnes physiques

D'après l'article 133-13 du Code pénal, les délais sont les suivants :

- 3 ans pour les condamnations à l'amende ou jour-amende ;
- 5 ans pour les condamnations à une peine d'emprisonnement n'excédant pas un an ou à une autre peine qui ne soit ni pécuniaire, ni privative de liberté ;
- 10 ans en cas de condamnation unique à une peine d'emprisonnement n'excédant pas 10 ans et en cas de condamnations multiples à l'emprisonnement pour un total de 5 ans maximum.

b) Au profit des condamnés personnes morales

Est prévu un délai unique de 5 ans quelle que soit la peine subie.

c) Au profit des personnes morales et physiques condamnées pour des faits commis en état de récidive légale

Les délais sont doublés.

B - Les effets de la réhabilitation

Dans tous les cas, la réhabilitation produit des effets similaires à ceux de l'amnistie aux dispositions de laquelle renvoie d'ailleurs l'article 133-16 du Code pénal. Ainsi, elle interdit à toute personne en ayant eu connaissance de rappeler l'existence de condamnations pénales effacées par la réhabilitation. Identiquement encore, elle préserve le droit des tiers qui conservent intact leur droit à être indemnisés des conséquences dommageables des infractions dont le souvenir a été effacé.

La similitude n'est toutefois plus aujourd'hui totale. Depuis la loi du 5 mars 2007 relative à la prévention de la délinquance, un dernier alinéa a en effet été ajouté à l'article 133-16 précisant dorénavant que « la réhabilitation judiciaire n'interdit pas la prise en compte de la condamnation, par les seules autorités judiciaires, en cas de nouvelles poursuites, pour l'application des règles sur la récidive légale ». En conséquence, les dispositions relatives au casier judiciaire ont été modifiées. La mention des réhabilitations y figure et les fiches des condamnés réhabilités ne sont plus supprimées du bulletin n° 1 (CPP, art. 769, al. 1 et 2) sauf si, s'agissant de la réhabilitation judiciaire, la juridiction l'a expressément ordonné (CPP, art. 769, 8°).

La réhabilitation produit, en outre, des effets qui lui sont propres. Elle anéantit en effet toutes les incapacités et déchéances résultant de la condamnation. Autrement dit, la réhabilitation, contrairement cette fois à l'amnistie, peut faire disparaître les mesures de sûreté, lesquelles, du moins *a priori*, n'ont effectivement plus de raison d'être puisque, dans l'esprit, la réhabilitation ne vient que couronner l'amendement déjà acquis du condamné.

BIBLIOGRAPHIE

GRIFFON-YARZA (L.), « Droit de grâce présidentiel : le coup de grâce ? », Dr. pén. 2018, Études n° 14.

LORHO (G.), « La réhabilitation lave-t-elle toujours aussi blanc », RSC 1998, p. 824.

LORHO (G.), « Pour en finir avec l'amnistie », Dr. pén. 1994, chron. n° 44.

PY (B.), « Amnistie : le choix dans les dates », Dr. pén. 2002, chron. n° 12.

RENAUT (M.-H.), « Le droit de grâce doit-il disparaître ? », RSC 1996, p. 575.

Bibliographie générale

- ***Manuels et mémentos***

Bonfils (Ph.), Giacopelli (M.), *Droit pénal général*, 2018, Cujas.

Bouloc (B.), *Droit pénal général*, 26e éd., 2019, Dalloz, coll. Précis.

Canin (P), *Droit pénal général*, 9e éd., 2019, Hachette supérieur, coll. Les Fondamentaux.

Debove (F.), Falleti (F), DUPIC (E.), *Précis de Droit pénal et de procédure pénale*, 7e éd., 2018, PUF.

Desportes (F.) et Legunehec (F.), *Droit pénal général*, 17e éd., 2011, Economica.

Dreyer (E.), *Droit pénal*, 5e éd. 2019, Litec.

Garé (T.), Ginestet (C.), *Droit pénal et procédure pénale*, 10e éd., 2019, Dalloz.

Kolb (P.), Leturmy (L.), *Cours de Droit pénal général*, 5e éd., 2019-2020, Gualino-Lextenso éditions, coll. Amphi LMD.

Larguier (J.), Conte (P.), Maistre du Chambon (P.), *Droit pénal général*, 23e éd., 2018, Dalloz, coll. Mémento.

Leroy (J.), *Droit pénal général*, 7e éd., 2018, LGDJ-Lextenso éditions.

Mayaud (Y.), *Droit pénal général*, 6e éd., 2018, PUF, Droit fondamental.

Merle (R.), Vitu (A.), *Traité de droit criminel, t. 1, Droit pénal général*, 7e éd., 1997, Cujas.

Pin (X.), *Droit pénal général*, 6e éd., 2019, Dalloz, coll. HyperCours.

Pradel (J.), *Droit pénal général*, 21e éd., 2016, Cujas.

Rassat (M.-L.), *Droit pénal général*, 4e éd., 2017, Ellipses, cours magistral.

Salvage (Ph.), *Droit pénal général*, 8e éd., 2016, PU Grenoble.

Sordino (M.-C.), *Droit pénal général*, 6e éd., 2016, Ellipses.

• Autres ouvrages

AISSAOUI (K.), *Le droit pénal général en tableaux*, 2016, Ellipses.

BEZIZ-AYACHE (A), *Dictionnaire de la sanction pénale*, 2009, Ellipses.

BENILLOUCHE (M.), *Leçons de droit pénal général : examens et concours*, 3e éd., 2017, Ellipses.

BONFILS (P.), GOUTTENOIRE (A.), *Droit des mineurs*, 2e éd., 2014, Dalloz.

BONFILS (P.), VERGES (E.), CATALAN (N.), *Travaux dirigés de droit pénal et de procédure pénale*, 4e éd., 2018, Litec, Coll. Objectif Droit.

BOULOC (B.), *Droit de l'exécution des peines*, 5e éd., 2017, Dalloz.

GARÇON (E.), PELTIER (V.), *Droit de la peine*, 2e éd., 2015, Litec, coll. Manuel.

GASSIN (R.), CIMAMONTI (S.), BONFILS (P.), *Criminologie*, 7e éd., 2011, Dalloz.

HERZOG-EVANS (M.), *Droit de l'exécution des peines*, 5e éd., 2016-2017, Dalloz, coll. Action.

KOLB (P.), LETURMY (L.), *L'essentiel du Droit pénal général*, 16e éd., 2019-2020, Gualino-Lextenso éditions, coll. Carrés Rouge.

KOLB (P.), LETURMY (L.), *L'essentiel des grands arrêts du Droit pénal et de la Procédure pénale*, 2e éd., 2017-2018, Gualino-Lextenso éditions, coll. Carrés Rouge.

KOLB (P.), LETURMY (L.), *Droit pénal général*, 2017, Gualino-Lextenso éditions, coll. Petit Lexique.

LOBE LOBAS (M.), *Le Droit pénal en schémas*, 4e éd., 2018, Ellipses.

MATHIAS (E.), *Le droit pénal en QCM*, 2e éd., 2011, Ellipses.

ROGER (D.), MEUNIER (G.), *Fiches de synthèse de Droit pénal général*, 2017-2018, La Baule éditions.

PRADEL (J.), VARINARD (A), *Les grands arrêts du droit pénal*, 10e éd., 2016, Dalloz.

SORDINO (M. C.), *32 exercices corrigés de droit pénal*, 3e éd., 2015, Gualino éditeur, coll. Exos LMD.

Index

A-B

C

Imprimé en France - JOUVE, 1, rue du Docteur Sauvé, 53100 MAYENNE
N° 2912955Y - Dépôt légal : août 2019